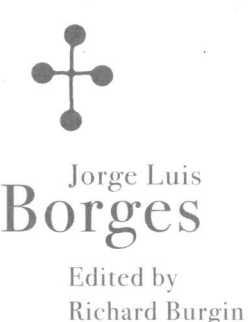

Jorge Luis
Borges

Edited by
Richard Burgin

Jorge Luis Borges: Conversations

博尔赫斯谈话录

[阿根廷] 豪尔赫·路易斯·博尔赫斯 著
[美] 理查德·伯金 编

王永年 译

上海译文出版社

目 录

1_ 引言

11_ 博尔赫斯谈博尔赫斯
　　理查德·斯特恩/一九六六年

31_ 文学的活迷宫,主要作品,纳粹分子,侦探小说,伦理学、暴力和时间问题……
　　理查德·伯金/一九六七年

71_ 豪尔赫·路易斯·博尔赫斯
　　丽塔·吉伯特/一九六八年

124_ 豪尔赫·路易斯·博尔赫斯:一次访谈
　　帕特里夏·马克斯、约翰·西蒙/一九六八年

137_ 豪尔赫·路易斯·博尔赫斯
　　L.S. 登博/一九六九年

149 _ 豪尔赫·路易斯·博尔赫斯
塞尔登·罗德曼/一九六九年

194 _ 博尔赫斯在纽约大学
罗纳德·克赖斯特、亚历山大·科尔曼、诺曼·托马斯·迪·乔瓦尼/一九七一年

222 _ 和博尔赫斯一起在布宜诺斯艾利斯
威利斯·巴恩斯通/一九七五年

240 _ 同豪尔赫·路易斯·博尔赫斯的谈话
唐纳德·耶茨/一九七六年

262 _ 如今我多少成了我自己
米格尔·恩吉达诺斯等/一九七六年

280 _ 十三个提问：与豪尔赫·路易斯·博尔赫斯对话
威利斯·巴恩斯通/一九八〇年

*304*_ 博尔赫斯：哲学家？诗人？革命者？

唐纳德·耶茨/一九八二年

*314*_ 采访豪尔赫·路易斯·博尔赫斯

约翰·比格奈、汤姆·惠伦/一九八二年

*337*_ 豪尔赫·路易斯·博尔赫斯

阿拉斯泰尔·里德/一九八三年

*349*_ 豪尔赫·路易斯·博尔赫斯：一次访谈

克拉克·M.兹洛特丘/一九八四年

*376*_ 博尔赫斯谈生死

阿米莉亚·巴里利/一九八五年

*388*_ 年表

引　言

豪尔赫·路易斯·博尔赫斯在美国初为人知时，往往被描写成幽灵似的人物，尽管具有令人生畏的才智，但沉湎于阅读，仿佛缺少正常人的欲望和个性特点。评论家似乎把博尔赫斯的文学主题——身份的虚构本质和存在的梦幻性质——都归因于博尔赫斯本人。举例说，博尔赫斯《自选集》（一九七〇年）的后记部分收录了博尔赫斯的译者之间有趣的往来信件，他们在信中公开地（也许半开玩笑地）揣摩是不是真有"豪尔赫·路易斯·博尔赫斯"这样一个人，对博尔赫斯的评论正如博尔赫斯在评论莎士比亚时所说的那样，"他既是每一个人，又谁都不是"。

有关博尔赫斯的这类揣摩在当时并不罕见，使我们不由得想起，在崇拜他的读者心目中，他给人的最初印象有多么深刻。但是采访豪尔赫·路易斯·博尔赫斯的人马上就会打消这种想法。他们看到的是一个非常真实的热诚而坦率的人，一个谦逊的老派绅士，颇有顽皮的幽默感：简而言之，一个具有多半不合潮流的强烈信念的与众不同的人物。

他的观点坚定不移，表达观点时情绪总是十分激昂，这并不令人惊讶，因为博尔赫斯在英语世界开始受到广泛采访时，年纪已经六十开外，性格已经充分形成。事实上，收在这个集子里的访谈表明，他的观点和态度在他生命最后的二十年中（一九六六年至一九八六年）惊人地一致。博尔赫斯一再表明他喜爱英国文学和北美文学，尤其喜爱斯蒂文森、吉卜林、萧伯纳、威尔斯、康拉德、切斯特顿、德·昆西、爱伦·坡、爱默生、马克·吐温、惠特曼及弗罗斯特等作家。博尔赫斯还一再强调他喜爱清新凝练的文笔，对短篇小说的爱好大于长篇小说，他对过度分析的文学评论，对庇隆和反犹主义有强烈反感。他认为短篇小说、诗歌和散文之间的差异是微不足道的，文学的最高宗旨是享受；他不相信来世之说，他欢迎死亡，惧怕永生；他认为时间是哲学的中心问题，他儿时在父亲书房里阅读的书籍对他产生了根本性的影响；他对家人、青年时代的朋友以及祖国的爱是恒久的，虽然他同他的祖国有些勃豀。

浮现在我们眼前的是一个复杂又令人充分信服的人，但是我们也能理解为什么博尔赫斯早期的读者对他怀有敬畏之情，甚至不敢相信确有其人，因为博尔赫斯的艺术和智慧力量令人折服。豪尔赫·路易斯·博尔赫斯是公认的二十世纪最重要的作家之一，但不止于此。他是重要的创新者，不断开拓着短篇小说和散文的可能性，而且，尽管他坚决否认，他还是思想家（如果不说他是一流的哲学家的话），给现代文学引进了诸如"无限"概念的新题材，从而改变了读者看待现实的态度。因此，人们往往质疑他的存在。好吧，博尔赫斯不是普通人，但他也不是半神半人或者鬼魂似的幽灵。我认为"天才"一词比较恰当，然而是平易近人的天才。

博尔赫斯是个见解始终如一、具有丰富想象力的天才，不同人在不同时期和不同场合采访他时，总会有新的发现。一九六六年，著名小说家理查德·斯特恩采访博尔赫斯时（访谈收录在这个集子里），善解人意地问起博尔赫斯关于虚构作品的美学观点，博尔赫斯作了格外详尽的回答，还表示他希望按照吉卜林的《山中的平凡故事》的模式多写一些简洁的短篇小说。一九六七年和一九六八年，我本人还在布兰迪斯大学读四年级时也采访过博尔赫斯，并且出版了《同豪尔赫·路易斯·博尔赫斯的谈话》（第一本用英语发表的、有书籍篇幅的博尔赫斯访谈）。那时，我把重点放在探讨博尔赫斯的散文和诗歌的意义以及他运用的技巧上。但这里摘录的文字集中于他几个主要的短篇，博尔赫斯应我的要求进行了讨论，详尽程度超过这个集子里的任何一篇。在整个集子里，博尔赫斯很少回避问题，几乎没有拒绝答复的情况。

有人把博尔赫斯说成十足象牙塔里的梦想家，收在这个集子里的访谈推翻了这种说法。当然，有一部分是符合实际情况的，但他同时也是超越民族和地域观念的世界主义者。他游历各地，能够流利地说几种语言；他性格开朗，喜欢同人交往，十分关注祖国的政治和社会形势（虽然他一再声明不应用一个作家的政治观点来评判他）。因此，当时的政治社会事件间或会对这些谈话的内容产生直接影响。在研究博尔赫斯的评论家和学者罗纳德·克赖斯特编辑的《博尔赫斯在纽约大学》（一九七一年的专题座谈会笔录，转载自《三季刊》）一文中，一些激进的学生就博尔赫斯温和的政治观点以及对各种左派政治活动缺乏承诺提出了尖锐的政治问题。说也奇怪，这类探讨也揭示了博尔赫斯几近滑稽的幽默，以及他挥洒自如、开口就能说一连串俏皮话的喜剧演员的才能。除了反映当时普遍的政治偏见，这类探讨也表现出极为多样的情绪，十分引人注目。丽塔·吉伯特在一九六八年深入采访了博尔赫斯，那篇访谈于一九七三年发表，从中我们可以窥见那一时期社会的疯狂躁动。在丽塔·吉伯特的询问下，博尔赫斯相当详尽地谈论了美国社会的嬉皮士和毒品、因循守旧的倾向、物质主义和暴力。六十年代和七十年代初期，社会矛盾似乎不可调和，但无论是提倡迷幻剂体验的人还是大学教授，都毫无例外地接受了博尔赫斯，这也许恰恰证明了博尔赫斯的魅力所在。

有些采访者比其他人更熟悉作为普通人的博尔赫斯。举例说，塞尔登·罗德曼同博尔赫斯一起在他的家乡城市布宜诺斯艾利斯消磨了许多时光，最后他写了一篇异常亲切的记叙文（其中大量引用博尔赫斯的原话），让我们相当清晰地了解了博尔赫斯的日常生活。罗德曼的访谈涵盖了从一九六九年至一九七二年三年之久的时间，为我们描述了博尔赫斯的公寓住房和他在国家图书馆的办公室。我们见到了博尔赫斯的女佣、他的几位朋友和合作者，包括他的主要译者诺曼·托马斯·迪·乔瓦尼（当时他移居布宜诺斯艾利斯，直接和博尔赫斯合作）。我们还见到了博尔赫斯的妻子，两年后的访谈还让我们了解到博尔赫斯对于离婚的反应：

两年后，我回到布宜诺斯艾利斯，博尔赫斯没有变化，但他的生活却有了变化。他回到母亲家，对妻子提出的过高的赡养费没有表示反对意见。我问迪·乔瓦尼原因何在。

"他一直生活在不必承担赡养费的恐惧中！他有沉重的负罪感。他认为婚姻的失败完全是他一个人的责任，应该由他付出代价。此外，我们不应忘记，博尔赫斯虽然善良、慷慨、谦逊、高尚且富于想象力，他的性格中却不包含勇气。有一次，他的妻子在机场大声责骂他，四周有许多看热闹的人围观，他只是低着头站在我身边，一句分辩的话都没有。"

和罗德曼一样，威利斯·巴恩斯通（诗人、多产的作家、博尔赫斯作品的译者）同博尔赫斯的关系不限于工作。他的访谈也揭示了博尔赫斯不同寻常的个人化的一面。在《和博尔赫斯一起在布宜诺斯艾利斯》（最早发表于一九八〇年的《丹佛季刊》），我们随着博尔赫斯一起送一篇诗稿到《民族报》编辑的办公室，陪伴他度过了一个普通的工作日。"时常有人上前同博尔赫斯握手。博尔赫斯说这些行人都是他花钱雇来的……一名男子走到我们面前,用华丽的词藻招呼博尔赫斯,抓住他的手用力摇晃:'博尔赫斯,你是不朽的。'"

"'别那么悲观,先生。'博尔赫斯温和地回答。"那篇文章以博尔赫斯登上飞机去美国进行五日讲课旅行作为结束。

本书收录了巴恩斯通的另一篇访谈:《十三个提问:与豪尔赫·路易斯·博尔赫斯对话》(《芝加哥评论》,一九八〇年)。在该文中,巴恩斯通探询博尔赫斯有关意识的本质、梦幻、死亡和自杀的看法,同他达到了另一种程度的亲密。这篇访谈略带迷幻色彩,却是博尔赫斯形而上学思想的强有力记录。巴恩斯通还翻译了博尔赫斯一九七六年在印第安纳大学作的一次有趣的非正式学术报告(最初发表于《林荫大道》杂志,一九九八年),博尔赫斯回答了在场的教授专门小组和听众提出的形形色色的问题。博尔赫斯介绍了他创作短篇小说时不同于写散文的冲动,他透露自己不善于创造人物,他探讨文学的道德功能,他的个性如何随着时间的推移而改变("青少年时代我感到不幸,但事实是我自己希望不幸"),以及他对上帝的态度("上帝是我们一直在创造的事物")。

阿拉斯泰尔·里德和唐纳德·耶茨与博尔赫斯的交集也不限于工作采访,他们的访谈也收在这个集子里。里德是有名望的诗人和作家,也是博尔赫斯作品的译者之一。现代语言协会于一九八三年在纽约主办了题为《弗兰茨·卡夫卡与现代世界文学:百年审视》的研讨会，里德在会上介绍了嘉宾演讲人博尔赫斯。博尔赫斯作了相对简短的开场白后，里德便以主要提问人的身份主持了观众的提问。研讨会值得注意的地方不仅在博尔赫斯对卡夫卡的深刻见解（他承认卡夫卡对他创作的两个短篇小说具有直接影响），而且显示了他的一种可以称之为"取悦于人"的心理特征，人们不由得注意到，随着讨论不断展开，博尔赫斯对卡夫卡的赞扬也逐步升级，从表面上看来，似乎是为了取悦崇拜卡夫卡的听众。

本书收录了博尔赫斯的传记作者唐纳德·耶茨的两篇文字。《同豪尔赫·路易斯·博尔赫斯的谈话》（一九七六年于密歇根大学）涉及博尔赫斯对小说形式的评论、他从不写长篇小说的原因、他对德·昆西和斯蒂文森的见解，以及西英两种文字的差别。耶茨的《一位纯粹的作家》转载了他于一九八二年在缅因大学举行的博尔赫斯专题座谈会上的发言。耶茨是座谈会的主持人和主要访谈者。发言提供了一些重要的见解，有助于我们理解博尔赫斯在他著名的寓言《博尔赫斯和我》中戏剧性地加以描述的公私自我的冲突。在回答耶茨有关该寓言的问题时，博尔赫斯说："至于两个博尔赫斯的问题，我深切地意识到确实有两个我，因为当我想到我自己时，我想到的，比如说，是一个相当隐秘、相当迟疑、摸索着行进的人。不知怎么搞的，这种想法很不符合我长年在外演讲，在全世界旅行的事实。"

若是采访者和博尔赫斯十分熟悉，访谈过程中往往会出现一些亲密的互动，但并非这个集子里的所有采访者都与博尔赫斯熟识，他们的访谈保有一定的距离感，读来也颇为有趣。L. S. 登博的访谈（最早发表于《现代文学》，一九七〇年）引人入胜地探讨了人类知识的极限、作为迷惑意象的迷宫，以及梦境对博尔赫斯作品的影响。在最早发表于《公共福利》（一九六八年）的一篇访谈中，时为纽约公共广播电台采访记者的帕特里夏·马克斯与著名戏剧和文学评论家约翰·西蒙采访了博尔赫斯，通篇采访散发着睿智的光芒。博尔赫斯纵谈真实和奇幻的区别，他个人的宗教信仰，以及他的作品中为什么没有性描写："我想原因在于我对此考虑得太多了。"

博尔赫斯接受本书其余三篇访谈时已年过八十，但他依然思维敏捷，言辞坦率。《新奥尔良评论》的编辑约翰·比格奈和汤姆·惠伦借博尔赫斯一九八二年去新奥尔良旅行之机采访了他。新奥尔良是博尔赫斯喜爱的城市之一，他曾多次去该市领取市政和学术性荣誉。博尔赫斯在这篇访谈中反省了高龄、孤独和失明对他写作的影响，体现了他的高度谦逊。访谈多少带有感伤的情调，但时不时被博尔赫斯典型的幽默冲淡。涉及那个不可避免的身份问题时，两位编辑问他："我们现在与之交谈的是哪一个博尔赫斯呢？"他回答说："你们反正付了钱，是哪个你们说了算。"

一九八四年的这篇访谈最早发表在《美国诗歌评论》上，是克拉克·M. 兹洛特丘专程前去布宜诺斯艾利斯采写的，探讨了多种多样的主题，诸如博尔赫斯的写作习惯和方法、他目击一个人被杀死的记忆、根据他的生平摄制的电影和根据他的小说改编的另一部电影《第三者》、他的犹太血统、棋局和摸三张，以及对阿根廷社会弊端的犀利评析。

最后是阿米莉亚·巴里利的题为《博尔赫斯谈生死》的访谈。巴里利当时是布宜诺斯艾利斯《新闻报》的书评编辑，于一九八一年结识了博尔赫斯，开始采访他。最后一次采访是在一九八五年十一月、博尔赫斯去世前七个月进行的，访谈于博尔赫斯去世一个月后在《纽约时报书评》头版发表。该文包含了一系列博尔赫斯有关《圣经》、犹太教神秘哲学、空间、时间、上帝、死亡和永生的想法，文字优美，作为这个集子的结尾再恰当不过了。

虽然博尔赫斯对于有顺序的时间深表怀疑，本书各篇（与密西西比大学出版社的丛书一致）仍按时间先后顺序排列，未作删节，除改正排字错误或其他明显错误之外，没有任何改动。希望本书既有生动活泼的效果，又有严肃认真的学术氛围。通读全书后，我发现有好几个主题像音乐作品的主题一样，经过变奏后一现再现。那么，有没有一个支配一切的主题呢？也许可以用博尔赫斯本人的一段话来回答："随着岁月流转，他画出了省区、王国、山川、港湾、船舶、岛屿、鱼虾、房屋、器具、星辰、马匹和男女。临终之前不久，他发现自己耐心勾勒出来的纵横线条竟然汇合成了自己的模样。"

我要感谢丽贝卡·格罗斯曼为我做的特别宝贵的研究工作，感谢杰里米·康特里曼多方面的大力帮助。威利斯·巴恩斯通、克拉克·M.兹洛特丘，以及美洲协会的丹·夏庇若帮助我找到了采访者的线索，并且提供了材料。此外，我十分感谢华盛顿大学的朱莉娅·汉娜给我的帮助。我要向杰出的博尔赫斯传记作者埃米尔·罗德里格斯·莫内加尔和克拉克·M.兹洛特丘表示谢意，他们在我编纂年表时提供了极大的帮助。最后，我要感谢聪明而有耐心的编辑西莎·斯里尼瓦桑，感谢我亲爱的小儿子里基，是他促使我做了我想做的所有好事。再次套用博尔赫斯的说法，我希望这份名单里没有遗漏最重要的名字。

博尔赫斯谈博尔赫斯

理查德·斯特恩/一九六六年

一九六六年采访豪尔赫·路易斯·博尔赫斯的这篇文字成了一九七九年三月我访问南美的名片。(我的赞助人事先分发了访谈。)在南美广袤的土地上,博尔赫斯几乎成了英雄人物,即使没有看过他的作品或者不赞同他的政治观点的人对他也十分尊敬,甚至到了崇拜的程度。(他对民主的定义是四千万个傻瓜选了一个把他们剥夺得一无所有的傻瓜,这个定义由一个在胡安·庇隆上台第二天便辞去自己职务的人提出,是颇有说服力的。)一九七九年三月,他年已八十,看上去身体不错但自我感觉很差。("我坚持不了很久。"他对蒙得维的亚的一家报纸说。)但是我们不停歇地谈了两个小时,内容涉及文学、历史、政治,还讲了一些笑话。两天后,他从罗萨里奥和科尔多瓦讲学归来,我又去了他在马伊普街的小公寓,朗诵勃朗宁和罗塞蒂的诗给他听。他指点我的朋友阿兰·罗林斯和我到他视力所及的书架那边去。(我提到本·琼森的一首诗,他说:"我有那首诗,但是不知道搁在什么地方了。")我们十分兴奋。他大声念出诗行,说道:"瞧,瞧,简直绝了。"或者抓住我的胳膊大声说:"多美,多美啊!"感动我们的那首诗是《查尔德·罗兰来到了暗塔》。"尽管我从来没有弄明白它的意思。"

  正如一个濒临死亡的病人
  仿佛已经死去,泪水已经干涸,
  同每一个朋友都告了别……

  在空荡荡的起居室里,坐在失明的老人身边,罗兰的追寻看上去并不怎么神秘,只是令人兴奋得无法形容而已。
  一位老夫人走进房间,我没有也不愿意停下来。我们都沉浸在那首诗里,无法破壁而出。博尔赫斯和我一起吟咏最后那行诗:"查尔德·罗兰来到了暗塔。"
  接着是沉寂,我们的思绪回到了小房间,黄色的沙发,白色的书架。"有人来了。"我说。博尔赫斯站了起来,白发的老夫人走到他身边。"豪尔赫,"她说,"是我,埃斯特。""我表妹,"博尔赫斯向我们介绍,"刚从欧洲回来。"该是我们告辞的时候了。"你们让我度过了一个十分愉快的上午。"
  一年后,他又来美国讲课,或者说来参加那些没完没了的问答会。他仍旧那样优雅和结实。他露出大门牙,一视同仁地朝那些最熟悉的提问人微笑,虽然看不清楚。他有问必答,仿佛觉得反正没有什么秘密。他在一次聚会上背诵日耳曼和盎格鲁-撒克逊的诗句,问大家读了什么书,有什么想法。芝加哥负责接待的雷内·达科斯塔扶他去盥洗室，雷内后来说，博尔赫斯带着同样的学者式的兴致背诵了他记忆中巴黎、罗马和布宜诺斯艾利斯旧时厕所墙上的涂鸦。

芝加哥中途公园里那座傻里傻气的混凝土展馆是成人继续教育中心。（这里举办最多的是工业会议。）底层低矮的、潜水艇般幽暗的过道外面是芝加哥大学广播电视部。博尔赫斯来到这里，他身材瘦长、虚弱，步履有些歪斜，有人搀扶着他。他的脸庞也瘦长，脸颊上垂直的纹路加重了长脸的感觉。从体格上说，他不是壮实的人，但是举手投足与众不同。他握手时凑得很近，一双鼓凸的、模糊的、蓝灰色的眼睛离与之握手的人只有几英寸远。"我能辨出明暗。"一个很快就能打动人心的和善的人。

正如普鲁斯特所言，出色的国王总是行事简单朴素，广受赞誉的优秀作家们也总是以平等的态度对待年轻的同行。他们如果身体比较瘦弱，往往会养成一种卓别林式的处事方式，缓解一切知名人物都会遇到的敌意的刺痛。（瘦小的萨特匆匆忙忙地跑来跑去，给人敬烟点烟，请人喝酒，周围大量的蠢话和詈骂几乎把他淹没，他却面带微笑坐着倾听，就是一个绝妙的例证。）

前一天晚上，博尔赫斯对一批兴致勃勃的听众谈论了惠特曼。那是一篇亲切的讲话，显然是凭借记忆，而不是照本宣科或者即兴发挥，稍稍有点松散和冗长，但闪烁着西班牙语的魅力。讲话最精彩的部分是回忆他在日内瓦求学时期阅读惠特曼的情景,"读惠特曼的诗就像喝一帖药"。记忆中的惠特曼,《草叶集》的作者,"超凡入圣",像堂吉诃德和哈姆雷特那样亘古常新,完全不同于那些奔走于布鲁克林和曼哈顿渡轮码头之间的没精打采的新闻记者。

博尔赫斯和我隔着桌子,面对面坐在一个小录音棚里,麦克风悬挂在我们鼻子上方。我为我对西班牙语、南美洲以及西班牙语文化里的文学和风俗的无知表示歉意。他回答说,在这方面,他可能比我更无知。调度发出信号,下面就是录下来的大部分谈话。

斯特恩 昨晚你谈起惠特曼的多样性。读你写的诗歌和短篇小说时,人们看到的博尔赫斯至少也有好几个。有时候,比如说,在那篇可爱的《博尔赫斯和我》里面,你也提到了这一点。

博尔赫斯 我觉得从某种意义上来说,我们都是杰基尔博士和海德先生[1],无数的杰基尔博士和无数的海德先生,其中还有许多别的人。

斯特恩 这些年来,你成了一个经常接受采访、评论博尔赫斯其人或者他的作为的人。你有没有发现一个新的博尔赫斯,一个在公众的关注下应运而生的博尔赫斯?

1　出自十九世纪英国小说家罗伯特·路易斯·斯蒂文森所著小说《化身博士》,"杰基尔博士和海德先生"用来指具有善恶双重性格的人。

博尔赫斯 但愿我发现了，因为在我年轻的时候，我不指望有谁会看我写的东西，因此我爱写得怎么巴罗克就写得怎么巴罗克。我的写作风格一度十分牵强做作。可是现在我得为读者考虑，那当然有助于形成优良的文学风范。不同的作家写作风格各个不同。有的试图写得晦涩，一般说来都做到了。可是我力求做到清晰易懂，我认为——人们也这么说——我做到了。我打算等回到布宜诺斯艾利斯后，就开始写一个同吉卜林的《山中的平凡故事》风格相仿、简单明了的短篇小说集。不是他后期写的那种复杂难懂，并且非常伤感的东西。我想用直截了当的方式写简单明了的小说。我还想避开迷宫、镜子、匕首、老虎这一类主题，因为我开始有点厌倦了。我想尝试写一本非常好的书，谁都猜不到是我写的。那就是我的目标。

斯特恩 这些故事会像吉卜林所写的山林那样吗？回忆往事，回忆那些人？

博尔赫斯 是的，会是那样。我打算回忆我儿时的情形，因为我认为作家应该避开现时的题材。假如我试图描写布宜诺斯艾利斯一个特定街区的一家特定咖啡馆，人们会发现我犯下的各种各样的错误，而当我写六十多年前布宜诺斯艾利斯南部或者北部贫民区的事情时，谁都不会注意，也记不清。那样一来，我就有一点文学创作的空间。我可以海阔天空地幻想，我可以随心所欲地想象。我不必描写细节。我没有必要做历史学家或者新闻记者。我只要想象就行了。假如事实基本正确，我就不必担心环境是否属实。我打算出版一本收录十个或者十五个短篇小说的书——比如说，每篇小说有七八页。每一篇都相当清晰。我已经写好了一篇。

斯特恩 虽说你不指望有谁会读你写的东西，你在生活中某些时候是不是也会想到，你写的故事、短篇小说和诗歌不仅是经过精心设计的幻想，而且是通过行动付诸纸面的记录？

博尔赫斯 两种情况都有。它们是遐想，是幻想，这当然是事实；把它们写在纸上相当麻烦，但也给了我很多乐趣，这当然也是事实。我记得当我在写一篇相当可怕的小说时……我觉得很高兴，因为作家写作时应该觉得高兴。

斯特恩 当作家写得精彩，或者自我感觉写得精彩的时候。

博尔赫斯 我不知道能不能说写得精彩。但是到了我这个年龄，我知道自己的发展前途。我知道我不会写出比我现有的作品好得多或者差得多的东西，因此我听其自然。我是说，到了我现在这个年龄——我已经六十八岁了——我认为我已经找到了自己的声音和位置。

斯特恩 可是你说要换一种写作方式。

博尔赫斯 是的，我的意思是说我要写简单明了的东西。但是，当然啦，我是作家，我不能脱离我自己；我希望我能做到。当然，我也受到过去的限制。

斯特恩 你不喜欢"艺术是个性的体现"这一观点。

博尔赫斯 我写过一篇寓言似的东西，讲一个人绘制一幅巨大的画面，似乎是地图，上面有山川、马匹、溪流、鱼虾、树林、房屋、男女和形形色色的东西。到了最后，当死亡来临时，他发现画的竟是他自己。大多数作家的情况都是这样。人们认为我们应该写各种各样的事物，事实上最后剩下的只是我们的记忆。我是说，读者最后发现的是我们的面庞，我们的相貌，虽然我们自己可能都没有意识到。这就是说，我们无法摆脱自己，但也没有必要这么做——我们内心里无时无刻不在进行探索。

斯特恩 你大概记得詹姆斯小说中地毯上的图案的故事。你在什么地方写过相似的情节，我想大概是在一个注解里。你提到一个神圣的意识，它能纵览人一生中所有的姿态，毫不费力地辨认出每个举动的形状，就像我们辨认三角形的三条边那样。你在六十八岁的年纪已经写了五十年小说和诗歌，你认为作家看到的地毯上的图案和生活里的图案有什么联系？

博尔赫斯 那种事情很难说明白。我写作时总是试图忘掉自己，把思想集中在要写的题材上。我也想到读者。我尽量写得明白易懂。我发现我翻来覆去写的总是同样的题材。比如说，我写了一首献给撒克逊诗人的诗，当时我心里想的是《流浪者》[1] 的作者。一年后，我写了一首同样题材的十四行诗，自己却浑然不觉。至于我写的短篇小说，我认为有两篇完全不同，可是后来一

---

1 *The wanderer*，八世纪初期盎格鲁-撒克逊的抒情诗剧，描写一个武士战败后失去了领主、部落和亲人，四处流浪，在投奔新的领主途中回忆旧时的欢乐。

位评论家发现虽然背景不同，故事发生在不同的国家，但情节基本上是一样的。

斯特恩　是不是可以说评论家的关注创造了一个博尔赫斯呢？

博尔赫斯　我认为以我的情况而言，我真正了解的是自己的局限性。我指的是某些事情是我不敢企求的。比如说，我认为自己策划了一个新的情节，我讲给一个朋友听，他说："那固然很好，可是你已经用过了。"他随即说出我写的几篇小说的篇名。

斯特恩　你是不是认为"这无非是老调重弹"或者"我必须尝试一些新的东西"的冲动是生活在文艺复兴之前的作家才会考虑的事情？

博尔赫斯　不，我认为他们不会有这样的想法，因为那时候他们的题材十分有限。我认为人们不指望作家会知道什么。那也许是件好事，因为当你写读者已经知道情节的故事时，可以省去许多麻烦，因为既然读者知道了情节，你就可以集中力量描写细节。以勃朗宁为例，他在第一卷中交代了情节，就可以按图索骥，发展全部相互关系。再举例说，许多画耶稣受难的画家做的是同样的事情。

斯特恩　朗吉努斯说多数"现代"文学作品（公元一世纪的文学作品）是追求新奇的畸形产物。

博尔赫斯　你有什么看法？我指的是朗吉努斯。当然，荷马是作家中间的元老。但是，举例说，我知道有些人了解我国的印第安人,他们毫无历史观念。我记得我们的一位将军同一位印第安酋长谈话,将军对酋长说:"你们曾是大草原的主人,后来白人来了,你们被赶了出去,对你们说来,这事太难堪了,着实令人伤心。"印第安酋长诧异地瞅着他说:"不,我小时候就见过白人。"我想起我祖母对我说他们家有过奴隶。奴隶住在主人家里,当然。我问祖母那些奴隶有没有觉悟,知不知道他们的祖先是从非洲来的,在市场上被拍卖。祖母说他们一无所知。他们对历史的记忆只能追溯到儿童时代,他们对祖先没有概念,因此从来不知道他们来自非洲。

斯特恩 你提到你的局限,依你看是什么呢?

博尔赫斯 举例说,我永远不会尝试写长篇小说,因为我知道我写不完一章就会感到厌烦。我还知道,我不能尝试描写,而且我认为心理分析是我应该避免的领域,因为我干不了。但是如果我能想象一个人的情况,我会试图通过他的行为显示他的心理活动。北欧的萨迦就是这种情形。萨迦从来不说人物在想什么,但是你能从人物说的话,或者尤其是从人物做的事里有所了解。

斯特恩 你没有感到继续和人物相处,通过他们和其他人物之间的关系来展示他们的冲动?

博尔赫斯 我对于那一类小说不是特别感兴趣。我的朋友说我身上有些十分孩子气的东西,因为我特别热衷于情节,而一般认为聪明人不需要利用情节。当然,有人真正欣赏一部没什么情节的小说,而其中的人物整天被当作偶像来崇拜,但那种小说我是不会看的。

斯特恩 去年（一九六七年）有人问斯特拉文斯基，近些年文学界有什么新鲜事。他说他从来没有想到人们居然能根据这么少的材料写出这么多东西。他是赞扬贝克特——

博尔赫斯 这真的是赞扬吗？

斯特恩 我的语气听来像反话，但他并没有嘲讽的意思。

博尔赫斯 我的感受不是那样，不过还是非常可爱的。我不妨讲给你听听。我记得我看过里卡多·罗哈斯编的《阿根廷文学史》。那部作品有八卷之多，我看完后发现里面空空如也，一无所有，我觉得这个人太聪明了，居然能写出这部作品。他写了书，尽管言之无物，但他出了名，受到尊敬。

斯特恩 大象不能让蚂蚁替他写墓志铭。我们要不要谈谈决定其他艺术因素的简洁问题？我们很少谈到简洁之类的因素带来的影响。你写的短篇小说和诗歌，据我所知，都很简洁。

博尔赫斯 当然，这是由于偷懒的缘故。

斯特恩 偷懒可能是根源，不过我仍有怀疑，因为四五十部作品的成绩至少是某种能量的证明。

博尔赫斯 我说偷懒，是指懒于拿起笔来书写。当然，我不认为我懒于思考和幻想。写作是介于思考和幻想之间的活动。开头你有个幻想，接着，你得设法把它固定下来。

斯特恩 与简洁同来的或许有一种对称或者绝对性？看你的作品时，我注意到了这种东西。你说"人人都作出某种选择"，或"没有人提出反对"。

博尔赫斯 唔,如果我没有理解错的话,你是不是想说简洁有利于公正?

斯特恩 不,我不是那个意思。简洁有利于某种——

博尔赫斯 总括性的写法。

斯特恩 不错。

博尔赫斯 是啊,如果你用简洁的方式写作,却混杂着"我认为""也许吧""可能""不是不可能",就削弱了你说的话。因此,那些统统留给读者去思考吧。你只要给读者一个可能的解释,或者你认为可能的陈述,读者自己会动脑筋。

斯特恩 你的短篇小说和诗歌的一个美妙之处似乎就在——不妨说——这种绝对性和难以捉摸的要素之间的冲突。

博尔赫斯 我有一点要坦白:我写短篇小说时知道必须添加一些细节,因为人们指望你告诉他们,比如说,在那个特定的地方会看到什么种类的花卉。要求那些细节的不是自然学家,而是现实主义者。如今我写好一个短篇小说后,一般都会问我母亲:"这地方碰巧是幢经济型公寓。我们一般有什么花?"或者:"这里碰巧是五十年前布宜诺斯艾利斯周边的一座乡间邸宅,他们一般种什么花?"我母亲便会告诉我现实主义的细节,我就把它们收进我的小说。接着我会去找其他人,因为我一向心不在焉,很少注意这类事情。当我落笔写小说时,基本上已经没有细节了,发生的一切都是抽象的。唔,如果我认为读者会觉得不知所措,或者摸不着头脑，我就再告诉他一些细节，不过那些细节是我的家人提供的。

斯特恩　唔，人们在装潢不华丽的商店里购物，心里比较踏实，觉得不会被装饰所骗。但是你的短篇小说里充斥着一种介于特有的确定性和不可克服的古怪感之间的奇异的紧张。也许那就是人们想从几个不同的博尔赫斯中间发掘的那个博尔赫斯。

博尔赫斯　嗯，你要知道，我并不是真正的思想家。我是个文人，我尽可能利用哲学里的潜在文学价值。我本身不是哲学家，只不过我对世界和我自己的生命感到莫大的困惑。举例说，当人们问我是否真正相信宇宙的进程会一再重复，永无休止，我觉得我同那种事毫无关系。我试图把灵魂嬗变或者第四维度的潜在美学价值运用到文学上面，想看看会产生什么结果。可我确实不认为自己是思想家或者哲学家，我也不追随哪个特定的流派。

斯特恩　可是某些哲学的铁屑被吸附到你的而不是别人的磁石上了。

博尔赫斯　呃，那只说明我有局限性。我可以对某些题材而不是另一些题材感兴趣。比如说，我花了大半辈子思考时间、时间问题，当然还有我的身份。至少我认为它们是一起存在的，因为我认为时间是组成我的物质。说实在的，我没有特殊的关于时间的理论。我只是感觉到时间而已。

斯特恩　我在你的文章里见你说过，你喜爱的博尔赫斯小说之一是《南方》。

博尔赫斯 我认为那篇小说写得最好，因为，不管怎么说，它的情节最复杂，可以用两种方式解读。你可以直截了当，认为那是一个英雄人物的遭遇。然后，你会认为故事后面有某种道德说教——他爱南方，结果被南方毁灭。不过还有一种可能，那就是故事的后半部分完全是幻觉。那人被杀死的时候，并不是真正被杀。他死在医院里，虽然只是一个梦，一种妄想，却是他希望得到的死亡——在大草原上，手里握着一把匕首被人刺死。那是他长久以来向往的事情。所以，我把那篇小说写成有两种解读方式。当然，我创作时心里想到了亨利·詹姆斯。

斯特恩 我略微知道，你的阿根廷祖先曾和圣马丁[1]等人交往，你老家的墙上挂着佩剑。

博尔赫斯 英雄史诗总是让我感到伤感。我想，比方说，我的祖父是在一次战役中阵亡的，我的曾祖父同西班牙人打过仗，另一个曾祖父打过巴西人，还有一个打过北美印第安人。我认为这是他们的造化，但他们也许不像我这么强烈地意识到他们的命运，因为他们只是经历而已。我比他们自己更意识到他们命运的史诗意义，因为他们要完成他们的工作，他们的工作之一是战斗和阵亡。那一切可以在一天之内完成。

斯特恩 所以，我们中间有许多人赞美我们自己不具备的

---

[1] José de San Martín（1778—1850），阿根廷将军、政治家，智利和秘鲁的解放者。

品质。

博尔赫斯 我们甚至向往我们缺少的东西——我指的是，如果你身体健康，你不会想到健康。如果有女人爱你，你就会想别的东西。你幸福的时候，就不必为幸福担忧。与此同时，当你在写你遭遇的任何特殊的不幸时，从某种意义上说，你是在解放自己。即使忏悔时也是如此。比如说，假如我告诉你一个秘密，在告诉你的时候，我并不是以当事人的身份，因为在"告诉"这个行为当中，我是另一个人，另一个可以置身事外的人，这个人能用言语进行表述，能把它讲给别人听。

斯特恩 不过《南方》那篇小说里有赞美某种荣耀的意思——

博尔赫斯 六十多年前，在我的国家里，一个男人勇敢或者被认为勇敢是非常重要的。我的意思是说，懦弱是男人的耻辱。据我所知，比如说，甚至在痞子或者非常穷苦的人中间也有这种看法。他们虽然十分无知，有很大的局限性，但都认为懦弱是不可饶恕的罪恶，是上帝不容的罪恶。比如，我知道有那么一件事：有一伙人向一个从未谋面的人挑衅，要同他比试比试，仅仅因为他们知道他很勇敢，刀法高明。他们想证实谁更勇敢，便找他单挑独斗，有可能因此送了性命，仅仅为了——什么呢？"我一点儿都不比他差。假如他比我狠，那就让他来比试比试。"如今，当然，这种情况在我的国家已经见不到了。谁都不关心勇敢不勇敢的问题。人们关心的是金钱、名气、流行的话题等等。

我曾经想写一个短篇，讲一个人受到挑衅却不应战，但他可以应战，因为他知道自己不是胆小鬼。我还想写一个短篇，讲一个普通的痞子突然醒悟，觉得不负勇敢的名声完全是虚荣心作祟。他便成了懦夫，人人都嘲笑他。假如他心里明白自己并不胆怯，他就能泰然处之。当然，这个短篇非常难写，因为整个过程是在他内心发展的，当然，除非有两个故事，第一个故事叙述了所有事实，最后你也许会发现，那个懦夫事实上是勇敢的人，因为他知道自己并不胆怯。

斯特恩 我认为那些对我们最有价值的作家能为我们提供在现实中做选择的乐趣。

博尔赫斯 我一向对那些把现实和文学分开来谈的人感到恼火，就好像文学不是现实的一部分。读一本书的体验就像是旅行或者被情人抛弃。至于我写的小说，我一向试图对它们忠贞不渝。当我充分认识到我要写的故事有可能发生时，我才会下笔。我不追求新奇的情节或者惊世骇俗的人物。当我写些什么的时候，是因为我知道我能真正想到。比如说，我笔下的人物说了些话，那是因为我觉得那就是他们可能说出来的话。我尽量不写我不熟悉的事情。我反对纳粹，反对我们的独裁者（当他在台上的时候），但是我从不让这些观念干扰我的工作。当我写小说或者诗歌的时候，我想的不是我的观念，而是我写的东西可能产生的暗示。我试图忠于真实，试图描绘我见到的情景，如此而已。我并不认为作家的观点有多么宝贵。比如，以吉卜林为例。我十分赞赏吉卜林，但我不认为我们要为他的政治观点操心。

斯特恩　他写的故事往往同他直接表达的观点相矛盾。

博尔赫斯　不错，吉卜林的例子确实非比寻常。比如，《吉姆》里最优秀的人物是原住民，他却没有留意，因为他老是在谈白人的负担等等，而小说里的英国人并不怎么高明。

斯特恩　他们在人生地不熟的山区显得格格不入。

博尔赫斯　不知道吉卜林本人是不是明白？他一定有所察觉。我不知道我们是否看到了真正的他。我认为吉卜林是个真正伟大的作家。

斯特恩　乔伊斯说十九世纪的三个天才作家是托尔斯泰、吉卜林和——你猜得到是谁吗？

博尔赫斯　猜不到。

斯特恩　邓南遮。

博尔赫斯　那真令人失望。

斯特恩　我看的书不多，没有资格评论。

博尔赫斯　邓南遮的作品我看得很少，看得少这一事实正说明了我对他的评价。托尔斯泰、吉卜林和邓南遮。我不明白怎么能同时赞赏这三位作家。邓南遮的思想非常一般。

斯特恩　嗯，他们都有巨大的活力，都喜欢直截了当的故事情节。问题还是在于言过其实。

博尔赫斯 托尔斯泰当然是我佩服的，但是邓南遮，我发觉他过于夸大。我认为一个人如果品德有亏，一定会在作品中有所表现。因此我觉得，假如我们老是写词藻华丽的东西，我认为那是虚荣之罪，是难以饶恕的。我认为作家应该会用质朴无华的方式写作，因为假如他一直想给读者留下深刻印象，读者当然会发觉，也就不为所动了。

斯特恩 你认为有没有好的作品是源自个人的缺点？比如说愤怒、卑劣？

博尔赫斯 也许吧。愤怒当然是可能的。以奥斯卡·王尔德为例——说到头，他写的一贯是词藻华丽的东西，但你同时觉得很有趣。因为他不是在一本正经地写华丽的词藻。奥斯卡·王尔德还有写《道林·格雷的画像》的一面。

斯特恩 我认为像王尔德那样的人一辈子都得伪装，然后从伪装中得到一点好处——

博尔赫斯 是啊，但在伪装后面，我认为他有一个非常冷静的性格。

斯特恩 并且勇敢。你会认为一个必须整天伪装的人肯定是懦夫，可是就王尔德而言，你会觉得："啊，还有真正的勇敢。"

博尔赫斯 你记得切斯特顿是如何评介奥斯卡·王尔德的。他在某本"大学图书馆丛书"里不得不用一整页的篇幅来总结他的生平。后来他还写了一本好书，《维多利亚女王时代的文学》，全书警句迭出，论点很有见解，介绍奥斯卡·王尔德时他是这么总结的:"王尔德是个爱尔兰斗士。"谁都没有想到用这种方式介绍王尔德。切斯特顿说王尔德受审时表现出了斗士性格,他其实一生都在战斗,同舆论斗,并且控制了它。但是我认为邓南遮的情况不同,因为他写那些华丽词藻的时候是不带笑意的,而王尔德会让你觉得他是微笑着在写作,也许甚至在哈哈大笑。像是在开玩笑。

斯特恩 你认为邓南遮在感情上是单纯的还是腐化的?

博尔赫斯 我认为两者都有,不过我得说在感情上主要是单纯的。我觉得意大利人比较率直,但我不认为他们很细致。我不是一概而论,但我那时候发觉意大利人很实际,非常自信,当然,举动像演戏那样夸张。

斯特恩 上次世界大战后,电影和图书领域出现了率直得出奇的意大利艺术。墨索里尼大概额外消耗了十年的浮夸。

博尔赫斯 呃,我还有一件事要坦白。我不喜欢意大利电影。像《精神病患者》就是一部极好的电影。我和一位阿根廷评论家讨论过。他对我说,那部电影完全是讽喻,是个玩笑。我说:"嗯,爱情本来就是玩笑。"但是它没有被当作玩笑。事实上它是个梦魇。我想那句话出自《化身博士》,二者在本质上是相同的。

录音到此结束。我们坐在桌边继续谈了半小时左右。"这些话不值得录,"博尔赫斯说,"只是随便聊聊,une tranche de vie[1]。"我们用纸杯喝咖啡,他谈起他正在和比奥伊·卡萨雷斯以及另外一个人合写的电影剧本《入侵》,内容是讲六个懒人成功地把另一个懒人排除在外。这些年他还写过几个电影剧本,不过没有拍摄。

我们穿好大衣出去。天空灰蒙蒙的,像是要下雪。他要步行回四方俱乐部,他的妻子在那里等他。他谈起在阿根廷生活艰难,他担任国家图书馆馆长以及英美文学教授薪水微薄("一学期内要讲完"):"比扫大街的挣得还少。"阿根廷人不认为自己是南美人。"巴西是南美。你懂的,异国情调,印第安人,黑人。"

"那么阿根廷呢?"

他笑了一声,头发柔软的长脑袋凑到我面前。"近似巴黎。是啊,一切都是有来由的,哥伦布剧院模仿巴黎歌剧院,摩天大楼模仿芝加哥。一切都是模仿。"庇隆当政时期他的日子不好过。他的母亲遭到软禁,他的妹妹被关进监狱。"为了加强侮辱,竟然是一座关妓女的监狱。为了让我难堪。她写信来说情况很好。那使我担心。"他那孩子气的率直带有新大陆的魅力,而南方的特点使它更为温柔,更为忧伤。从另一方面来说,还带着勇敢和善良的力量。

到了俱乐部,他不愿意别人扶他上去。他自有辨别方向的办

---

1 法语,生活琐事。

法,他亲切而彬彬有礼地告了别,气氛特别让人高兴而又带有一丝酸楚。

摘自《创造真实》,佐治亚大学出版社,阿森斯,一九八二年,第二十七页至第四十五页。获准转载。

文学的活迷宫，主要作品，纳粹分子，侦探小说，伦理学、暴力和时间问题……

理查德·伯金/一九六七年

伯金 从一开始，你的创作源泉是不是都来自别的书籍？

博尔赫斯 不错。因为我认为读一本书的体验不亚于旅行或者坠入情网。我认为阅读贝克莱、萧伯纳或者爱默生的作品，就仿佛亲眼看到伦敦。当然，我是通过狄更斯、切斯特顿和斯蒂文森的作品看到伦敦的，不是吗？许多人将真实的生活与想象的生活和幻想区分开来，前者意味着牙痛、头痛、旅行等，后者意味着艺术。但我认为这种区分是行不通的。我认为所有这些都是生活的组成部分。举例说吧，今天我告诉妻子，我虽不能说游遍了全世界，但也算是游遍了西方，对吧？我写过有关布宜诺斯艾利斯偏僻的贫民区的诗，我写过有关相当单调乏味的街角的诗，但我从没有写过有关大题材的诗，我指的是著名的题材。比如说，我很喜爱纽约，但我不认为我会写有关纽约的诗。也许我会写某一个街角，因为说到底，许多人都做过那种事。

伯金 可是你写过以爱默生为题的，还有以乔纳森·爱德华兹[1]和斯宾诺莎为题的诗。

博尔赫斯 不错。但是在我的国家，写爱默生和乔纳森·爱德华兹就像是写相当神秘的人物。

伯金 因为他们就是很神秘。

博尔赫斯 是啊，多少是这样。我写过一首有关萨米恩托[2]的诗，因为我非写不可，而且我爱他，但事实上我更喜欢写名声不大的人物。如果我写斯宾诺莎、爱默生、莎士比亚、塞万提斯这类名人，我处理的手法是把他们写成脱离书本的小角色而不是知名人士。

伯金 上次我在这儿的时候，我们谈到你最近出的英文版《自选集》。你决定不收进集子的那些篇目，你把它们归入失败的作品，至少你自己是这么看的。你认为你是自己作品最恰当的评论者吗？

博尔赫斯 不，但是我相信我有些作品得到的评价过高。也许我可以听其自然，因为大家喜欢它们，对吗？因此我不需要帮他们忙。

伯金 以《神学家》为例，你不愿意把它收进集子吗？

博尔赫斯 我没有收进去？

1　Jonathan Edwards（1703—1758），美国唯心主义哲学家。
2　Domingo Faustino Sarmiento（1811—1888），阿根廷政治家、作家、教育家，著有《法昆多，又名文明与野蛮》。

伯金 没有。

博尔赫斯 嗯，那就是另有原因了。原因是尽管我喜欢那篇故事，我认为喜欢的人不会很多。

伯金 对大众口味的让步。

博尔赫斯 不是的，是因为我的读者有可能看，也有可能不看我别的作品，因此我尽可能不给他们泼冷水——何况人们老是说我古板、别扭，有时候让人非常困惑。因此，我要帮助读者。如果我向读者提供一篇《神学家》这样的故事，读者会摸不着头脑，大吃一惊，甚至被吓跑。

伯金 你对《〈吉诃德〉的作者皮埃尔·梅纳尔》是不是有同样的看法——你不把它收进《自选集》是不是出于同样的理由？

博尔赫斯 你知道，那是我写的第一个故事。不能完全算故事……有点散文的味道，我认为你从故事里可能会看到厌倦和怀疑，不是吗？因为你会觉得梅纳尔处在一个非常漫长的文学时间段即将结束的年代，到达一个他发现自己不愿意用书籍来妨碍世界的时刻。此外，他虽然命中注定要做文人，但并不追求名誉。他为自己写作，决心做一些非常不起眼的事情，他要重写一部由来已久、早已存在的书，《堂吉诃德》。当然，这个故事是有想法的，也就是我在这里做第一次演讲时所说的，当一本书被阅读或者再次被阅读的时候，它就会发生改变。

伯金 它有所变化。

博尔赫斯 是的，有所变化，你每次阅读都会有新的感受。

伯金 你既然看到世界文学在不断变化，随着时间的推移而不断改变，你会不会产生原创性文学作品有点徒劳的感觉？

博尔赫斯 不仅是徒劳。在我看来，它是有生命的、在生长中的事物。我觉得世界文学像是某种森林，我的意思是它错综复杂，把我们缠在其中，不过它继续在生长。再说，我经常用的迷宫的形象，那是一座活迷宫，不是吗？一张活的迷网。迷宫这个词或许比迷网神秘。

伯金 迷网一词的机械味道似乎太重了。

博尔赫斯 是啊，那个词让你感到"迷惑"。迷宫让你想到克里特岛和希腊人。迷网也许让你想到汉普顿宫，不完全是迷宫，玩具似的小迷宫。

伯金 《埃玛·宗兹》怎么样？那是一个活迷宫的故事。

博尔赫斯 很奇怪，在《永生》这类故事里，我力求出彩，而《埃玛·宗兹》就是一个非常单调的、灰沉沉的故事，甚至我选用埃玛这个名字的时候，就觉得特别丑，但又没有丑得出奇，不是吗？宗兹那个姓也非常寒碜。我记得我有个好朋友也叫埃玛，她对我说："你为什么给那个可怕的姑娘起我的名字？"当然，我不能实话实说，但实情是，当我写下那个有两个 m 的埃玛（Emma）和两个 z 的宗兹（Zunz）时，我的用意是找一个丑陋而平淡无奇的姓名，压根没有想到我有一个名叫埃玛的好朋友。那个名字似乎毫无意义，无足轻重，你是不是也有那种感觉?

伯金 可是人们对她怀有同情。我是说,她似乎是命运的工具。

博尔赫斯 是的,她是命运的工具,但我觉得复仇,即使是正义的复仇,都带有卑劣的意味,不是吗?有点徒劳。我不喜欢复仇。我认为唯一可能的复仇是忽略、忘怀。那是唯一的复仇办法。当然啦,忘怀有助于宽恕,不是吗?

伯金 嗯,我知道你不喜欢复仇,而且我觉得你也难得大发脾气,对吗?

博尔赫斯 我或许发过怒,如今我年将七十,我觉得我这一辈子大概发过四五次怒,不会再多了。

伯金 那可不容易。你肯定对庇隆感到愤怒。

博尔赫斯 是的。但那是两码事。

伯金 当然。

博尔赫斯 有一天,我在讲柯勒律治,我记得有四个学生走进课堂对我说,学生大会已经做出罢课的决定,他们要我停止讲课。我当时吃了一惊,突然发现我不知怎的从教室的这一头走到了那一头,直面那四个年轻人,对他们说,人可以决定自己的事情,但不可以决定别人的事情,他们休要自以为是,认为我会容忍那种莫名其妙的事。他们没想到我竟会有这种反应,顿时傻了眼,一动不动地站着。当然,我明白我上了年纪,而且几乎是盲人,他们却是四个壮实的、粗声粗气的年轻人,可是我在气头上，对他们说："这里有不少女士，你们还有什么话要说，我们不妨到街上去解决。"

伯金　你是那么说的？

博尔赫斯　是的，然后他们离开了，我便说："好吧，经过这段插曲之后，我想我们可以继续上课了。"我因为大声嚷嚷暴跳如雷而感到羞愧。我一生中仅有几次这种失态的情形。

伯金　这是多久以前的事？

博尔赫斯　至少是五年以前了。此后，同样的情况又发生了两次，我的反应大致相同，可是过后我都感到非常非常羞愧。

伯金　罢课是针对学校的吗？

博尔赫斯　是的。

伯金　罢课的原因是什么？

博尔赫斯　原因是港口工人在罢工，学生们认为他们也应该加入。不过我一直认为罢工、罢课都有勒索的味道，不是吗？不知道你有什么看法？

伯金　这个国家的学生常常罢课。

博尔赫斯　在我的国家也一样。他们这么做没有错，不过他们不让别人上课，我就不理解了。他们凭什么要威胁我？我还要说，即使他们把我打翻在地也无所谓，因为说到底，打架的结果一点也不重要，重要的是人不能受到胁迫，你是不是也有这种看法？说到头，我的遭遇并不重要，因为谁都不会把我当作拳击选手，或者认为我善于打架。重要的是我不能在学生面前让自己受到胁迫，因为一旦发生了那种情况，他们就不会尊重我，我也不会尊重我自己了。

伯金 这么说来，有时候价值是不是比安危更为重要？

博尔赫斯 当然啦，是这样的。说到头，个人的安危是物质的东西。我并不认为物质的东西非常真实——假如你从悬崖上摔下来，那就非常真实了，不是吗？但是在那种情况下，我认为我的任何遭遇都无足轻重，根本无足轻重。他们当然只想吓唬吓唬我，因为我不认为他们有动粗的打算。但那是我生平少数几次真正发怒的情况之一。此后，我非常羞愧。我认为自己毕竟是教授，作为文化人我不应该发怒。我不应该对他们说"我们不妨到街上去解决"，而应该同他们讲道理，因为那一来，我的做法同他们就没有什么两样了。

伯金 这使我联想到《南方》那篇故事。

博尔赫斯 是的。

伯金 我想那是你最具个人色彩的小说之一。

博尔赫斯 是的，确实如此。

伯金 勇敢对你十分重要，是吗？

博尔赫斯 我认为是的，因为我自己并不勇敢。我认为假如我真正勇敢的话，那它对我来说就根本算不了什么。举例说，我推三阻四赖着不去看牙医，有一年之久。我不是一个勇敢的人，而我的父亲、祖父和曾祖父都是勇敢的人，我是说他们有的死于战斗……

伯金　你不觉得写作也是一种勇敢吗？

博尔赫斯　是的，可能是。但假如我是个勇敢的人，我也许就不那么在意勇敢了。因为人们总是在意他们缺少的东西，不是吗？我的意思是说，如果有一个女人爱你，你会觉得理所当然，甚至有可能对她感到厌倦。但是假如你被抛弃，你会觉得天要塌下来了，不是吗？那种事情总会发生的。你真正在意的是你没有的东西，而不是你已经拥有的。

伯金　你说人们应该为发怒而羞愧，难道你没有想到人们应该为有损尊严而羞愧吗？

博尔赫斯　我认为那是无可奈何的事。

伯金　你能克制愤怒吗？

博尔赫斯　能。我认为有许多人鼓励愤怒，或者认为发怒是一件很好的事情。

伯金　他们认为打斗有男子气概。

博尔赫斯　是啊，难道不对吗？

伯金　确实。

博尔赫斯　我不认为发怒有什么值得称赞的。那是一种软弱。因为说老实话，我认为你只能允许自己被很少的几个人伤害，除非他们用棍子打你，或者开枪射你。举例说，我不能理解当侍者让你等候很长时间，看门人对你不礼貌，售货员不把你当一回事的时候，你为什么要生气，因为说到头，那些人毕竟像是梦中的一个个影子，不是吗？而真正能伤害你的，除了用匕首或者手枪之类的武器从身体上伤害你，是你在意的人。有一个朋友对我说："你没有原谅某某人，而原谅了另一个比他恶劣得多的人。"我说："是的，不过某某人是我的朋友，或者我认为他是我的朋友，因此我很难原谅他，而另一个人完全是陌生人，和我一点儿也不亲近，因此他不论对我做了什么，都伤害不了我。"我的意思是说，如果你在意一个人，他可以伤害你很深，他们可以对你漠不关心，或者蔑视你，以此对你造成伤害。

伯金 你说过报复的最高形式是遗忘。

博尔赫斯 遗忘，是的，说得很对，但是举例说，假如路上有陌生人侮辱了我，我觉得我不会多加考虑，我会假装没有听见，继续走我的路，因为说到头，我并不是为他而存在的，那他为什么要为我而存在呢？当然，再看那几个走进我的教室、我的课堂的学生，他们认识我，知道我在讲授英国文学，情况就很不相同。如果他们是陌生人，如果他们是街上打架的人或醉鬼，我想我根本不会把他们当一回事，而是把他们忘得一干二净。

伯金 难道你小时候从不打架吗？

博尔赫斯 打过，我打过。不过那是准则，我非遵守不可。嗯，我的眼睛不好，视力很差，输的一般都是我。可是非打不可。因为似乎有一个准则，事实上，我小的时候甚至还有决斗的准则。我觉得决斗是十分愚蠢的习俗，不是吗？说到头，毫无意义。假如你和我吵架，我和你吵架，这和我们的剑法或者枪法有什么关系？毫无关系——除非你具有上帝会惩罚错误一方的神秘主义思想。我不认为谁会有那种想法,不是吗?呃,我们回过头来再谈谈……我不知道是什么原因,似乎讲得杂乱无章了。

伯金 可我觉得这样谈比什么都好,能让我真正了解你。

博尔赫斯 是啊,不过那样就不会让人觉得惊奇或者有趣了。

伯金 我是说人们写有关你的文章时,内容都大同小异。

博尔赫斯 是啊,他们总是写得很不自然,同时又错综复杂,你是不是也这么觉得?

伯金 嗯,要写一个你喜欢的作家自然很困难;反正写什么都不容易。你写过一首题材大致相关的诗,是吗?题目是《另一种老虎》。

博尔赫斯 哦,是的,是谈艺术的无用,或者不如说,不是艺术的无用,而是艺术在表现现实或者生活方面的无能。当时我设想那首诗是无穷尽的,因为我写那头老虎时,老虎已不再是老虎了,它成了诗里的一组字。另一种老虎,不在诗歌里。我在书房里踱步构思,随后用一天左右的时间写了那首诗。我觉得那首诗相当好,不是吗?它还是一则寓言,但不太明显,读者不必太伤脑筋,甚至不需要理解它。当时我认为我有三头老虎,可是应该让读者感到那首诗是没有穷尽的。

伯金 你一直试图捕捉那头老虎。

博尔赫斯 是的,因为老虎始终……

伯金 在艺术之外。

博尔赫斯 是的，在艺术之外。因此它成了一首让人绝望的诗，不是吗？同你读《一枝黄玫瑰》后的感受是一样的。事实上，我从来没有想到，当我写《另一种老虎》时，其实我是在重写《一枝黄玫瑰》。

伯金 你常说你的短篇小说是你以前写过的东西的回声。《德意志安魂曲》也是这种情况吗？

博尔赫斯 哦，是的。那篇小说的主题是我见到几个纳粹分子，或者说阿根廷的纳粹分子。我想有可能为他们说些什么，也就是说，假如他们真正遵守那种残忍或者勇敢的准则，虽然他们很可能是疯子，他们身上还有某种英雄的成分，不是吗？于是我说我试图想象一个纳粹分子，不是真正的纳粹分子，而是一个确实认为暴力和争斗好过创造与和平的人。我要那么做。我要让他觉得自己是纳粹分子，或者具有柏拉图式的纳粹思想。我那篇小说是在第二次世界大战以后写的，因为我觉得毕竟不会有人出来替德国的悲剧说句话。我是指一个如此重要的民族，一个孕育了叔本华、勃拉姆斯和如此众多的诗人和哲学家的民族，如今却成了一个十分愚蠢的想法的牺牲品。我想，好吧，我要设想一个真正的纳粹分子，不是那种喜欢自怜的纳粹分子，而是认为暴力世界要好于和平世界、不关心胜败、只注重战斗本身的人。那样的纳粹分子不会关心德国是否被打败，因为假如他们被打败了，那只能说明别人是更棒的斗士。暴力才是重要的东西。于是我设想那个纳粹分子的情况，写了那篇小说，因为布宜诺斯艾利斯有许多支持希特勒的人。

伯金 太可怕了。

博尔赫斯 真糟糕。那是些十分卑鄙的人。可是说到头，德国在战争初期打得非常出色。我的意思是说，假如你赞赏拿破仑，假如你赞赏克伦威尔，假如你赞赏任何形式的暴力，那你为什么不赞赏希特勒呢？他做的都是那些人做过的。

伯金 规模大得多。

博尔赫斯 规模大得多，时间却短得多。因为他在短短几年里做到了拿破仑长期都没有做到的事情。于是我认识到，那些支持德国的人想的从来都不是日耳曼的胜利或者荣耀。他们真正喜欢的是闪电战，是伦敦城在燃烧，是英国被毁灭。对德国士兵来说，他们才不关心这些呢。于是我想，德国被打败了，美国把我们从这场梦魇中拯救了出来，正因为谁都不会怀疑我支持哪一方，所以我想从文学的角度看看能对纳粹做些什么。当然，现实中没有哪个纳粹分子是那样的，因为他们充满自怜。他们受审时，没有哪一个会说："是的，我有罪，我应该被枪毙，干吗不呢？本来就应该这样，我要是做得到的话，我也会枪杀你。"谁都没有说过那种话。他们都道歉，痛哭流涕，因为德国人性格中有非常软弱和感伤的一面，使我十分反感。我以前也有这种感觉，但是到了德国以后，我随时都能感觉得到。记得我好像和你讲过我同一位德国教授谈话的情况？

伯金 不，你没有讲过。

博尔赫斯 当时那位教授带我在柏林到处看看。柏林是全世界最丑的城市之一，不是吗？非常俗气。

伯金 我从没有去过德国。

博尔赫斯 呃，没有去过是好事，尤其是如果你爱德国的话，因为你一到那里就会开始厌恶它。当时他带我在柏林到处看看。当然，有许多空地，大片大片的空地，那些地方以前有过建筑，后来被美国飞行员彻底炸毁。你懂些德语吧？

伯金 抱歉，我不懂。

博尔赫斯 好吧，我把他的话翻译过来。他对我说："你看到这些废墟有什么话要说？"我便想，是德国挑起了战事，盟军之所以这么做是因为非如此不可，因为挑事儿的是德国。因此，我为什么要为这个国家的遭遇而怜悯它呢？发起轰炸的是他们，手段十分卑劣。我想，戈林曾告诉他的人民说他们要毁灭英国，他们根本不怕英国飞行员。说那种话很不高尚，不是吗？事实上，作为政治家，他应该这么说："我们要尽可能毁灭英国，在这个过程中，我们自己可能会受到伤害，但那是我们非冒不可的风险。"——即使他知道情况并非如此，他也应该这么说。因此，当教授对我说"你看到这些废墟有什么话要说？"的时候——呃，我的德语不太好，但是我必须作出非常简短的回答，我便说："我见过伦敦的状况。"当然，他无话可说了，不是吗？他换了话题，因为他原希望我同情他。

伯金 他原想从博尔赫斯那里得到一句可以引用的话。

博尔赫斯　呃，我给了他一句可以引用的话，不是吗？

伯金　但不是他想要的那种。

博尔赫斯　不是他想要的那种。当时我暗忖，不幸的是我有英国血统，假如我是纯粹的南美人，就不至于这么回答。说到头，我不认为他知道这事。

伯金　如果他看过《武士和女俘的故事》，他就明白了。

博尔赫斯　是的，他就明白了——是的。

伯金　一篇精彩的故事，你说呢？十分简练。

博尔赫斯　是的。

伯金　你善于构思……

博尔赫斯　不！我没有构思，所有情况都是我祖母告诉我的。是的，因为她当时在边境，故事发生在十九世纪初。

伯金　但是你把它同历史上发生的事情联系了起来。

博尔赫斯　同克罗齐的叙述联系了起来。

伯金　那正是给人印象深刻之处。

博尔赫斯　是啊。我认为两个故事、两个人物，基本上是相同的。一个野蛮人被吸引到罗马，进入文明，而一个英国姑娘转向巫术，转向野蛮，去潘帕斯草原生活。事实上，我现在想起来，故事同《神学家》一样。《神学家》里有两个仇敌，一个把另一个送上了火刑柱，随后他们发现其实他们是同一个人。我认为《武士和女俘的故事》更好，不是吗？

伯金　我不这么认为。不。

博尔赫斯 是吗？为什么？

伯金 《神学家》带有几分悲剧色彩。故事十分感人。

博尔赫斯 不错，《神学家》更像传说，另一篇只是两个寓言的引用或者叙述。

伯金 我的意思是神学家是凄惨的，然而他们身上有些高尚的东西：他们的诚挚，他们的高傲。

博尔赫斯 是啊，它更像传说。而在另一篇里，我认为故事给糟蹋了，因为你会觉得作者自作聪明，不是吗？把两个不同的例子拿来糅在一起。但是《武士和女俘的故事》很好读，而《神学家》使大多数人感到困惑、厌烦。

伯金 不，我喜欢那个故事。

博尔赫斯 呃，我也喜欢，但是我的朋友，或者某些朋友，他们觉得整个故事毫无意义。

伯金 我还喜欢《小径分岔的花园》，你不喜欢那篇。

博尔赫斯 我认为当侦探小说来看还是相当好的。

伯金 可是我认为它超出了侦探小说。

博尔赫斯 呃，应该这样。因为说到头，我受切斯特顿的影响，而切斯特顿懂得怎么把侦探小说发挥到极致。远超过了埃勒里·奎因或者厄尔·斯坦利·加德纳[1]。顺便说一句，埃勒

---

[1] Erle Stanley Gardner (1889—1970)，美国作家，写了一系列以律师梅逊为主角的侦探小说。

里·奎因的故事相当精彩。

伯金 你曾经编过一些侦探小说选,是吗?

博尔赫斯 我是一套名为"第七圈"的丛书的主编,我们出版了一百五十多本侦探小说。我们从尼古拉斯·布莱克开始,到迈克尔·英尼斯,然后到威尔基·柯林斯,再到狄更斯的《埃德温·德鲁德之谜》,再到其他美英作家,获得巨大成功,因为在当时,"侦探小说也具有文学性"这个观点在阿根廷是比较新潮的。人们一想到侦探小说,就像想到美国西部电影一样,都认为只有娱乐功能。我认为那些书有不少好处,因为它们提醒作者情节的重要性。假如你看了侦探小说以后紧接着看其他类型的小说,你的第一反应——这当然不公平,不过情况确实如此——就是觉得那些小说没有样子。侦探小说里的各种细节都经过精心安排。事实上,正如斯蒂文森指出的那样,精心得有点机械化。

伯金 我知道你的小说一向避免机械化,同时也避免过分张扬。但是我听你说《永生》写得矫揉造作时,我相当吃惊。

博尔赫斯 是的,我记得我对你说过那篇东西写得过于精细了。由于文字过于推敲,你看完故事可能也没有留意它要表达的东西。

伯金 故事是不是受到斯威夫特的《格列佛游记》里长生不老的人的启发?

博尔赫斯 不,他笔下的长生不老的人有很大的不同,都是些老态龙钟的家伙,不是吗?我从来没有那么想过。不,我开始想的是基督徒既要相信灵魂的不朽，又要相信我们在极其短暂的一生中所做的事情是何等重要，这是不公平的，或者说是不合乎逻辑的，因为即使我们能活一百年，同永久或者永恒相比也是微不足道的。我想，假如我们活了一百年，再活下去的话，我们所做的任何事情都会变得无足轻重，随后我也琢磨过那个数学概念：假如时间是无穷尽的，那么所有人必然会遭遇所有的事，在那种情况下，几千年后我们所有人都可能成为圣徒、杀人犯、叛徒、通奸者、傻瓜、智者。

伯金 命运这个词，或者命运的概念，就没有意义了。

博尔赫斯 没有意义了。因此，为了让这个想法给人以更深刻的印象，我设想荷马忘掉了希腊语，忘了他曾写过《伊利亚特》，甚至还赞赏起蒲柏翻译的不十分忠实的《伊利亚特》。最后，由于必须让读者知道说故事的人是荷马，我让他叙述了一个混乱的故事，荷马在其中不以荷马本人，而是以朋友的身份出现，因为说到头，他当时毕竟一无所知。我给他起名为流浪的犹太人卡塔菲勒斯，我想那有助于叙事。

伯金 我们似乎在谈暴力，同时也谈到了时间问题，事实上这也不足为奇，因为你常常把这些问题联系起来，比如说在《秘密的奇迹》这样的故事里。

博尔赫斯 是的，我想那篇小说是在第二次世界大战期间写的。我感兴趣的主要是两件事。首先是一个不张扬的奇迹，不是吗？因为那个奇迹是为一个人而发生的。其次是一个观点，我想大概是一个宗教观点,一个人用某件只有上帝了解的事向上帝证明他是正确的,上帝给了他这个机会。

伯金 二者之间非常个性化的协定。

博尔赫斯 不错,上帝和人之间的个性化的协定。神秘主义者普遍有一种想法,即人间很短暂的事物在天堂或者在人们心中可持续很长时间,那个故事里就有这种观点,不是吗?当然也许还有别的观点。我还有过两幕剧的想法,第一幕出现了一些崇高壮观的场面,在第二幕里你却发现其实是一些俗丽而不值钱的玩意儿,我想:"我永远不会写这个剧本,可是我会把剧本的构思放到我的小说里去。"当然,我不能说赫拉迪克想出了一个剧本或者一件艺术作品却对它绝口不提,因为那达不到任何效果,而我必须使人信服。于是我把两种想法交织在一起……那篇小说便成为我有幸成功的小说之一。我不是特别喜欢,可是许多人喜欢。布宜诺斯艾利斯的一些流行杂志都发表了。

伯金 也许他们认为在某种程度上说来,它是你更偏乐观主义的小说之一……它同你对时间的想法,同《时间的新反驳》是一致的。

博尔赫斯 不错,不错,关于不同时间的想法,不是吗?或者说关于不同的时间模式。心理时间。

伯金 我能想到的同《秘密的奇迹》有关的另一篇小说是《另一种死亡》——我的意思是指两篇小说的主角都试图延伸时间的属性,前者是增加人在单位时间里获得的经验,后者是使时间或者人的生命倒流。

博尔赫斯 啊！我认为那是我最精彩的小说之一。可是我首先把它看成一篇戏仿文章。我记得好像看过一个名叫达米安的神学家的故事，此人认为上帝是无所不能的，除了一件事，那就是撤销过去。奥斯卡·王尔德说基督教义使这种情况成为可能，因为当一个人宽恕了另一个人，他就是在撤销过去。我的意思是说，如果你做错了事而得到了宽恕，那件错事就一笔勾销。我认为我看过撤销过去的故事。

我最初的想法是微不足道的。我想把棋子或者小石子放在匣子里，人用意念就可以改变棋子的位置。随后我又觉得这种想法根本不可行，谁都不会信，于是我又想，好吧，我从康拉德的《吉姆老爷》那里得到启发，吉姆老爷生性懦弱，但希望成为勇敢的人，我可以用魔法来做到这一点。

我的小说里有一个阿根廷高乔人生活在乌拉圭高乔人中间，此人一向懦弱，觉得应该挽回自己的声誉，于是他回到阿根廷独自生活，在他自己心目中成了一个勇敢的人。最后，他撤销了过去，不再是那个在乌拉圭某次早期内战中临阵脱逃的人，战役之后了解他的人把他懦怯的表现忘得一干二净。故事的叙述者遇到一位参加过那场战役的上校，在上校的记忆中，此人在战斗中英勇牺牲。上校还记得一个故意补充的细节，与事实不符——他记得那个人是胸部中弹而死的。当然，假如他受了伤，从马背上跌下，别人是不会看到他伤在哪里的。

伯金 在《等待》那篇小说里，也有这种希望撤销某件事情或者改变过去的某件事情的想法。

博尔赫斯 呃，确有其事。不，当然，我不记得那人最后有什么感受了，只记得一个人隐姓埋名躲藏起来，过了很长时间又被发现，是这样的。我记得是一个土耳其人，他的仇家也是土耳其人，但是我觉得如果我把土耳其人当主角，读者会感觉到我不了解他们。于是我把他换成意大利人，因为在布宜诺斯艾利斯，大家或多或少都有意大利血统，或者都很了解意大利人。此外，由于有意大利秘密社团，故事基本相同。可是如果我把故事换成真正的土耳其一埃及背景，读者会对我产生怀疑，不是吗？读者会说："博尔赫斯居然写起土耳其人来了，他几乎或者根本不了解他们。"可是如果我写意大利人，我讲的就是隔壁邻居的事情。是啊，在布宜诺斯艾利斯，大家或多或少都有意大利血统，而我因为没有意大利血统，我都有点觉得自己不是真正的阿根廷人了。这让我有点像外国人。

伯金 但我指的是惋惜的想法，主要是我们面对不可避免的命运而感到的形而上学的惋惜。我的意思是说，那种感觉在你的许多小说里都可以找到。例如《南方》或《阿斯特里昂的家》。说起《阿斯特里昂的家》，据我所知你是在一天之内完成的。

博尔赫斯 不错。我是在一天之内完成的。因为我是一本杂志的编辑，当时还缺三页篇幅的稿件，没有时间另外组稿了。我便通知插画家，我要他画一幅大致是什么内容的图画，然后开始写小说。我一直写到深夜。我印象中小说的构思同《刀疤》相似，但叙述故事的不是一个人，而是一个怪物。我还觉得怪物想要被杀死，要求被杀死的想法有真实之处，不是吗？它知道自己没有了主人。我是说，它始终知道自己有些地方太可怕了，因此它对杀掉它的英雄一定感激万分。

第二次世界大战期间，我写了不少有关战争的文章，我在其中一篇说希特勒会被打败，因为在他内心深处他渴望被打败。他知道纳粹主义和世界帝国那套设想都是荒谬的，他也许已经感到悲剧的结局更好，因为我不认为希特勒真的相信有关日耳曼种族之类的鬼话。

喜爱的短篇小说，失眠，变化的局面，《爱丽丝漫游奇境记》，《尤利西斯》，罗伯特·勃朗宁，亨利·詹姆斯和卡夫卡，梅尔维尔……

伯金 你对你写的许多东西似乎并不喜欢，甚至还有批评。哪些短篇小说是你喜欢的？

博尔赫斯 《南方》，还有我对你说过的那篇新作《第三者》。我认为那是我最好的小说。《博闻强记的富内斯》不算坏。是啊，我认为那是一篇相当好的故事。还有《死亡与指南针》，或许也是一篇好故事。

伯金 《阿莱夫》不是你喜爱的小说之一吗？

博尔赫斯 《阿莱夫》，是的，还有《扎伊尔》。《扎伊尔》说的是……一枚难忘的二十分硬币。不知道你记不记得。

伯金 我当然记得。

博尔赫斯 我是根据难以忘怀（西班牙语里是"inolvidable"）这个词写出那篇小说的，因为我在某个地方读到过，"你应该看看某某人的演出或者演唱，他或者她是难以忘怀的"。我当时想，说不定这世上真有难以忘怀的事物呢。你也许注意到我对文字感兴趣，我想，我们不妨设想某些难以忘怀的、你一刻都不会忘记的事物。后来，我构思了整个故事。但它完全出自难以忘怀一词。

伯金 从某种意义上说，那是《博闻强记的富内斯》甚至《永生》的变体。

博尔赫斯 是的，但是在这本书里，它只能是一件事。当然，那件事必须非常平常，因为如果我谈的是难以忘怀的狮身人面像或者是难以忘怀的落日景象，那是再容易不过的事。于是我想我不如拿一枚硬币，因为造币厂生产的硬币都是一模一样的，但是我们不妨假设其中一枚以某种隐秘的方式令人难以忘怀，又恰恰被那人看到了。他怎么也忘不了，于是发了疯。人们得到的印象是那人因为发了疯所以才认为硬币是难以忘怀的，不是吗？于是故事有两种稍稍不同的诠释方法。我说过，我们必须让读者对故事信以为真，或者至少像柯勒律治所说的那样，暂停他的怀疑。如果他在看到那枚硬币之前遭遇了什么事，比如说他心爱的女人死了,读者和我都比较容易接受。因为我不能让讲故事的人去买一盒烟,然后就获得了一枚难以忘怀的硬币。我必须设计一些情况,来证明他的遭遇的合理性。

伯金 你确实那样做了。

博尔赫斯 不错。但是那些故事混到一起去了。在我的印象中,扎伊尔是神的名字之一。我想我大概是从朗格[1]的《现代埃及人》里看来的,也可能是从伯顿[2]的作品里。

伯金 《博闻强记的富内斯》那篇小说谈到了失眠。

博尔赫斯 是的,谈到失眠。有点隐喻的意思。

伯金 我猜你大概有失眠的毛病。

博尔赫斯 哦,是的。

伯金 我也有。

博尔赫斯 是吗?

伯金 现在没有了,以前有过。太可怕了,不是吗?

博尔赫斯 是啊。我认为失眠有可怕之处。

伯金 那是因为你会觉得它没完没了。

博尔赫斯 是啊,人们认为,或者不如说人们感到那不仅仅是睡不着觉的问题,而是有人把它强加在你身上。

伯金 某种极度的偏执狂。

1　Andrew Lang(1844—1912),苏格兰学者、作家,《荷马史诗》的译者。
2　Richard F. Burton(1821—1890),英国作家、旅行家,《天方夜谭》的译者。

博尔赫斯 极度的偏执狂,或者说某种穷凶极恶的敌人,不是吗?你不会认为它是偶然事件。你会觉得从某种意义上说,是有人想要你的命,想伤害你,不是吗?

伯金 你这种情况持续了多久?

博尔赫斯 哦,一年左右。当然啦,是在布宜诺斯艾利斯,比在这里的情况糟糕。因为失眠是同漫长的夏夜一同来的,蚊虫叮咬,在床上辗转反侧,把枕头翻来覆去。我觉得寒冷的地方要好过一些,不是吗?

伯金 不吃安眠药吗?

博尔赫斯 哦,吃的,我也吃安眠药,可是吃了一段时间之后就不起作用了。还有时钟的问题。它使我十分烦恼。因为没有时钟的话,你可能模模糊糊地睡着,误以为已经睡了好长时间。而时钟每十五分钟就让你知道时间,你会想:"现在是两点,现在是两点一刻,现在是两点半,现在是两点三刻,现在是三点……"这样没完没了地下去……太可怕了。因为你知道,每一下钟声都听得真真切切。

伯金 你最后是怎么克服失眠的?

博尔赫斯 我记不清楚了,因为我服用安眠药,我还到另一间屋子里去,那里没有时钟,我可以哄骗自己已经睡过了。最后,我确实睡着了。但是那之后我去看了一位医生,他在失眠方面很有见解。他对我说:"失眠的问题你不必担心,因为你即使没有睡着,也是在休息,而休息——躺在床上,周围没有亮光,这一切都对你有好处。因此，即使你睡不着，也不必担心。"我不知道这种论点是不是有道理，但是，当然啦，那也无关宏旨，事实是我尽量去相信它，结果，我一旦相信了这个观点，相信即使整宿失眠也没有什么大不了的，我就很容易入睡了。这件事已经过去一段时间了，由于人们很容易忘掉痛苦的经历，我无法告诉你那个阶段的细节。你想不想谈谈别的小说或者诗歌？

伯金　《南方》怎么样？你说过那一篇是你的最爱。你仍旧这么认为吗？

博尔赫斯　但我想我已经写了一篇更好的故事《第三者》，最近出版的《阿莱夫》或《自选集》里都收了这篇。我认为它比《南方》好。在我看来这是我写的最好的短篇。同我个人的经历毫无关系，是两个痞子的故事。第三者是介入两个痞子兄弟生活的一个女人。那不是一个故弄玄虚的故事。假如你把它当作故弄玄虚的故事来看，你会发现刚看了一两页就知道最后会出什么事，所以它的立意并不是故弄玄虚。完全相反。我原意是讲一个结局不可避免的故事，这个结局不能以出人意料的形式出现。

伯金　那有点像《南方》了。那篇小说里也有一种在所难免的感觉。

博尔赫斯　是的，是的。可是我认为《第三者》略胜一筹，因为它更简单。

伯金　你是什么时候写的？

博尔赫斯　大约一年前，我把它献给我的母亲。她认为故事很不愉快，简直可怕。结尾时，到了主人公之一该说些什么的时候，我母亲想到了适当的话语。你如果看那篇故事，我希望你注意其中一个事实。小说人物有三个，但说话的只有一个。其余两个也说话，不过我们是通过转述得知的。三个人物里只有一个直接说话，他是引导故事的人。我的意思是说，他是故事里所有情节的幕后推手。他做出最后决定，他策划了一切，说得更直白点儿，他是整篇故事中唯一说话能让我们听到的人物。

伯金 那是一篇很短的小说吗？

博尔赫斯 是的，五页篇幅。我认为那是我最好的作品。因为，举例说，在《玫瑰角的汉子》里，我过分渲染了地方色彩，有点儿弄巧成拙。而在这一篇里，我认为你会发现，我不说地方色彩，但你会觉得故事就发生在布宜诺斯艾利斯附近的贫民区，时代背景在五六十年前。然而通篇对此没有什么特别的描写。当然，里面有几个阿根廷俚语，我之所以用它们，并不是因为它们特别，而因为它们是最确切的。我是说，假如换了别的词，整个故事就显得虚假了。

伯金 《死亡与指南针》怎么样？你喜欢那篇小说里处理地方色彩的手法吗？

博尔赫斯 是的，但是在《死亡与指南针》里，故事有点像梦魇，对吗？那不是真实的故事。而在《第三者》里，故事虽然可怕，但我认为有真实感，并且非常悲哀。

伯金 你引用康拉德的话说，真实世界如此千奇百怪，以致在某种意义上近乎荒诞，甚至与荒诞没有差别了。

博尔赫斯 哦，很精彩，不是吗？认为我们能够虚构任何事物或应当虚构任何事物的想法，对于世界的神秘莫测几乎是种侮辱。创作奇幻故事的作家若是意识不到世界的复杂性，也同样如此。你可以在"人人丛书"中一本极好的小说《影子线》的前言里找到那句引言——我记得是康拉德写的。你明白，人们问他《影子线》是奇幻小说还是现实主义小说，他回答说不知道这二者有什么差别。还说他永远不会尝试写"奇幻"小说，因为那意味着他很不敏感，对吗？

伯金 我对《特隆、乌克巴尔、奥比斯·特蒂乌斯》那篇故事也很好奇。

博尔赫斯 是我写的最优秀的小说之一。

伯金 你没有把它收进《自选集》里。

博尔赫斯 是的，因为我的一位朋友告诉我，许多人认为我写的小说复杂难懂，她说既然那本书的真实目的是拉近读者和我之间的距离，从全局考虑，剔除那篇小说是比较明智的。她尽管喜欢那篇小说，但认为会使人对我产生误解，还会把人吓跑，不敢看别的小说了。她说："你出这本《自选集》目的是让读者了解你。假如你一开始就把读者噎得够呛，他们可能吓得不看别的了。"让人们看《特隆、乌克巴尔、奥比斯·特蒂乌斯》的唯一办法，也许是让他们先看别的作品。布宜诺斯艾利斯写得好的人很多，但多数写的是现实主义的小说，不是吗？这类小说当然不符合大众期望，因此我把它剔除了，但它也许是我最好的小说之一。

伯金　你又和你的朋友卡萨雷斯合作了。

博尔赫斯　是的，是的。我们惯常有一个玩笑似的做法，即在同一篇故事里把虚构人物和真实人物并列。举例说，假如我在一处引用了一部杜撰的书籍，那么在下一处我引用的书籍肯定是真实的，或者书名是虚构的，作者却确有其人，呃？一个人写作时常常觉得孤独，必须给自己找点儿乐子，打起精神，不是吗？

伯金　那很自然，如今由于失明，你写作一定更困难了。

博尔赫斯　不是困难，而是不可能。我必须把自己限制在短篇作品。是啊，因为我喜欢检查写好的东西。我对于已经写的部分很没有把握。以前我经常写许多草稿，现在做不到了，我只得在脑子里打草稿。于是我在街上或者国家图书馆里踱来踱去，琢磨我要写的东西，但是，当然啦，那些东西篇幅必须短小，如果我想通读一遍的话——篇幅一长就办不到了。我尽可能写得短之又短，因此我写十四行诗和只有一两页篇幅的小说。我最近写的一篇小说已经相当长了，呃，有六页。

伯金　《第三者》。

博尔赫斯　是的，《第三者》。我觉得我不能写比那更长的东西了。不，我认为我做不到。我要一览无遗地看到我写好的东西……那就是我对长篇小说没有信心的原因，因为在我看来，无论对作者还是对读者来说，长篇小说都太模糊了。我的意思是说，作者写完一章，再写一章，然后再写一章，最后他对全局作一个鸟瞰时，也许做不到十分精确。

伯金 你来美国以后有没有写过什么？

博尔赫斯 我写了一些短小的东西。写了两首十四行诗，不太好，还有一首诗是关于一位答应送画给我们的朋友，他是阿根廷有名的画家，姓拉尔科，有一次他在街上遇到我，答应送我妻子和我一幅画，但后来他去世了。我想，他既然有了给我们画画的打算，从某种意义上说，已经把画给了我们，因此那幅画已经以某种神秘的方式和我们相处，也许变得更为丰满，因为那幅画随着时间的推移不断在发展变化，我们可以设想它各种不同的模样。在诗的最后，我为了那幅不断变化的画向他表示感谢，并且说屋子的四壁虽然没有它的位置，但它仍与我们同室相处。那首诗的情节大致如此，我用散文诗的形式写的。

伯金 真不错。

博尔赫斯 我不确定。我在纽约的时候开始写一首诗，随后发觉那就是我写我朋友的同一首诗。是的，当时外面在下雪，我们待在纽约一座高楼的大概第十六层，雪下得非常大，我们被困在家里，不能外出散步。然后我意识到，身处纽约市中心，周围都是雄伟壮观的建筑，这样的环境让人觉得身边的景色触手可及，与我们在街上张口结舌地看橱窗或者别的景色大不一样，不是吗？当然，想法是一样的。我突然觉得像是故地重游，拥有了以前未曾有过或者只在抽象意义上有过的东西。

伯金　好像看了《环形废墟》之类的故事后也会产生这种感觉。你能告诉我那个故事背后的模式吗？

博尔赫斯　不，在构思方面，我没有什么可说的，不过我可以告诉你，我写作用了一个星期。与此同时，我照常去上班。我在布宜诺斯艾利斯一个小而破旧的公共图书馆上班，图书馆在一条毫无特色的灰扑扑的街道上。我每天要去那里工作六小时，有时候我同朋友见见面，去看一场电影，或者同别人吃顿饭，但是我一直觉得过得不真实。我感到真正贴近我的是我手头写的小说。我生活中唯有那个时候才有这种感觉，所以那篇小说肯定对我有某种意义。

伯金　你有没有读过华莱士·斯蒂文斯[1]的诗？

博尔赫斯　我似乎在一本选集里见过这个名字。怎么啦？这篇小说同他的诗有相似之处吗？

伯金　我认为他很重视梦者的完整性，相信与物质宇宙相对而言的空想生活的完整性。

博尔赫斯　呃，不错，但是我并不认为这篇小说给人这种感觉，那只是我的一种激情而已。这个故事来自《爱丽丝漫游奇境记》里的"我梦着你，迷迷糊糊睡着了"。

伯金　你喜欢《爱丽丝漫游奇境记》，是吗？

博尔赫斯　哦，那是一本奇书！我看的时候并没有意识到那

1　Wallace Stevens（1879—1955），美国诗人。

是一本关于梦魇的书，我怀疑刘易斯·卡罗尔本人也没有意识到。也许正因为他没有意识到，梦魇的格调才更为强烈，不是吗？那是一种油然而生的感觉。

当然，我记得我小时候非常喜爱那本书，但是我觉得——我从没有用文字表达过那种感觉——有点怪异，有点可怕。但是现在重新阅读时，我觉得梦魇的特色相当清晰。也许刘易斯·卡罗尔不喜欢约翰·坦尼尔爵士的插图，那是维多利亚风格的钢笔画，非常写实，也许他认为，或者不如说他觉得约翰·坦尼尔爵士没有把握住梦魇的特色，他宁肯采用一些更简单的东西。

伯金　我不确定我是不是赞同给书籍配插图。你呢？

博尔赫斯　亨利·詹姆斯也不赞同。亨利·詹姆斯之所以不赞同，是因为他说过图片只要一眼就看清楚了，因为视觉元素更强烈，图片对你产生冲击。也就是说，假如你看一个人的图像，当时就一览无遗，假如你看有关他的文字介绍或者描述，描述却是依次出现的。插图是完整的，从某种意义上说，是永恒的，或者是现在时的。他接着说，文字的描述一下子就可以被插图抹去，那么他用四五十行文字去描述一个人又有什么用处呢？我记得有编辑建议亨利·詹姆斯把他的作品出一个插图版，最初他不接受，后来接受了，但条件是插图里不出现场景或人物的图像。图片是为了衬托文字，而不应盖过文字。他的想法同你十分相似，不是吗？

伯金　你不喜欢你的作品出插图版吗？

博尔赫斯 不，我不喜欢，我认为在我的作品里视觉元素并不占重要地位。我可能会喜欢，但前提是我认为插图非但不会损害文本，相反可能会丰富文本。亨利·詹姆斯也许对他的人物应有的模样具备一个明确的概念，虽然一般人不见得能领会。读者看他的书时，不会觉得假如在街上遇到他书中的人物，一眼就能认出来。我认为也许亨利·詹姆斯作为小说家的成就不如他作为说故事人。我觉得他的长篇小说读来十分沉闷，不是吗？你是否有同感？我认为亨利·詹姆斯是情景大师，从某种意义上说，是情节大师，但是他的人物一旦脱离故事就不存在了。我觉得他的人物不真实。我觉得他的人物——比如说在一个侦探故事里——是为情节而创造，为情节而服务的，而他对人物的长篇分析也许是骗人的，也许他在欺骗自己。

伯金 你认为哪些小说家善于创造人物？

博尔赫斯 康拉德，还有狄更斯。康拉德是毋庸置疑的，因为在康拉德的作品里，你会发现一切都很真实，同时又富于诗意，不是吗？我觉得作为小说家，康拉德远远要超过亨利·詹姆斯。我年轻时认为陀思妥耶夫斯基是最伟大的小说家，十多年后，我重读他的作品时感觉非常失望。我觉得人物不真实，而且成了情节的组成部分。因为在现实生活中，即使你处境艰难，即使你为什么事而忧心忡忡，即使你觉得非常痛苦或者充满仇恨——呃，我从来没有仇恨的感觉——又或者充满爱意或怒火中烧，你的生活也有其他的面向，不是吗？我的意思是说，当一个人坠入爱河时，他也会对电影感兴趣，也会思考数学、诗歌或政治方面的问题，而在小说里面，在大多数小说里面，人物只是生活在他们遭遇的事件中。不，那种情况可能会发生在十分单纯的人身上，但我看不出也想象不出现实中会发生那种情况。

伯金 你是否认为像《尤利西斯》这类作品的创作意图之一是全方位地展现思想？

博尔赫斯 是的，但是我认为《尤利西斯》在这方面并不成功。看完全书后，你了解到有关人物的成千上万种情况，但是你不了解人物。你想起乔伊斯笔下的人物时和想起斯蒂文森或者狄更斯笔下的人物不同，因为就人物而言，在斯蒂文森的作品里，一个人物出场可能占了一页的篇幅，可是你觉得你了解他，或许还可以了解更多有关他的情况。但就《尤利西斯》而言，你获悉了有关人物的众多情况。比如说，你知道他们去了两次厕所，你知道他们看过的所有书籍，你知道他们坐下或者起立时的确切位置，但是你并不真正了解他们。仿佛乔伊斯使用显微镜或者放大镜观察过他们。

伯金 我想你一定给学生讲过大量英国文学方面的知识。

博尔赫斯 谁都没有掌握大量英国文学方面的知识，它太丰富了……但是我相信，我至少让很多以前对罗伯特·勃朗宁一无所知的年轻人知道了他。我现在琢磨，假如罗伯特·勃朗宁不写诗——他当然应该写诗——但我想，勃朗宁的许多诗歌如果写成短篇小说的话，效果可能更好，至少对读者来说是这样的。举例说，他的《指环和书》里有不少十分优秀的诗句，我们却觉得有点沉闷，我想，那是因为我们逐渐抛弃了读无韵长诗的习惯。但是，假如他用散文体写作，假如《指环和书》写成了一部长篇小说，同样的故事由不同的人物轮番讲述，也许更能引起读者的兴趣，不是吗？尽管他可能失去许多优美的韵文。在那种情况下，我会把罗伯特·勃朗宁看成一切现代文学的先驱。可是现在我们不这样看，因为我们受到牵制……

伯金 创作诗的技术性细节的牵制。

博尔赫斯 是的，创作诗的技术性细节，受限于无韵诗过于矫揉造作的风格。但是假设他是一位优秀的散文作家，我认为我们应该把勃朗宁奉为所谓现代文学的先驱。

伯金 为什么这么说？

博尔赫斯 因为当我跟学生讲述他的诗作的情节时，他们都十分激动。过后，当他们自己去阅读时，却发现相当困难。可是当你把《指环和书》的架构讲给别人听时，他们都觉得非常有趣。让不同的人物从不同的角度讲述同一个故事，似乎多多少少像是亨利·詹姆斯希望你做的事——而且早在亨利·詹姆斯之前。我的意思是说，应该把勃朗宁看成亨利·詹姆斯或者卡夫卡的先驱。然而，我们今天对他的评价却不是那样；除了工作需要，似乎没有谁读他的东西了，但是我认为人们应该从阅读他的作品中得到乐趣。

伯金 你以前也把亨利·詹姆斯和卡夫卡相提并论——你似

乎出于某种原因把他们联系了起来。

博尔赫斯　我认为他们有相似之处，那就是意识到事物模糊不清，没有意义，意识到我们生活在一个没有意义的宇宙中，事物有多面性，最终却没有解释。亨利·詹姆斯写信给他的哥哥说，他认为世界是个钻石博物馆，怪物博物馆。我认为他对生活的看法肯定也是这样的。

伯金　可是詹姆斯或者卡夫卡笔下的人物总是为某种明确的东西而斗争。他们始终有具体的目标。

博尔赫斯　他们有具体的目标，但是从来没有达到过。我是说，你看了《审判》的第一页，你就明白主人公永远不会明白他为什么会受审；拿亨利·詹姆斯来说，情况相同。你知道那个人在寻找阿斯彭文稿时，你顿时就明白，他永远找不到文稿，即使找到了，那些文稿也是毫无价值的。你会有这种预感。

伯金　这么说来，那更像是一种无力感，而不是模糊不清的问题了。

博尔赫斯　当然，但它同时也模糊不清。《螺丝在拧紧》就是一个现成的例子。还可以找到别的例子。《诺斯莫尔家族的屈辱》——它是以复仇故事的面貌出现的，你不知道复仇计划最后是否会成功，因为说到头，寡妇丈夫的信件有可能公开，但得不出任何结果。最后，整个故事讲的是复仇，你看到最后一页都不知道那个女人有没有达到目的。非常奇特的故事……我猜想，相比亨利·詹姆斯，你还是更喜欢卡夫卡？

伯金　不，在我心目中他们代表不同的事物。

博尔赫斯　是吗？

伯金　你似乎有不同的看法。我认为亨利·詹姆斯对社会有信心，他从未真正地怀疑社会秩序。

博尔赫斯　我不以为然。

伯金　我认为他接受社会。我认为他不能设想没有社会的世界会是什么样子的，他对人类以及某些准则怀有信心。他喜欢研究人类的行为。

博尔赫斯　是的，我知道，但是他的信心到了不顾一切的程度，因为那是他能掌握的唯一的东西。

伯金　那是秩序，是秩序感。

博尔赫斯　但是我认为他并不会因此感到幸福。

伯金　卡夫卡的想象有更强的隐喻。

博尔赫斯　是的，可是我认为你从詹姆斯的作品里得到的许多东西是从卡夫卡的作品里得不到的。比如说，亨利·詹姆斯的作品使你觉得经验具有意义，也许有太多的意义；而卡夫卡的作品却使你觉得他对城堡、法官和审判的了解并不比你多，因为城堡和法官都是宇宙的象征，而人们并不指望谁对宇宙有所了解。以亨利·詹姆斯的情况而言，你有可能认为他自有一套理论，或者认为他懂的东西比他说的要多。我是说，即使他的故事可能具有寓言性质，他的初衷并不是把它当寓言来写。我认为他真正感兴趣的是解决问题，也许他有两三个解决方法，因此我认为，在某种意义上亨利·詹姆斯比卡夫卡复杂得多，但那可能是个弱点。卡夫卡的长处可能正在于他缺少复杂性。

伯金 我觉得詹姆斯善于创造人物，而卡夫卡笔下没有人物。卡夫卡更接近诗歌，他注重隐喻、象征，而不是塑造人物。

博尔赫斯 是，根本没有人物。

伯金 詹姆斯善于塑造人物。

博尔赫斯 你确实这么认为吗？

伯金 你似乎不以为然。

博尔赫斯 我认为詹姆斯引人关注的地方是情景而非人物。我们不妨举一个明显的例子。我一提起狄更斯，就想到匹克威克先生、皮普、大卫·科波菲尔。我想到的是人物。我可以举出许多例子。而当我提起詹姆斯的时候，想到的是一个情景，一个情节。我想到的不是人物，而是他们的遭遇。假如我提起《梅西知道什么》，我想到的是一个由孩子叙说却不理解的丑恶通奸故事的轮廓。我想到的是那方面，而不是梅西本人、她的父母，或者她母亲的情人等等。

伯金 你还说过你不认为《尤利西斯》里面有真正的人物。

博尔赫斯 不错。

伯金 提起那本书时你想到的是什么呢？难道是语言？

博尔赫斯 是的，我是从文字上考虑的。我说过我们知道许许多多有关代达勒斯或者布卢姆的事情，但是我认为我们并不了解他们。至少我不了解。我认为我相当了解莎士比亚或者狄更斯笔下的人物。现在我要就这个问题描述一下,我想你能帮我一点忙——拿《白鲸》来说,我认为我相信的是故事而不是人物,因为整个故事是个象征,白鲸代表邪恶,而亚哈船长,我认为,代表了向邪恶展开斗争的错误方式,但是我不相信世上竟会有这种人。你呢?

伯金　仅仅把它当成隐喻或者象征似乎会因文害义,把故事缩减为它的一个元素。

博尔赫斯　是的,确实有这种问题。正因为这样,梅尔维尔才说那本书不是隐喻。

伯金　你说那条鲸鱼代表邪恶,但是我认为书中并没有那么明确,鲸鱼也许代表许多东西——你能感觉到有许多东西,但是也许不能用文字表达鲸鱼所代表的确切事物。我是说,我不喜欢用代数的方式来思考问题,在两者之间画等号。

博尔赫斯　当然啦,鲸鱼的概念比邪恶的概念丰富得多。

伯金　不错。

博尔赫斯　当然,我不可能完全看到梅尔维尔心中的那部作品,但是你会觉得亚哈船长比任何抽象的陈述复杂得多。

伯金　是啊,亚哈有血有肉,跃然纸上,不过我并不觉得他是个真实的人。

博尔赫斯　我觉得比利·巴德是真实的。

伯金　是啊。

博尔赫斯　还有贝尼托·切莱诺——但拿《白鲸》来说,全书充斥着华丽的词藻,不是吗?

伯金 几乎是莎士比亚式的。

博尔赫斯 莎士比亚式,还有卡莱尔[1]式,不是吗?因为你会觉得梅尔维尔受到了卡莱尔的影响。

伯金 《书记员巴特尔比》怎么样——你喜欢那篇小说吗?

博尔赫斯 哦,我记得大约六个月前,布宜诺斯艾利斯出版了一个选集。六位阿根廷作家各挑选一篇他们认为的最佳短篇小说。其中一位挑选了《书记员巴特尔比》。

伯金 是梅尔维尔的最佳短篇小说还是任何作家的?

博尔赫斯 任何作家的。

伯金 从全世界文学中选一篇,非常困难。

博尔赫斯 是啊,但是我认为他们的原意绝不是真正要选出世界最佳短篇小说,我认为他们要编一本我们能感兴趣、能购买的选集,不是吗?于是有人选了《书记员巴特尔比》,还有人选了洛夫克拉夫特的一篇十分令人不快的、不合格的短篇小说。你看过洛夫克拉夫特的作品没有?

伯金 没有。

博尔赫斯 呃,没有非看不可的理由。还有人选了安徒生的一篇有关美人鱼的故事,我想你可能知道。呃,并不是非常好的故事。

---

[1] Thomas Carlyle (1795—1881),苏格兰散文作家、历史学家。

伯金 奇特的选择。

博尔赫斯 还有人选了一篇中国小说，相当好——有三页篇幅。我想知道你认为我会选择什么？我选了霍桑的《威克菲尔德》，讲的是一个离家多年的人的故事。奇特的是，六个短篇小说里有三篇是美国作家写的：梅尔维尔、洛夫克拉夫特和霍桑。

伯金 你挑选霍桑是思量再三，还是一下子就决定了？

博尔赫斯 不，事实上我并没有考虑我了解的全部短篇。我要选的是已经有西班牙语译文的，这个条件就限制了我的选择范围。再说，我不希望让人们感到惊讶，因为我认为选择一篇洛夫克拉夫特的小说，并且说它是全世界最佳短篇小说，目的只是博人眼球。因为我并不认为若要实事求是的话，有谁会认为洛夫克拉夫特写出了世界最佳短篇小说。我在霍桑和吉卜林之间犹豫了好久，后来我觉得霍桑那篇年代虽然久远，仍不失为一篇佳作。那本书已经出版了，现在准备出第二本，当然，是由另一批作家来挑选。那本书销路很好。

伯金 你曾去过塞勒姆，这次有没有机会旧地重游呢？

博尔赫斯 有，我去了塞勒姆几次，还去了沃尔登。应该说人们对美国的探索始于沃尔登，不是吗？美国历史是从这里开始的，事实上，我应该说西部是新英格兰人发现的，不是吗？

摘自《与豪尔赫·路易斯·博尔赫斯谈话》，亨利·霍尔特公司，一九六九年，第十九页至第六十五页。获准转载。

豪尔赫·路易斯·博尔赫斯

丽塔·吉伯特／一九六八年

博尔赫斯在哈佛大学担任客座教授时，我打电话给他请求采访。一星期后，我在他同妻子居住的坎布里奇公寓里见到了他。他六十九岁时才初次结婚，过后不久，这次婚姻以离异告终。

博尔赫斯出生在阿根廷一个上层中产阶级的知识分子家庭，外表符合他的身份，衣着式样保守，保持着老式的礼节。他脸色苍白，显得虚弱，但嗓音深沉响亮，听起来要年轻得多。他每天的日程排得很紧，但仍在他十分喜爱的坎布里奇街道上长时间地散步；寒冷和下雪并不能阻止他每天步行去上班和回公寓进午餐。有几次我陪他散步，他会回忆以前漫步布宜诺斯艾利斯街道的情景，评论波士顿的老式砖砌房屋，或者用盎格鲁-撒克逊语背诵古老的英格兰萨迦。

他几乎完全失明，但记忆力极好，有敏锐的方向感。有时候他坚持要陪我到我下榻的旅馆，然后独自走一个街区回他的公寓；他能够指出书架上他每本书的确切位置，或者快步穿过房间去接电话或应门。有一次波士顿电视台请他出镜做节目,他离开公寓时,那个等在门口的出租汽车司机说:"我来接一位盲人。"博尔赫斯泰然自若地回答:"我就是那盲人。请稍等片刻。"

他既热情和蔼,又让人捉摸不定,啼笑皆非。有一次,一位来访者对他说:"诗歌是我的癖好。"他说:"也是我的,不过我是南美式的。"在我采访他的那个星期里,他的情绪从平静转为焦虑,又转为欢愉和孩子般的极度焦躁。《生活》杂志的摄影记者没有如约前来的那天,博尔赫斯坐立不安;我们一年后再次见面时,他第一个拿这件事开玩笑。我录下他不经意的诗歌朗诵,回放给他听时,他高兴得像个孩子。

他同哈佛和拉德克利夫的学生们聚餐时兴致很高,态度友好。按照他们的说法,博尔赫斯使他们对拉丁美洲产生了兴趣,以致他们并不在意是否在时事方面同博尔赫斯谈得拢。一位学生总结他对博尔赫斯的看法时说:"他是位现代人物,和许多同龄人相比,他要前卫得多。正由于不追求时髦,他始终保持创新的姿态。"

博尔赫斯的作品的确反映了他对当代世界不感兴趣,因为他生活在另一个世界——幻想、镜子、匕首、迷宫、想象的事物。他用一口漂亮的西班牙语悠然自得地同我交谈,缅怀往事,谈论他的生活、工作和亲密的朋友。有时为了强调他的论点,他背诵他写的民谣体诗歌和米隆加,或者请我朗诵他自己没有记熟的某首长诗。

他不愿意多谈自己,只是含糊地提到"两个博尔赫斯":一个是博尔赫斯本人,另一个是作家博尔赫斯——他在《博尔赫斯和我》中对这两个人作了描述。("名叫博尔赫斯的那另一个人的出现纯属偶然。")但那两个人,本人和另一个人,有时候混淆在一起。一九七一年,哥伦比亚大学授予他荣誉学位时,博尔赫斯本人激动得热泪盈眶。他在《博尔赫斯和我》中透露说:"说我们俩不共戴天,未免言过其实;我活着,竟然还活着,只是为了让博尔赫斯能够致力于他的文学,而那文学又反证了我活着的意义。"

视力的丧失对你的生活和工作有什么影响?

我父亲的家族有许多人丧失了视力,我属于第五代或者第六代。我目睹了父亲和祖母逐渐失明。我自己的视力一向不好,我了解自己最终的命运。我父亲受失明折磨的时间超过一年,他那种混杂着顺从和自嘲的心态使我钦佩。也许善于忍耐是盲人的典型特质,正如聋人易于烦躁发怒一样;也许盲人感受得到周围的人对他友好,证据之一是有许多笑话的对象是聋人,却没有一则是取笑盲人的。取笑盲人未免过于残酷。我做眼睛外科手术的次数已经多得记不清了。一九五五年,革命政府委任我担任国家图书馆馆长时,我已经不能阅读了。那时我写了《关于天赐的诗》,我在其中说:"上帝同时给我书籍和黑夜,这可真是一个绝妙的讽刺。"书籍指的是国家图书馆的八十万册藏书,之后我日趋全盲。过程不能说是痛苦,因为失明像黄昏似的,降临得极其缓慢。有一个阶段,我只能阅读大字印刷的书籍,后来只能看清扉页或者书脊上的字,再后来什么都看不到了。缓慢降临的黄昏对我来说不是特别痛苦。我现在仍旧能看到东西,不过很少;此刻我能看到你的脸，能看到极少一点儿和根本看不到之间有很大差别。完全看不见的人像是囚徒，而我的视力够我上街——无论在坎布里奇或者布宜诺斯艾利斯——让我怀有某种自由的幻想。当然，我不能在没有帮助的情况下过马路。由于新英格兰和布宜诺斯艾利斯的人都很有礼貌，当他们看见我在人行道边犯难时，一般都会自告奋勇过来帮助。

失明当然影响我的工作，工作是带引号的。我从不写长篇小说，因为我认为对读者来说，长篇小说的存在是持续性的，对作者来说亦然。另一方面，短篇小说可以一口气看完。爱伦·坡常说："根本没有长诗这种体裁之说。"爱伦·坡写过一些短诗。我写东西喜欢反复推敲，这种习惯使我放弃了写故事，回到了经典诗歌的形式，因为押韵有助于记忆。如果我记住了第一行，韵脚重复的第四行自然就出来了。于是我回到常规的诗歌形式，因为在某种意义上，十四行诗可以说是便携式的东西。我在街上行走时，脑子里可以装着一首十四行诗，一面走路，一面润色改动。长篇散文就做不到。我也写米隆加歌词和别的短作品，例如寓言和道德小故事，只有一页或一页半的篇幅；这些东西也可以装在脑子里，事后口授出来再修改。

我还想谈谈另一个话题，那就是失去视力以后，我对时间的概念有所改变。以前，我如果搭乘火车，半小时左右的路程都仿佛长得没完没了，我必须阅读或者做些别的事情打发时间。如今我生活中不可避免地会有孤独的时候，我已经习惯于独处、思考问题，或者什么都不想，只为了自己的存在而怡然自得。我听任时间流逝，但流逝的方式有所不同。我不敢肯定是不是更快一些，但肯定有某种宁谧和更多的专注。我的记忆力比以前好一些；也许因为以前的阅读方式比较粗略，知道随时都可以重新翻阅原书。现在我请人朗读给我听，不能一再麻烦别人。我听别人朗读时比以前更专心。我的记忆力本来是通过视力实现的，现在我不得不学习通过听力实现。以前我还有一点视力的时候，我常常翻开一本书，本能地知道我要看的地方在某奇数页的下部，以及这一页在全书中的大概位置。如今我用的方法有所不同。我的记忆力被锻炼得相当好。一九五五年我不能阅读后，开始学习古英语。我开了一个研讨班，招收了几名学生。有一次我让他们在国家图书馆的黑板上描画北欧如尼字母中代表盎格鲁-撒克逊语里发 th 音的两个字母。我背得出几百行盎格鲁-撒克逊诗句，但想象不出它们在书里的样子。学生们用粉笔画出很大的字母，我对那些看不到的书页才稍稍有点儿概念。

在你的某些诗里，例如《关于天赐的诗（另一首）》和《新英格兰，一九六七年》，你说"美国在每一个角落里等待着我"，我猜想你对美国抱有好感。

我小时候看过马克·吐温、布勒特·哈特、霍桑、杰克·伦敦和埃德加·爱伦·坡的作品，那之后我就一直很喜欢美国。现在依然如此。也许我祖母是英国人这一事实对我影响颇深。在我小时候，家里不加区别地说英语和西班牙语，我根本不知道那是两种不同的语言。我和祖母交谈，说的是后来才知道的所谓英语，我和母亲或者她的父母交谈，说的是后来才知道的所谓西班牙语。我对美国的感情使我遗憾地感到许多拉美人，很可能还有许多北美人，喜欢的是美国的错误的东西。比如说，我想起美国时，眼前浮现的是新英格兰的红砖砌的房屋，或者是在南方看到的帕特农神庙式的木头建筑；我想到一种生活方式，还想到对我具有深远意义的作家，首先想到的是惠特曼、梭罗、梅尔维尔、亨利·詹姆斯和爱默生。但是我注意到大多数人喜爱这个国家的新奇物件儿，喜爱它的超级市场、牛皮纸购物袋——甚至垃圾袋——以及塑料制品等等。然而这些物品都是消耗品，是为了使用而制作的，而不是为了欣赏。我认为我们应该由于完全不同的事物赞美或者谴责美国。你生活在这里，我不认为你整天想的是新奇物件儿。也许新英格兰的街道比摩天大楼更有美国特色，或者换句话说，更招人们喜爱。我想说，看到美国的另一面也很重要。尽管我偏爱新英格兰，我在纽约的时候也为那座大都会感到无比骄傲，我心想："天哪，这座城市多么出色！"仿佛是我自己建造的。在《关于天赐的诗（另一首）》里，我由于许多事物向上帝表示感激之情，包括：

> 由于那些艰苦的赶牲口人，
> 他们在平原上催促牛群和黎明，

> 由于蒙得维的亚的早晨……
>
> 由于旧金山的高楼和曼哈顿岛……

还由于得克萨斯的早晨、爱默生的诗歌、我生活中的事件、音乐、英国诗歌,由于我的祖母、我的英国祖母,她临终前把我们都叫到她床边:"没有什么特别的事。我只不过是个死得很慢很慢的老太婆,家里上上下下没有理由担心。我得向你们大家道歉。"多么美好的情景!

> 由于弗朗西斯·哈斯拉姆,
> 因为老而不死而请子女原谅,
> 由于梦前的几分钟,
> 由于梦和死亡,
> 那两种隐秘的宝藏,
> 由于我没有提到的亲切的礼物,
> 由于时间的神秘形式——音乐。

我的祖母是博尔赫斯上校的妻子,上校在一八七四年革命中阵亡。祖母曾在边境生活在印第安人中间,她同印第安人的酋长品森谈过话。那是在胡宁的事。

依你看,为什么各地都在模仿美国的生活方式?

我认为那是大趋势的一个组成部分。我一八九九年出生时，全世界，或者至少是阿根廷和布宜诺斯艾利斯，都向法国看齐。也就是说，我们虽然是阿根廷人，内心里却是法国人，或者装成法国人。现在的趋势是向美国看齐。这种状况在体育运动、生活方式等各方面都有所反映：以前让他们喝得醉醺醺的是苦艾酒，现在换成了威士忌，即使威士忌是苏格兰酿制的，他们也认为是美国货，没有区别。政治的重要性大大增加，以致现在不管我们喜爱与否，有两个国家在所有的国家中间秀出班行。那就是美国和苏联。当然，就我个人来说，我非常喜爱英国，如果人们向英国看齐，我也会高兴，但是我发现这种情况没有发生。在今日世界，那两个国家代表历史，而它们互相对立，已经到了剑拔弩张的地步，必有一方占上风。

你的才华最先在法国得到承认，你认为你对哪个国家更有认同感，法国还是美国？

美国。我不反对法国。我们怎么能忘掉一个产生了伏尔泰、魏尔伦和雨果的国家呢？没有法国文化，我们就不会有名为"现代主义"的文学复兴，不会有鲁文·达里奥，不会有卢贡内斯。任何国家的文化都不能被否认。我是在瑞士受的教育，第一次世界大战期间在日内瓦得到学士学位。尽管我非常喜欢瑞士，我对那个国家并没有认同感。同样，我不会说哪怕一句不利于法国的话，然而我不喜欢住在那里……呃，事实上，除了阿根廷，我不愿意住在任何地方。假如不能住在布宜诺斯艾利斯，其次的选择是和它差不多的蒙得维的亚。我现在身在美国，但怀念布宜诺斯艾利斯——我最近写的东西都表达了这一点。这并不是说在我看来布宜诺斯艾利斯是个特别美丽的城市，相反，我认为它实在单调乏味。问题不在那里。人们不会为了一个城市的建筑而爱上那个城市。

你初次来美国是什么时候？

六年前，我和我母亲一起来的；我们在得克萨斯待了五个月，我在那里讲授阿根廷文学。做教授的同时，我也是学生，我选了威拉德博士的古英语课程。之后，我们去了新墨西哥、亚利桑那和旧金山——那是全世界最美丽的城市之一——还有洛杉矶，那是最可怕的城市之一。

这是你第一次访问哈佛吗？

几年前我来哈佛讲过一次课，可是记不太清楚了；那只是个偶然的机会。这是我初次正式访问。我是查尔斯·埃利奥特·诺顿[1]基金会邀请的诗歌教授，先我来过的有著名的 e. e. 卡明斯和伟大的西班牙诗人豪尔赫·纪廉[2]。我应邀来讲诗歌。我用叶芝

---

1 Charles Eliot Norton（1827—1908），美国作家、教育家。
2 Jorge Guillén（1893—1984），西班牙诗人。

的诗作为主题和讲座的标题——"诗艺"。我还在哈佛做过一次有关阿根廷诗歌的演讲。

对于在哈佛待的这几个月，你有什么感想？

我得到的礼遇和热情使我惊异，几乎让我害怕。我一辈子没有听到过这么多的掌声。我在布宜诺斯艾利斯也受到过欢呼，但一部分是出于亲切。这里的欢呼喝彩如此热情，使我受宠若惊。我不知道是什么原因，一直试图找个解释。在某种程度上，我的失明也许帮了我的忙，虽然我实际上还不到完全失明的地步，因为我仍能看到你们的脸，只不过模糊而已。另一方面，我是个外国人。外国人或许总能得到比较热情的接待，因为他不可能成为任何人的竞争对手，他露露脸，又会离开的。我想可能还有一个原因。拉美人或者西班牙人来这里，通常总是着重谈他自己国家里的杰出成绩，我讲授诗歌引用的例子，都是从英国、北欧、拉丁美洲、西班牙和美国诗人的作品中寻找的。因此他们不觉得我像你们这儿所说的那样是在"推销"，而是一个对诗歌真正感兴趣的人。这一切可能都给我加了分。

哈佛对阿根廷文学是否很感兴趣？

是的，非常感兴趣。我发现大家在这方面所知甚少，因为教师多半是西班牙人，他们自然倾向于讲授大西洋彼岸的作品。再不然，如果教师是古巴人或者墨西哥人，他们当然讲授手头的和他们最喜欢的材料。我们阿根廷人离他们更远了，我们的情况他们自然不十分了解，以致我提到诸如卢贡内斯之类的姓名时，我发现同学们表情古怪地瞅着我。他们从没有听说过这个人。

你讲解的是哪些作家？

我认为外国人最感兴趣的始终是地方色彩，这在阿根廷这一类的文学中相当突出。我从高乔诗人开始，介绍了巴托洛梅·伊达尔戈[1]、伊拉里奥·阿斯卡苏比[2]、埃斯塔尼斯劳·德尔坎波[3]和何塞·埃尔南德斯[4]。我用一堂课多一点的时间讲《马丁·菲耶罗》，又用一堂课的时间讲爱德华多·古铁雷斯的高乔小说；我也讲《堂塞贡多·松勃拉》，作者里卡多·吉拉尔德斯是我的好朋友。然后我向同学们讲萨米恩托、阿尔马富埃尔特[5]、卢贡内斯、马丁内斯·埃斯特拉达[6]和恩里克·班奇斯，还稍稍介绍了比奥伊·卡萨雷斯，卡洛斯·马斯特罗纳尔迪[7]和曼努埃

1　Bartolomé Hidalgo（1788—1822），乌拉圭诗人，以描写南美洲草原生活见长，也写过一些独角戏的剧本。
2　Hilario Ascasubi（1807—1875），阿根廷诗人，所著长篇叙事诗《桑托斯·维加》是阿根廷三大高乔史诗之一。
3　Estanislao del Campo（1834—1880），阿根廷政治家、诗人，著有《浮士德》。
4　José Hernández（1834—1886），阿根廷诗人，著有长诗《马丁·菲耶罗》。
5　阿根廷诗人帕拉西奥斯（Pedro Bonifacio Palacios，1854—1917）的笔名。
6　Ezequiel Martínez Estrada（1895—1964），阿根廷诗人，著有诗集《金与石》和论文《潘帕斯草原透视》。
7　Carlos Mastronardi（1901—1976），阿根廷诗人，著有《黎明的土地》等。

尔·佩罗[1]。你会认为我对许多其他作家不公平，但是我宁愿研究少数几位作家，也不愿列出一份电话簿似的长长的名单。如果说有一位名叫拉斐尔·奥夫利加多[2]的诗人，写出他的生卒年月，说他著有《桑托斯·维加》，接着再介绍下一位，这样就没有意义了。这对谁都没有用处。所以相反，我们阅读了《马丁·菲耶罗》的第一部分，阿斯卡苏比的许多作品，至于卢贡内斯，我引导学生对他产生了很大兴趣。我指出卢贡内斯在一九○七年出版了一本题为《奇异的力量》的故事集，其中两篇受到威尔斯和爱伦·坡的影响，达到了今天所谓科幻小说的程度，非常精彩。一篇引人瞩目的故事《伊侏儿》，讲的是一只猴子学人说话，结果发了疯。故事十分悲惨。一九○七年，西班牙语创作圈里还没有人写这种科幻小说。我还很高兴地发现许多同学对国籍是阿根廷的非专业作家颇感兴趣。今天上午，一位姑娘告诉我她在写一篇关于恩里克·班奇斯的论文。班奇斯是个伟大的阿根廷诗人，但并不刻意追求民族特色。他写的十四行诗相当优美，无意中透出阿根廷风情。另外几个同学给我拿来了关于莱奥波尔多·卢贡内斯的《感伤的月历》和班奇斯的《陶瓮》的论文。这些同学阅读阿根廷书籍时显然没有把它们当作描写一个遥远而多姿多彩的国家的文献，他们寻求的是文学。

1　Manuel Peyrou（1902—1974），阿根廷作家、记者。
2　Rafael Obligado（1851—1920），阿根廷诗人。

今天上午，你的一位学生在咖啡馆里告诉你，他在写关于卡洛斯·马斯特罗纳尔迪的论文，你听后非常高兴。

卡洛斯·马斯特罗纳尔迪对我意义重大，那位新英格兰学生把这位伟大的诗人及其友人作为他研究的主题，我大为感动。他探讨的是献给恩特雷里奥斯省的长诗《外省之光》，这首诗几乎可以说是马斯特罗纳尔迪唯一的作品。多年来，我一直怀着深情读这首诗，经常愉快地想起其中一句"亲爱，温和，亲爱的省份"；诗人好像把"亲爱"当成他最后的词，又重复了一次，好像他不愿再寻找其他的形容词，又回到了他对家乡省份的热爱。

你讲授阿根廷文学用的是什么语言？

西班牙语，我要说学生的西班牙语很好。当然，同他们相比，我的西班牙语里的墨西哥味、古巴味和西班牙味都要少一些。那是意料之中的，不是吗？但是他们能跟上我的讲课，更重要的是他们能说出一首诗的好坏。我认为教授不应该一味赞扬他讲授的东西，否则学生会心生疑窦。我们阅读卢贡内斯的诗歌，假如我看到哪一行我不喜欢，我不是说出自己的想法，便是启发他们自己去发现。我认为我在我和学生之间成功地营造了一种交流的气氛，我不仅仅是告诉他们某某是位伟大的诗人，他们也必须这么认为。同时我也达到了我的主要目的：我促使他们从阅读阿尔马富埃尔特、埃尔南德斯、卢贡内斯和班奇斯中获得乐趣。

我认为这一点比什么都重要。哪怕只有一位学生能从中获得乐趣，我就有一些成就感。

你和学生之间能否很好地相互理解？

我觉得气氛非常融洽。出现了十分奇特的情况。我在这里和哈佛的学生谈话时，我忘了自己是在说英语，忘了自己身在哈佛，我觉得自己是在布宜诺斯艾利斯同朋友谈话。他们给我的感觉太相似了！同我记忆犹新的、在布宜诺斯艾利斯的谈话和讨论完全一样。我和学生谈话时，竭力避免好为人师的态度，我从不把他们当学生，把自己当老师；我们开始讨论一个文学主题，顿时成了两个有共同兴趣的人。谈话时，我甚至不想用教诲或者劝告的口气；这是一种双方真诚合作的交谈。我喜欢同年轻人谈话。我从他们的问题里发现他们非常聪颖，这里的学生对考试和学位似乎不太感兴趣，他们更感兴趣的是要学的东西。这太棒了。我碰到过一些人，他们对我的作品的了解比我自己更深，因为我只是一次性地写下那些文字，他们却是看了又看，并且加以分析；我写了东西，一经发表就把它们忘了。有时候他们提的问题很难，那些问题表明了他们的兴趣，却让我感到困惑。那是因为我忘了我所写的细节。人们问我："为什么某某人沉默了片刻以后才开始说话？"我说："谁呀？"我记不清是哪个人物了，也记不清他为什么要做那时所做的事情。还有一些问题问得非常聪明。学生在字里行间发现了一些我认为相去很远、很隐秘的类似之处。比如说，他们向我指出，我写的一篇关于迷宫的小说同某一篇侦探故事有联系，而我自己却没有察觉。

你认为美国学生和阿根廷学生有很大区别吗？

总的说来，我认为我们时代的弊病之一在于夸大了国与国之间的差异。我觉得各国的年轻人都差不多。阿根廷学生可能比美国学生羞怯。这里的学生可以打断你的话提问，也许是因为这里一般认为学生向教授提问并不是莽撞，而是因为他感兴趣。布宜诺斯艾利斯那边也许认为学生提问是为了找麻烦。

这是不是阿根廷教授的态度造成的？

也许吧。尽管我强调情况并非如此，但我发现这里的课堂讨论在阿根廷是很难做到的。当然，我喜欢同我的学生讨论，而不喜欢作出权威性的表态。我印象中美国学生更努力。在阿根廷，由于大学改革，有些懒散的学生只为应付考试而学习。举例说，我曾担任一场考试的考官，教授只是问学生选了什么题目。那算什么考试啊？有位姑娘从书包里取出一篇论文直接朗读起来。我打断她说："年轻的小姐，这里是哲学与文学系，你没有必要向我们证明你能读会写。你自己选了题目，为什么不就那方面说说？"有些教授说："哦，我们的要求不能过高。"

你对嬉皮士和吸毒有什么看法？

我认为无论嬉皮士还是吸毒都不值得鼓励。在我看来，他们似乎代表了美国某些典型的东西。美国人尽管有许多优秀的品质，但也有孤独的倾向，或者说是孤独的受害者。我想起大卫·理斯曼[1]的一本书，《孤独的人群》。我们拉美人比北美人沾光的一个地方在于，我们更容易同别人打交道，而我注意到北美人在交流方面有困难，他们利用圣诞节之类的庆祝活动和形形色色的社团加以掩饰。社团集会时，人们胸前戴着写有自己姓名的小卡片。我觉得这一切都是身处陌生人中间时相当可悲的寻求友谊的借口，也许他们中间每一个人都真的非常孤独。英国人也有这种情况，不过英国人不在乎孤独；他独自一人时觉得很舒服。我知道英国有些亲密朋友一辈子从不推心置腹，但觉得他们是朋友。我说的有关嬉皮士的一切没有什么价值，因为我生平没有同那种人说过话。人们让我注意街上打扮奇特的年轻人，告诉我说："那是个嬉皮士。"我假装看到了，但其实没有。后来人家告诉我，那人留长头发、长胡子，还吸毒。我不觉得那有什么好，也不认为那种情形会持久。情况永远是这样的：假如有谁反对习俗，他攻击习俗的唯一办法是创造另一个习俗。大多数人胡子刮得很干净时，他留起了胡子，大家留胡子时，他却把胡子刮了。他只是把一种习俗变为另一种习俗而已。我记得我到这里的第一个晚上，听人说有些打扮得特别张扬的年轻人聚在一起，那就是

---

1 David Riesman（1909—2002），美国社会学家。

嬉皮士。我像往常那样做了推断，心里在嘀咕，这些年轻人打定主意和一切对着干，我怎么才能向他们讲授阿根廷文学？可是我上第一课时，发现情况并非如此，没有一个是嬉皮士。

他们不同意的是现存的体制和消费社会。

是的，他们要把这一点同梭罗联系起来，不是吗？我看过凡勃伦的《有闲阶级论》，他在书中说，现代社会的特点之一是人们花钱的时候不得不摆阔气，从而给自己强加一些责任。他们不得不居住在城市的某一区域，不得不在某一个海滨度假。凡勃伦说伦敦或者巴黎的裁缝收费高得出奇，因为人们指望于他的正是价格昂贵的衣服。再举例说，画家可能画了一幅不怎么样的作品，但由于他有名气，他那幅画卖了天价，因为购买者买画的目的就是为了有机会说："我得到了一幅毕加索。"我自然认为这种情况应该加以反对，假如嬉皮士们能与之斗争，但愿他们成功。我没有这种迷信。我认为住在什么区域、穿什么式样的衣服没有一定之规。

嬉皮士也反对暴力。在那一点上你赞同他们吗？

我认为那是一件极好的事情。那同兰萨·德尔·瓦斯托的主张大同小异。他有一次在国家图书馆演讲，主张消极抵抗。我竟然愚蠢地问他："请问你认为消极抵抗真的有效吗？"他的回答十分合理。"不，"他说，"消极抵抗和积极抵抗一样不可靠。我认为人们应该试试，但它不是万能良药。""你认为消极抵抗对希特勒或者庇隆起不起作用？""或许不起作用，但你仍旧会尝试。"那是一种无法保证能达到目的的手段，嬉皮士们似乎也是这么想的。

汤因比说过，嬉皮士是科技的产物。你同意他的说法吗？

嬉皮士出现后，说他们是科技的产物是比较容易的。在他们出现之前说这话就不简单了。

你会不会说阿根廷人正如现代法国人、墨西哥人，或者美国人那样，具有显著的特性？

人们往往混淆了下定义的困难和问题本身的困难。以眼前的情况来说，替阿根廷人下定义，就像替红色、咖啡的味道，或者史诗的品质下定义一样困难。不管怎么说，我们阿根廷人知道，或者说感觉得到，作为阿根廷人有什么意义，那比任何定义都重要。我们不需要定义就知道阿根廷人不同于西班牙人、哥伦比亚人，或者智利人，并且知道阿根廷人和乌拉圭人差别不大。我认为那就够了，因为人们在生活中一般不靠定义，而是靠直觉。虽然很难替阿根廷人的说话方式下一个定义，但是只要他一开口说话，我们马上就知道他是不是阿根廷人，知道他来自哪个地区。我认为我们非但能从高乔诗歌里，从古铁雷斯或者吉拉尔德斯的刻意追求阿根廷风格的小说里，而且能从那些一开始并没有阿根廷风格、并不专业、并不具有一贯阿根廷风格的诗人的作品里辨出阿根廷风格。谁都觉得费尔南德斯·莫雷诺的诗是阿根廷诗歌，我希望我自己写的东西，特别是那些没有地方色彩的东西，也能让人感觉到我是阿根廷人。假如我写一篇谈抽象问题的文章或者研讨某些形而上学的主题，我的做法不同于西班牙人，我的句法不同——人们甚至会说我的音调也不同。正由于这个原因，我认为尽管有阿根廷性的存在，但没有必要替它下定义。如果我们下了定义，以后就会受它制约，不再成为自发的阿根廷人了。语言也是这样。我开始写作时，希望写出十七世纪的古典西班牙语。后来我买了一本阿根廷西语词典，故意写出阿根廷腔调。再后来，我写了一篇像《玫瑰角的汉子》那样的小说，努力写得生动，夸大了地方色彩。现在我觉得我已经有了阿根廷特色；写作或者说话时没有必要刻意追求，因为我已经得到了。

你认为自己是典型的阿根廷人吗？

事实上我不知道是否存在典型的阿根廷人，我不知道是否有阿根廷人的原型。说我对一个国家有认同感未免有骗人之嫌；在布宜诺斯艾利斯的时候，我把自己认同于经常见到的六七个人。我尤其认同于某些习惯：上午在佛罗里达街散步，下午安步当车，走到南区国家图书馆。

你有没有考虑过离开布宜诺斯艾利斯？

除了布宜诺斯艾利斯，我在任何别的地方都无法生活。我习惯了布宜诺斯艾利斯，正如我习惯了自己的声音、自己的身体，习惯了做博尔赫斯，习惯了那一系列身为博尔赫斯的习惯——这些习惯的一部分就是布宜诺斯艾利斯。我真正的生活在布宜诺斯艾利斯；此外，我年近七十，要在别的地方开始新的生活是很荒唐的。我也没有这么做的理由。我的母亲在布宜诺斯艾利斯，我的妹妹、我的外甥、我的朋友都在布宜诺斯艾利斯，我的生活在那里。我是国家图书馆馆长，我在布宜诺斯艾利斯大学担任英美文学教授，我主持一个古英语研讨班。阿根廷仍旧保存某些正确精神的证明之一就是研讨班里有为数不多的学员，几乎全部是女性，有的在办公室里工作。她们学的东西对她们并没有实际用处。

假如知识分子把自己关在象牙塔里，有时甚至忽视了现实的存在，这有助于解决他所处的社会的问题吗？

把自己关在象牙塔里，同时思考别的问题，也许是改变现实的一种方法。按照你的说法，我就住在象牙塔里，写诗或者写书，它的真实感一点也不差。人们把现实看作日常生活，认为其余一概不真实，这种想法是错误的。从长远观点看，感情、概念、沉思冥想和日常事件一样真实，也能产生日常事件。我认为世上所有的梦想家和哲学家都在影响我们当下的生活。

你最近写了好几首米隆加。你为什么不写探戈而写米隆加？

和大多数阿根廷人不一样,我认为随着加德尔[1]的去世和《康帕西塔》之类的伤感探戈的衰落,探戈舞曲开始走下坡路了。早期的探戈,我们称之为老派的探戈,要好得多,我想到的是《小狗》《小鸡哗哗》《黑里俏》《罗德里格斯·佩尼亚》《嫩玉米》《欢闹的夜晚》《阿根廷的阿帕切人》。这些探戈舞曲都像形式古老得多的米隆加那样,具备冲劲和勇气。探戈的出现可以追溯到十九世纪八十年代,起源于妓院,那时早已有了米隆加。当人们请我为探戈舞曲写词时,我想:"不,我宁肯为米隆加舞曲写词。"我写的都是真人真事,人物是我本人认识或者小时听过的故事或传说中真有其人的恶棍。我最满意的一首是早期写的《哈辛托·齐克拉纳的米隆加》,内容有关布宜诺斯艾利斯九月十一日广场附近人群中被刺死的一个人。

你也写过有关布宜诺斯艾利斯这座城市的东西。

是的,写了不少。一九二一年,我从欧洲回来时打算写一本有关巴勒莫地区的回忆录,我知道当时的头领尼科拉斯·帕拉德斯。后来我写了一首以他的故事为主题的米隆加,但是在诗中称他为尼坎诺尔,因为他的亲戚当时还健在,我不知道他们会不会介意我提起他杀过两个人。我把他的名字作了小小的改动,首先是出于个人安全的考虑,其次是便于押韵。在巴勒莫住过的人不

---

[1] Carlos Gardel (1887—1935),阿根廷探戈舞曲歌唱家。

会注意不到我真正写的是尼科拉斯·帕拉德斯，也不会认不出经过我稍加伪装的他。

你在二十年代回到布宜诺斯艾利斯的时候，为什么对恶棍如此感兴趣？

呃，事实上那还要稍晚一些。我之所以感兴趣，是因为我觉得那些老派的恶棍身上有了一些新的东西——毫无利己之心的纯粹的勇敢。比如说，他的动机不是为了捍卫地位，他出手不是为了钱财，而是无私的。我记得一位朋友，最早最优秀的探戈舞曲之一《唐璜》的作者埃内斯托·庞西奥对我说过："我坐过好几次牢，博尔赫斯，罪名都是杀人。"他这么吹嘘是想说明他不是小偷小摸拉皮条，而是干脆利落地杀了人。既然赢得了好汉的名声，就必须做到名不虚传。我有时想想觉得悲哀：这些恶棍只是一些穷苦人——赶马车的或者在屠宰场干活的，他们紧紧抓住好汉的虚名，不假思索地出手杀人或者被杀，甚至被不相识的人所杀。我在我的诗作《探戈》里要表达的就是这种想法。

我和许多人谈过探戈的早期情况，他们的观点完全一致——探戈的起源不是民间。它起始于妓院，在一八八〇年前后。我的一位年轻时有点浪荡子习气的叔叔就是这么对我说的。我认为可以佐证的理由是，假如探戈流行于民间，它的乐器应该和米隆加一样是吉他。实际上演奏探戈的乐器是属于较高经济水平的钢琴、长笛和小提琴。住经济公寓的人怎么会有钱买钢琴呢？无论是当代人的观点,还是马塞洛·德尔马索的一首描写世纪初舞蹈的诗歌,都证实了这一点。

班多钮琴呢?

那要晚得多了。即使早一些出现,班多钮琴也从来不是流行乐器。吉他是布宜诺斯艾利斯人的乐器,班多钮琴可能是博卡区的热那亚人演奏的。

旧时的恶棍现在还有残存吗?

我想不会有了,这个词的意思也不同了。旧时候,偶尔杀过一个人就被称作恶棍。如今有犯罪团伙,布宜诺斯艾利斯时常发生穷凶极恶的攻击和罪行。和你们这里的犯罪团伙有相似之处,他们的所作所为是出于经济目的。

有没有高乔崇拜和潘帕斯草原崇拜之说?

高乔崇拜在乌拉圭人比在我们阿根廷人中间强烈得多。我从一位伯父,乌拉圭作家路易斯·梅利安·拉菲努尔那儿了解到这一点,他甚至说高乔没有什么独特之处,当然,除了乱伦。

潘帕斯草原崇拜也许更不明显了。乡间很少用潘帕斯一词,它属于布宜诺斯艾利斯的文学界。我认为《堂塞贡多·松勃拉》里一个不真实的地方在于书中人物谈论潘帕斯,例如,他们会说:"我们是潘帕斯人。"阿斯卡苏比和埃尔南德斯也用过这个词，不过意思不同，他们是指印第安人占据的土地。正由于这个原因，我尽可能避免使用。另一方面，虽然人们也不太常用"平原"这个词，它至少没有那么张扬。比奥伊·卡萨雷斯告诉我，在他小时候，人们难得见到披风、宽松的裤子和毡毯等配备齐全的正儿八经的高乔人；有的高乔人有披风，有的有宽松的裤子和毡毯，现今才有从头到脚一身高乔打扮的人。奇怪的是——他说——阿根廷人的穿着打扮不再追随布宜诺斯艾利斯省，而是像萨尔塔省的高乔人。这是因为拍摄了许多有关他们的电影，还因为高乔人看到店铺里有什么就买什么。卡萨雷斯还对我说，你会在布宜诺斯艾利斯省看到头戴宽檐帽的高乔人——换到五十年前，这种情形会使任何一个高乔人惊愕不已。现今国内到处是高乔人，以前克里奥尔人占优势时根本没有这种情况。

那么马黛茶崇拜呢？

是啊，它仍然是阿根廷的习俗。我认为对阿根廷人来说，喝马黛茶就像打纸牌那样，都是用来消磨时光的。它只是休闲，不是营养。我四十年没有尝过马黛茶了。有一个时期我经常饮用，并且为我的嗜好感到自豪。但是我的技术很差，茶汤里总是浮着许多讨厌的小碎叶。我祖父爱喝马黛茶，他去世后，我们抛弃了这个习惯。

我们再回过头来谈谈你的工作：哪些作家对你有过启发？

我看过的所有书籍对我都有启发，我没有看过的也有影响——都是我的时代以前的文学。有许多人，我不知道他们的姓名，但是我对他们深为感激。你知道我用一种语言——西班牙语——写作，我受英国文学的影响，这意味着有千百个人影响了我。语言本身就是一种文学传统。

举例说，我花了多年时光研究中国哲学，特别是我很感兴趣的道家学说，但是我也研究过佛学，并深受苏非派禁欲神秘主义的吸引。这一切都影响了我，但是我不知道影响到什么程度。我不敢肯定，我之所以研究这些宗教和东方哲学是由于它们对我的思想和行动产生了影响，还是由于文学原因，纯粹从想象层面出发。但是我认为各种哲学都可能出现这种情况。除了叔本华或者贝克莱，没有哪一个哲学家能让我感到我阅读的东西是对世界的真实的描写，或者可能成为真实的描写。我对形而上学的看法在很大程度上是把它当作奇幻文学的一个分支。比如说，我不敢肯定我自己是不是基督徒，但是我看过大量神学方面的书籍，这些书籍便于我解答基督教的神学问题，诸如自由意志、惩罚和永恒的幸福。这些问题都引发了我的兴趣，成了我想象的素材。

当然，如果我可以提一些名字的话，我很乐于向惠特曼、切斯特顿、萧伯纳以及爱默生等我时常念及的人表示感激。我还希望提几个并不以作家的身份而闻名的人。例如，在我认识的人中间，给我印象最深刻的是马塞多尼奥·费尔南德斯，一位谈话的智慧远超出写作的智慧的阿根廷作家。他阅读的东西不多，但他独立思考。他给我的印象极其深刻。我也曾和别国的名人谈过话，例如沃尔多·弗兰克和奥尔特加·加塞特，那些谈话我几乎都记不清了。如果我被告知有可能和马塞多尼奥·费尔南德斯交谈，且不说同死者交谈只能是奇迹，我会对他说的话极感兴趣，以致忘了我是在同一个鬼魂交谈。有一个名叫拉斐尔·坎西诺斯-阿森斯的作家是安达卢西亚的犹太人，对我也有很大影响；他似乎属于任何一个世纪。在我提到的所有人中间，除了我父亲（我同他的关系过于密切，以致无法对他加以判断），给我影响最深刻的就是马塞多尼奥·费尔南德斯和坎西诺斯-阿森斯了。卢贡内斯给了我十分愉快的回忆，但是我在这里也许应该略而不谈。卢贡内斯写的东西比我和他的谈话重要得多。然而如果不提一些对我极其重要的人，我会觉得既不公平，又不合乎逻辑，少数那几个对我必不可少的人中间，一个就是我母亲——如今她住在布宜诺斯艾利斯。庇隆独裁时期，她有幸同我妹妹和一个外甥一道被监禁。我的母亲刚过了九十一岁生日，看起来比我自己或者我认识的大多数女性年轻得多。我觉得从某种意义上说来，她同我合作，参与了我的写作。我再重复一遍，只谈我自己而不谈我的母亲莱昂诺尔·阿塞韦多·德·博尔赫斯是荒谬的。

能不能请你谈谈惠特曼、切斯特顿和萧伯纳等你十分钦佩的作家的作品？

惠特曼是我一生中给我印象最深刻的诗人之一。有一种倾向把《草叶集》的作者沃尔特（Walter）·惠特曼先生同《草叶集》的主角沃尔特（Walt）·惠特曼混同起来，但我认为沃尔特（Walt）·惠特曼提供给我们的形象并不是诗人形象的放大。在《草叶集》里，沃尔特（Walter）·惠特曼写了一部史诗式的作品，史诗的主角是沃尔特（Walt）·惠特曼——不是写诗的惠特曼，而是他希望成为的人。当然，我这番话不是批评惠特曼；他的作品不应该被看作十九世纪的一个人的忏悔录，而应该被看作史诗。史诗描述的是一个虚构的人物，一个乌托邦里的人物，在某种程度上是作者以及读者的放大和延伸。你会想起，在《草叶集》里，作者常常同读者融为一体，这自然表达了他的民主理论，也就是个别独特的人物可以代表整个时代。惠特曼的重要性不容低估。即使把《圣经》或者布莱克的诗歌考虑在内，惠特曼也可以被称作自由诗的发明人。可以从两个角度来观察他：他有公民的一面，也就是意识到群众、大城市和美国的一面，也有私密的一面，尽管我们不能肯定其真实性。惠特曼创造的人物是全部文学中最可爱、最难以忘怀的，像是堂吉诃德或者哈姆雷特式的人物，复杂的程度不亚于他们，并且可能比他们两个更可爱。

萧伯纳是我时常翻阅的作家，我认为他的作品很少被通读。人们特别容易想到他向当时的社会秩序展开斗争的早期作品。但除此以外，萧伯纳还有史诗意义，并且是当代唯一能想象出英雄并把他们呈现给读者的作家。总的说来，现代作家倾向于揭示人类的弱点，似乎为他们的不幸而窃窃自喜；萧伯纳的情况不同，他笔下出现了巴巴拉少校或者恺撒之类值得钦佩的英雄人物。陀思妥耶夫斯基以来——甚至再早一些，拜伦以来——的当代文学，似乎总为人类的罪恶和弱点感到高兴。萧伯纳的作品颂扬了人类最伟大的美德。例如，人们可以忘掉自己的命运，可以不珍惜自己的幸福，可以像阿尔马富埃尔特那样说："我不关心我自己的生命。"因为他关心的是个人得失以外的东西。如果要说最优美的英国散文，人们可以在萧伯纳作品的前言和他人物的言辞中找到。他是我最喜爱的作家之一。

我对切斯特顿也非常喜爱。切斯特顿的想象力不同于萧伯纳，但我认为萧伯纳比切斯特顿更能持久。切斯特顿的作品充满惊奇，我得出结论说，一本书中最不能持久的是惊奇。萧伯纳具备切斯特顿作品中找不到的经典式的灵感。切斯特顿韵味的衰退令人惋惜，我认为一两百年之后，切斯特顿只会出现在文学史里，而萧伯纳会出现在文学中。

你的第一本书是什么时候出版的？

一九二三年。我父亲对我说，等我写了一本我认为值得出版的书的时候，他就给我印刷出版的钱。此前，我已经写了两本书，但我有自知之明，把它们销毁了。一本名叫《红色的韵律》，内容同书名一样糟糕，收了一些有关俄国革命的诗。当时共产主义代表了四海之内皆兄弟的思想。我后来又写了一本书，名为

《赌徒的纸牌》，我试图学皮奥·巴罗哈[1]的笔法。我认识到这两本书很糟糕，便把它们从我的记忆中抹去；除了书名，我什么都记不得了。我出版了我的第三本书，《布宜诺斯艾利斯激情》，因为我要去欧洲一年，等书出版时我本人就不在了，因而有了某种免责的感觉。阿尔弗雷多·比安基和罗伯托·朱斯蒂是《我们》杂志的合作主编。那本书印好以后，我带了五十来本样书去杂志编辑部，比安基惊恐地瞅着我说："难道你要我销售这本书吗？""不。我没有疯，"我回答说，"我要的是以这本书的开本能够做到的事——我要你在每一个穿过你办公室的人的大衣口袋里塞一本。"事实上，我一年后回来时，一本书都不剩了，报刊上发表了赞扬这本书的文章，我遇到了看过这本书、有心得体会的年轻人。那使我很高兴。

在《布宜诺斯艾利斯激情》里，我想用有点拉丁化的西班牙语写作；后来，在马塞多尼奥·费尔南德斯的影响下，我试图寻找一种形而上的诗歌形式，探讨我们称之为哲学的复杂问题；再后来，我想写布宜诺斯艾利斯——写我在欧洲逗留多年之后对布宜诺斯艾利斯的再发现。《布宜诺斯艾利斯激情》里呈现的这一切有点不连贯，因而有点笨拙。但我认为我把感情倾注在那本书里，此后我所做的一切都可以在那本书的字里行间找到。我在那本书里看到的自己比在别的书里看到的要多，尽管我认为读者不

---

[1] Pío Baroja y Nessi（1872—1956），西班牙小说家。

一定能看出我。我觉得我在那本书里几乎写出了三四十年后要写的东西。

如果你看了我的诗集，你会发现我的主题十分有限。我写过三四首诗谈我的祖父博尔赫斯上校在一八七四年阵亡的情况，《布宜诺斯艾利斯激情》里也有一首有关我祖父的诗，我在别的书里也回到这个题材。我想我在我最近一本书里一首有关胡宁的诗里作了最后的表述。我仿佛花了一辈子时间写了七八本书，尝试不同的变体，仿佛每一本书都抹去了前一本。可是我并不因此感到羞愧；这说明我写作的态度是认真的，因为寻找别的题材也不是太困难的事。如果我回到相同的题材，是因为我认为它们非常重要，还因为我觉得意犹未尽，以及我觉得还有欠缺。我还有过把一首诗写两遍的情况，例如《〈奥德赛〉第二十三卷》和《亚历山大·塞尔扣克》。我写《亚历山大·塞尔扣克》时根本没有想到我已经写过同样的诗，只有人物不同。

你今后的写作风格会不会改变？

我最初的写作有巴罗克风格，很不自然。那也许是由于年轻人的羞怯。年轻人常常怀疑他们所写的故事情节和诗歌不够引人入胜，因此他们试图用别的方式加以掩饰，或者搞得复杂化。我开始写作时，试图采用克维多或者萨维德拉·法哈多等十七世纪西班牙古典作家的风格。后来我想，作为阿根廷人，我有责任像阿根廷人那样写作。我买了一本阿根廷西语词典，在风格和词汇方面努力做到阿根廷化，结果人们不明白我的意思，我自己也记不太清楚那些词的意思了。词汇直接从字典转移到我的底稿上，没有任何体验作为基础。如今，经过这么多年以后，我认为写作最好使用简洁的词汇，把注意力集中在某些现代作家容易抛到脑后的人，也就是读者的身上。福克纳是个天才作家，然而他对别的作家起了负面的、坏得可怕的影响。他讲故事时在时间上故弄玄虚，有时给两个人物起同样的名字，等于是制造混乱，然后收拾残局。有时难免陷入混乱，但我们不应以此为目标。因此，我努力限制我的词汇；除了与生俱来的、不可避免的情况，我尽量不过于阿根廷化，我努力消除读者的困难，但这并不是说我始终写得十分清晰。作家往往会流露出笨拙，要么是因为他感到疲倦，要么是因为他想当然地认为他理解的事情人人都会明白。

你是不是认为文本中的外语单词或引语会把读者搞糊涂？

当然，不过我习惯用英语思考，我还认为有些英语词汇是不可翻译的，为了精确起见，我偶尔也直接用英语。我不是在"卖弄"。我阅读的东西极大部分都是用英语写的，因此我头脑里冒出来的第一个词自然往往是英语。但假如那个词会把读者搞糊涂，我多半舍弃不用。斯蒂文森常说，流畅的文章里所有的词都朝一个方向排列，但另一种语言的词排列方向相反，会把读者搞糊涂；然而，有些词是不可或缺的，因为它们恰如其分地表达了你想说的东西。

今后你打算继续写想象的事物还是真实的事物?

我要写真实的事物,但我觉得现实主义很难,特别是在你想让作品具有当代气息的时候。如果我写一篇有关布宜诺斯艾利斯某个真实的街道或者地区的故事,马上就会有人指出当地不是那样说话的。因此我认为作家不如找一个时间或空间比较遥远的主题。我打算把我小说的背景设在比较遥远的时间,比如说五十年前,把地点设在布宜诺斯艾利斯一个不太有名的或者被遗忘的地区,以致谁都不知道那里的人们是怎么说话、怎么行动的。我觉得这就给了作家更大的想象自由。我相信读者看到以前发生的事情会比较高兴,因为他不必面对现实,不需要把作者说的东西加以对照和审视。我认为《堂塞贡多·松勃拉》这本书的错误在于把目标定在极其忠实的现实主义,而那本书毕竟是一阕田园生活的挽歌。

你出版那本《伊西德罗·帕罗迪的六个谜题》为什么用笔名H. 布斯托斯·多梅克?

很简单。那本书是我和阿道夫·比奥伊·卡萨雷斯合写的。我们知道,合写的书读起来叫人摸不着头脑,读者喜欢琢磨这一部分是谁写的,那一部分又是谁写的。当初写那本书有点玩笑的性质,我们便决定创造第三个人"H.",仿佛他有一个谁都不清楚的名字;"布斯托斯"是我曾祖父的名字,"多梅克"是比奥伊的曾祖父的名字。奇怪的是这第三个人确实存在，因为我们写出来的东西既不像比奥伊的作品，也不像我的。它有不同的风格，不同的表现手法，甚至句法也不同。为了让这第三个人确实存在，我们必须忘记我们有两个人。我们写着写着就成了布斯托斯·多梅克。假如有谁问我，情节是比奥伊还是我构思的，某个比喻是谁想出来的，这个或那个笑话是谁先说的，我确实说不清。我们初次合写，立刻就忘了我们有两个人，有时候一个人提前料到了另一个人想说什么。事实上，我们给了自己一切可能的自由；我们像一个独立思考的人那样享有充分的自由。我们从写作中得到许多乐趣。其实共同创作是非常困难的。我曾尝试和别的朋友合作，但是毫无结果。我的合作者不是要求他的建议被全盘采纳，便是非常客气，赞同我说的一切。我回阿根廷后可以指望的乐趣之一就是继续和比奥伊·卡萨雷斯合作。

还是用布斯托斯·多梅克这个笔名吗？

我们还有一个名字，苏亚雷斯·林奇——"苏亚雷斯"是我另一个曾祖父的名字，"林奇"是比奥伊另一个曾祖父的名字——人们认出布斯托斯·多梅克是我们共同的笔名后，我们便用了那个名字。去年我们出版了《布斯托斯·多梅克纪事》，记述了一系列虚构的画家、雕塑家、建筑师、厨师等等，近似讽刺文学。我们还储备了一本书，准备将来以苏亚雷斯·林奇的名字出版。

目前你以豪尔赫·路易斯·博尔赫斯的身份在写什么呢？

我在写一篇以独裁政权和一九五五年革命为题材的短篇小说。但那不是唯一的题材。还有一个，一个非常阿根廷式的题材——友谊，我认为情节相当精彩，但是它的重要性隐含在事件背后。两三年前，我还在布宜诺斯艾利斯的时候开始向我母亲口授，口授了两页后，我发觉自己错了，以那种方式开头是不会有好结果的。如今在新英格兰，我突然明白应该怎么开头。原稿不在手头有时候是件好事，因为假如我在布宜诺斯艾利斯的话，我可能又走上歧路。现在的好处是可以把它彻底忘记，一切从头再来。我想它可能是我比较成功的小说之一。

是不是已经有了标题？

我觉得可以用《朋友》，不过还没有定下来。"朋友"像是酒吧的名字。

你手头还有别的工作吗？

目前我在写几首十四行诗，进度很慢。我还想写一本探讨中世纪盎格鲁-撒克逊和北欧文学的书。我已经做了一部分工作，准备回布宜诺斯艾利斯以后接着做，那里有我的书房。然后，我要出版一本心理小说集。我尽量不涉及魔术、迷宫、镜子、匕首，以及我的其他一切癖好；里面没有死亡情节，重点在人物本身。当然，为替读者着想，我需要情节。我在继续补充我的诗集。每出一版，我就有机会删去几首，再增添几首。每一版的篇幅都比前一版的大一些。已经出版过豪尔赫·纪廉诗歌选译本的作家诺曼·托马斯·迪·乔瓦尼正和我合作，编辑我的诗歌的英译本，计划一九七二年出版，书中包括一百来首由著名英美诗人翻译的作品。

你也写了一些电影脚本，是吗？

乌戈·圣地亚哥、阿道夫·比奥伊·卡萨雷斯和我写了一部名为《入侵》的电影脚本。背景是布宜诺斯艾利斯，然而是梦幻或者梦魇般的布宜诺斯艾利斯。情节是圣地亚哥构思的，电影由他导演。

我的另一篇小说《釜底游鱼》有可能在美国拍摄。故事发生在巴西和乌拉圭边境，但是我认为他们会在美国拍摄；重要的是故事情节而不是地方色彩，我建议他们不妨把地点改在美国西部。我想他们已经在编脚本了。

我还和阿道夫·比奥伊·卡萨雷斯合写过两部电影脚本，可是阿根廷制片人不接受，只以书本形式呈现。它们名叫《市郊人》和《信徒天堂》。

你喜欢哪种电影？

我挑选的是以对话为主的电影，例如《日月精忠》，或者是

《西区故事》《窈窕淑女》之类的音乐剧。但是我看不了意大利和瑞典的影片，因为这两种语言我都不懂，眼睛也看不清楚。我很喜欢西部片，还有希区柯克导演的片子。给我印象极其深刻的是《正午》。一部经典的西部片，最为精彩的影片之一。人人都喜欢西部片，因为它们代表了当代的史诗，而当代作家们忘了史诗是诗歌甚至文学最古老的形式，因为诗歌出现的时间早于散文。好莱坞以它的西部片为世界挽回了史诗。人类从西部片里寻找的正是史诗的热情和精神，勇气和冒险享受。总的说来，我对美国电影的喜爱超过任何别的国家的电影。我觉得法国影片仿佛是对无聊的赞美。我在巴黎同法国作家谈话时，我想不带恶意又不背离真实地震惊他们一下，我对他们说，我最喜欢美国电影。他们和我意见一致的地方在于，如果上电影院的目的纯粹为了娱乐，在美国电影里就能找到。他们说人们出于责任感才看《去年在马里昂巴德》和《广岛之恋》之类的电影，真正从中得到乐趣的人很少很少。

阿根廷电影呢？

雷内·穆希卡把《玫瑰角的汉子》拍成了电影，他把情节提供的各种可能性处理得十分出色。我很喜欢。但是总的说来，阿根廷电影在布宜诺斯艾利斯并不走红；人们出于责任感才去观看，因为他们把那些影片看作实验性的。国内导演很少，电影情节十分简单。在我们这种经济受到限制的国家，应该摄制以对话为主的影片。举例说，我们不妨拍摄《收税员》之类的影片，只有三个人物，大量对话，不需要太大的预算。

阿根廷戏剧怎么样？

在布宜诺斯艾利斯，人们对戏剧的兴趣相当高，特别是对那些由业余演员组成的剧团，现在他们都叫"职业"演员了；他们或许能拯救我们的戏剧。我看过他们上演的莎士比亚、易卜生和尤金·奥尼尔。我认为大众喜欢好东西，你给他们好影片或好演出，他们自会欣赏。

你对侦探小说感兴趣吗？

是的。比奥伊·卡萨雷斯和我向一家阿根廷公司建议出版一系列侦探小说。他们最初说这类小说适合美国和英国，在阿根廷不会有人买。我们经过一年的劝说，终于使他们信服。这套丛书的名称是"第七圈"，由比奥伊·卡萨雷斯和我主编，现在已经出版了近二百本书，有的重印了三四次。我还试图说服那家公司出版一套科幻小说，他们也说不会有人买。现在另一家公司准备出版，我很赞赏第一本：布拉德伯里的《火星编年史》。

在你的文学生涯中，最愉快的回忆是什么？

承蒙人们厚爱，我的作品得到了赏识。那更多的是赞扬我的人而非作品本身的功劳。奇怪的是，整个过程非常缓慢；多年来，我一直是布宜诺斯艾利斯最默默无闻的作家。我出版过一本名叫《永恒史》的书，一年后，我怀着讶异和感激之情得知卖出了四十七册。我想把买家一一找到，亲自表示感谢，请他们原谅书中所有的谬误。另一方面，假如卖出了四百七十册，或者四千七百册，买家人数太多，就难以辨清身份、住处和关系了。

如今，当我看到我的某本书一再重版，我并不惊异；我把它看成一个抽象的过程。我突然发现我的朋友遍天下，我的书被译成多种文字。在我获得的所有奖项中，让我最高兴的是一本不太起眼的名为《阿根廷人的语言》的书居然得了第二届布宜诺斯艾利斯市政奖。这个奖项给我的快乐超过了福门托奖或者阿根廷作家协会奖。在我所有已经出版的作品中，使我最喜出望外的是一首一九一八年或一九一九年发表在一本塞维利亚杂志上、确实糟糕的名为《海洋颂》的诗。

三位拉美作家——博尔赫斯、阿斯图里亚斯和聂鲁达——被提名为一九六七年诺贝尔文学奖候选人。你对提名有什么看法？

且不提别的，当我想到伯特兰·罗素、萧伯纳或者福克纳这几个名字时，我认为把奖项颁给我是荒谬的。

阿斯图里亚斯得奖，你有什么看法？

我不知道我会不会选阿斯图里亚斯，但是在聂鲁达和博尔赫斯两人之间，我会选聂鲁达，我认为他是更好的诗人，尽管我们的政治观点不一致。我一生中只和聂鲁达交谈过一次，还是在多年以前。那时我们两人都很年轻，我们得出结论说，西班牙语没有什么作为了，我们应该在英语上面动动脑筋。也许我们两人都想作惊人之语，因而夸大了我们的真实意见。我对聂鲁达的作品了解得很少，但我觉得他得了沃尔特·惠特曼，或许是卡尔·桑德堡的真传。

在一九六七年三月二十四日的《时代》杂志上，一篇评论你的《自选集》的文章说，阿根廷产生了有个性的博尔赫斯，但没有民族文学。你对此有何看法？

我认为人们发表意见不应该笼而统之。照说我应该为了那种说法感到荣幸，因为它的结论是阿根廷文学以我为始，但那显然是荒谬的，我看不出我为什么要为这种令人为难的大而无当的礼物感到高兴。

那么我们可不可以用民族文学这种说法呢？

我想可以。与其他活动相比，我们更应该为文学感到自豪。举例说，我们在十九世纪就有了《法昆多》和高乔诗人，之后，大西洋此岸的西班牙语文学出现了巨大的复兴。然后产生了以达里奥、卢贡内斯等人为首的现代主义文学。我认为我们有了一些成就。但是，当我开始写幻想小说时，我根本没有意识到阿根廷传统，那种由卢贡内斯开始的传统。

你认为拉美的文艺批评现状如何?

呃,我不想得罪任何批评家,但是那些在日报上撰写评论的人非常谨慎。他们的座右铭似乎是"责难和赞扬都不能过分"。报纸竭力不让自己受到牵连。美国这里的情况不同,不过也许涉及经济利益。

你是否认为这种经济因素对批评家产生重大影响?

也许。它同时也会影响作家。当作家明白自己的工作挣不到多少钱时,他就感到了较大的自由。我记得有一个时期,在一九二〇年或一九二五年前后,出书的收益极少,甚至没有。这就给了作家极大的自由。他不可能去迎合大众,因为迎合对他自己没有好处。

你是否认为人们今天对拉美文学的兴趣有所增加?

是的。举例说,像爱德华多·马列亚、比奥伊·卡萨雷斯、曼努埃尔·穆希卡·莱内斯、胡里奥·科塔萨尔和我本人在欧洲的知名度相当高,这是前所未有的事。一九二〇年,我在西班牙同西班牙作家谈话时,我想不妨提提卢贡内斯的名字,结果发现他们几乎毫无反应,再不然,有人以为他只是埃雷拉·赖西格[1]

1　Julio Herrera y Reissig (1875—1910),乌拉圭现代主义诗人。

的追随者。而大约三年前,我去西班牙再次同西班牙作家谈话时,他们时常引用卢贡内斯的言论,倒不是出于礼貌或者客套,而是自然的流露。在欧洲,像卢贡内斯这样重要的作家以前一直默默无闻,如今有五六个甚至十多个南美作家成了家喻户晓的人物,这一情况足以说明人们对拉美文学的兴趣提升了。

再举例说,我有五个短篇小说与诗集在美国以平装本出版,销路似乎一直在攀升。卢贡内斯的书籍从没有过这种情况。我的许多作品在欧洲国家得到翻译,在伦敦和纽约出版。三十年前,这种事从来不会发生在阿根廷作家身上。《堂塞贡多·松勃拉》之类的书译成了法语,我想大概也译成了英语,三十年前它根本不会被关注。今天人们非但喜欢阅读有地方色彩或社会意义的书籍,而且也想了解拉美人在思考什么,梦想什么。

能不能请你谈谈当代拉美文学?

我不能谈当代拉美文学。比如说,我并不十分了解科塔萨尔的作品,但是就我了解的有限的作品来说,我认为有几篇小说令人钦佩。我感到自豪的是,最早出版他作品的人是我。当时我主编一本叫《布宜诺斯艾利斯编年史》的杂志,我记得一个身材颀长的年轻人来办公室求见,交给我一份手稿。我说容我拜读一遍,一星期后他再次登门。那篇小说名叫《被占的宅子》。我对他说小说好极了,我妹妹诺拉为小说绘制了插图。我在巴黎时同他见过一两次,但是我没有读过他最近的作品。

我应该谈谈另一位作家。我认为大西洋两岸最好的西班牙语散文作家仍旧是墨西哥的阿方索·雷耶斯。我记得他性格敦厚，我们相处十分愉快，但是我不敢肯定我的记忆是否真切。雷耶斯的作品对墨西哥甚至对整个美洲都很重要，对西班牙也应如此。他的散文优美、精炼，同时充满了奥妙、反讽和情感。雷耶斯的情感表达颇为低调。他的文章乍看起来很冷漠，但你会突然意识到有一股高度敏感的暗流；作者对它有所察觉，也许受它折磨，只是不愿流露而已。那是一种谨慎。我不知道人们对他有什么看法。尽管他写了许多有关墨西哥的东西，人们因为他没有持续地、全身心地关注墨西哥题材而对他有意见。有些人因为他翻译《伊利亚特》和《奥德赛》而不肯原谅他。有一件事是可以肯定的：自雷耶斯以后，西班牙语写作不可避免地有了改变。他是个探索过多种文化、具有高度国际视野的作家。

你是否认为拉美作家的作品在拉丁美洲范围内的传播能催生出一个更统一的大洲文化？

这是一个棘手的问题。我们阿根廷人和乌拉圭人有许多共同点，和智利人稍稍有一点共同点，但同秘鲁人、委内瑞拉人或者墨西哥人的共同点我觉得就不多了。因此我不敢肯定这种拉美意识在什么程度上不是一个假象，不是一个稍纵即逝的笼统概念。以墨西哥为例，像我们这样一个次要的国家和一个历史完全不同、经历完全不同的国家，不可能有很大的相似性。不管怎么说，你提到的传播可能会导致一个结论，那就是我们没有什么相似之处，我们是不同的。

你对西班牙语文学有什么看法？

我认为自十九世纪以来，南美洲的西班牙语文学比西班牙本身产生的文学更为重要。当然，这并不是说我不钦佩我反复阅读的乌纳穆诺[1]。我读他的作品是好多年以前的事了，但时至今日我仍对他保留着生动的印象。也许他最重要的成就是给我们留下了对他个性的印象，这与他的观点完全无关，人们可能不同意他的观点——就像所有观点一样。我要说人们想起英国文学时一般会想起个别的人，正如想起莎士比亚和狄更斯笔下的人物一样。至于其他国家的文学，我们最先想到的是某些书籍。由于这个原因，当别国文学的作家没有让我们联想起一系列书籍，而是想起有人品的个人时，我们会觉得十分庆幸。米格尔·德·乌纳穆诺，从他的谈话中可以判断出，他就是这些人中的一员。奥尔特加·加塞特是个聪颖善思的人，但是作为作家并不是没有瑕疵。他应该找一个笔墨好的人把他的思想落成文字。我钦佩他，是把他当成思想家。我觉得加西亚·洛尔迦是个次要的诗人。他悲惨的死亡帮他出了名。当然，我喜欢洛尔迦的诗歌，但不认为它们非常重要。他的诗歌以视觉取胜，富于装饰性，不完全严肃；有

1　Miguel de Unamuno（1864—1936），西班牙作家、哲学家。

点巴罗克风格。

我认为几乎从十七世纪以来，西班牙文学一直在走下坡路；十九世纪极端贫乏，今天也没有丝毫好转，当然没有产生比我们大西洋此岸更重要的作品。

不提几个西班牙诗人的名字是不可原谅的。举例说，曼努埃尔·马查多[1]和安东尼奥·马查多。（曼努埃尔是个一贯的安达卢西亚人，安东尼奥却从安达卢西亚人变成了卡斯蒂利亚人。）我还想加上豪尔赫·纪廉的名字，他就在坎布里奇，我有幸结识了他。亲眼见到一个通过他的作品而早已与他相识的人，是非常愉快的事情，但并不是没有一些小小的意外。通过个人接触，你发现他的性格同他写的一切十分协调，但是完全不符合你心目中已有的形象。

你对青年作家有什么劝告？

我愿意给青年作家一个非常简单的劝告：不要考虑出版，而要考虑作品。不要急于付梓，不要忘掉读者，如果尝试创作虚构作品，不要试图描写确实无法想象的事物。不要因为事件惊人就去写，而要写那些可以充分发挥想象的事物。至于风格，我宁取词汇匮乏而不要过分靡丽。如果说作品常有一个道德缺陷的话，

---

[1] Manuel Machado y Ruiz（1874—1947），西班牙现代主义诗歌代表人物之一，著有《心灵》《深沉的民歌》等，其弟安东尼奥·马查多（Antonio Machado y Ruiz，1875—1939）著有《孤寂、长廊及其他》《卡斯蒂利亚的田野》等。

那就是虚荣。当然，我并不否认卢贡内斯的才智甚至天才，但我不完全喜欢他的理由之一，就在于我注意到他在写作方式上有某种虚荣。当一页纸上全是新的形容词和比喻，通常表明作者的虚荣和吓唬读者的欲望。永远不可以让读者觉得作者在卖弄技巧。作者应该有技巧，但不能引人注目。事情做得极其出色的时候，看上去是轻松愉快、水到渠成的，如果你发现刻意雕琢的痕迹，那就说明作者的失败。我不想说作品必须浑然天成，因为那意味着作者信手拈来的就是恰当的词句，那是不太可能的。一件作品完成时应该是浑然天成的，尽管实际上它可能充满了隐秘的巧思和朴实的（不是自负的）机灵。

你提到一项双语教学计划，以及在南北美洲教授英语和西班牙语的需要。

三年前，我有机会在我十分喜爱的斯堪的纳维亚国家旅行。在瑞典和丹麦，我发现人人都说英语。那里的小学教英语，因此每一个斯堪的纳维亚人都会双语。假如我们的小学教英语，美国和加拿大的小学教西班牙语，那会特别有用。我们就有了一个双语的大洲，因为葡萄牙语可以说是西班牙语的变体，或者西班牙语可以说是葡萄牙语的变体。假如每一个美洲人掌握两种语言，他面前就展开了一个开阔得多的世界，他就有接触两种文化——英语文化和西班牙语文化——的机会。也许那是消除世界上最大的敌人——民族主义——的最佳方式。我认为假如每一个出生在美洲的人都有机会接触两种文化,对世界史的重要性是无与伦比的。对我来说,会两种语言并不意味着具备同义词的储备,并不是说你知道"宽阔"一词在西班牙语里用 ancho,在英语里用 wide 或 broad。重要的是学会如何用两种不同的方式思考,有机会接触两种文学。假如一个在单一文化中成长的人养成了把别的语言看成带有敌意的或者随心所欲的方言的习惯,他的心理发展就会受到限制。然而,假如他习惯于用两种语言思考,习惯于他的思想从两种文学汲取营养获得发展,那肯定对他有好处。在拉丁美洲的小学、最终在西班牙的小学里教英语,在美国和加拿大的小学、最终在大不列颠的小学里教西班牙语,是件没有困难的简单事。你会说丹麦人学英语比说西班牙语的人学英语或者英国人学西班牙语要容易;我不以为然,因为英语非但属于日耳曼语系,也属于拉丁语系。英语词汇中至少有一半来自拉丁语。要知道,英语中每个概念都有两个词来表示:一个来自撒克逊语,另一个来自拉丁语。"圣灵"可以说 Holy Ghost 或 Holy Spirit,"神圣的"可以说 sacred 或 holy,两者差别非常细微,但对诗歌来说非常重要,例如"昏暗的"(dark 和 obscure),"帝王的"(regal 和 kingly),"兄弟般的"(fraternal 和 brotherly)。英语中几乎所有代表抽象概念的词都来自拉丁语,代表具体概念的词都来自撒克逊语,但是具体概念并不多。这一计划必须马上进行。我曾向布宜诺斯艾利斯文学院提出建议,但现在我在美国,我不应该错过再次建议的机会。我相信那是争取世界和平的方法之一。

你的政治立场是什么？

我是保守党，我向你解释原因。我是在总统选举前几天加入保守党的。我一向是激进党，这是由于家庭传统。我的外祖父阿塞韦多和阿莱姆[1]是好朋友，因此，党派归属是义气而不是信仰或者判断的问题。选举前四五天，我去看哈多伊，对他说我要加入保守党。他惊骇地瞅着我说："可是我们毫无胜出的机会呀。"我的答复是："绅士只对败局已定的事业感兴趣。""好吧，如果你一心谋求败局已定的事业，"他说，"你一步都不必走了，这儿就有。"我们两人都笑了，我就加入了保守党——显然有利于激进党。我不得不向许多人解释，尤其在这儿，阿根廷的保守党不是右派而是中间派。我对民族主义和纳粹同样厌恶，因此我认为我仍旧保持着一贯的立场。我多少还信仰民主。我当然一直反对庇隆主义。庇隆政府对此从不怀疑。他们攻击我，把我从微不足道的职位上撤下来，我的母亲、妹妹和一个外甥遭到监禁。

阿根廷的共产党人是什么样的人？

阿根廷的共产党人都是知识分子，不是工人阶级。今天的共

---

[1] Leandro Alem（1842—1896），阿根廷律师、政治家、激进人民联盟领袖，一八九〇年领导了推翻总统华雷斯·塞尔曼的革命。

产党人也是民族主义者，因此他们当然反美。

你认为这种反美情绪原因何在？

我要说，阿根廷的这种情绪是人为的，以前并不存在；我认为起因于共产党人的影响。我们的国家以前对美国并没有敌意，可是现在也许由于古巴的影响，当然还由于俄罗斯的影响，敌意确实存在。但与此同时，那些恨美国的人却要美国在经济上帮助我们；他们毕生想学美国人。这非常奇怪，但是我认为这种情绪极大部分是人为的，正像我们国家的反犹主义。

反犹主义是否普遍？

只存在于小股民族主义者中间。如果说在我们国家里有一件事情谁都不感兴趣，那就是人们属于什么种族。中东战争期间我们都非常同情以色列，记得战争爆发的那天，我签署了一个支持以色列的声明；第二天，我在科连特斯大街上散步，突然觉得要发生什么事。实际发生的是一首有关以色列的十四行诗。我打好腹稿后，前去《达瓦尔报》求见主编，问他："你这里有没有打字机？""当然有，我们有七八十台。"他说。"我要用一台。""干什么？""我刚写了一首有关以色列的诗。""什么样的诗？""说不上是好是坏，不过来得自然，估计坏不到哪里去。"我口授了那首诗，《达瓦尔报》刊载了。

你是否相信立场文学一说？

我唯一的立场就是坚持文学，坚持本心。至于我的政治态度，我从不隐瞒：我反希特勒、反庇隆，并且反民族主义，但是我竭尽全力防止我的这些意见（仅仅是意见而已，而且很可能是肤浅的）闯入我的不妨称作审美作品的东西。作家可以问心无愧，按他认为正确的方式去做，但是我觉得文学不应该由谎言和宣传小册子构成。作家应该保持想象的自由，梦想的自由。我努力不让我的政治主张侵入我的作品，我宁肯人们不注意这些主张是什么。如果我的一篇小说或者一首诗很成功，它成功的根源可能比我的政治主张更深远，因为我的政治主张可能是错误的，而且受到环境的左右。以我的情况来说，我关于所谓政治现实的知识非常不全面。我的生活是在书籍中度过的，其中许多都过了时，因此我可能是错的。

你有宗教信仰吗？

没有。

在我们的谈话中，你说不敢肯定自己是不是基督徒。那是怎么回事？

有时候我觉得自己是基督徒，但当我想到承认基督徒的身份就要接受一整套宗教制度，我就发现自己并不是真正的基督徒。我认为我十分喜爱新教教义，或者它的某些形式，最吸引我的是它没有等级制度。许多人倾向天主教会，是因为被它华丽的庆典、仪式、教会级别和壮观的建筑所吸引。这些正是我反感的东西。我说过，我不知道自己是不是基督徒，如果是的话，我近于循道公会而不是天主教会。我说这番话怀着崇敬之心。我只是解释我的感觉、精神倾向。

我还尽一切可能希望做犹太人。我从来没有停止探索我的犹太祖先。我母亲娘家姓阿塞韦多，他们可能是葡萄牙的犹太人。我在阿根廷犹太社团做过多次演讲；我对犹太教神秘哲学和斯宾诺莎哲学深感兴趣，我曾想写一本关于斯宾诺莎的书。我写过一首有关他的诗。

除了血统因素以外，我们都既是希腊人又是希伯来人。之所以是希腊人，是因为罗马是希腊的一个延伸。没有《伊利亚特》而有《埃涅阿斯纪》，没有伊壁鸠鲁哲学而有卢克莱修的诗歌，没有斯多葛派学者而有塞涅卡，是难以想象的。所有拉丁文学和哲学都以希腊文学和哲学为基础。另一方面，不论我们是否信奉基督教义，我们不能否认它是从犹太教衍化而来的。

你认为天主教会当前的自由化运动有重要意义吗？

我认为那是软弱的迹象。教会强大时趋于偏执，动不动就要用火刑，进行迫害。我觉得教会目前显示出的宽容主要出于软弱；它的心胸并没有变得开阔，因为那是不可能的。凡是教会——天主教会也好，新教教会也好——都没有宽容过，它们没有宽容的理由。如果我相信真理在我手里，我对于那些抱着错误的信仰不放、无法得到拯救的人是没有理由宽容的。相反，我有责任迫害他们。我不能说："你即便是新教徒问题也不大，因为说到头，我们都是基督的兄弟。"不，那就成了对怀疑主义的支持。

我相信你经常旅行。你喜欢吗？
我一点也不喜欢旅行，但是我为自己去过许多地方而感到高兴。旅行的目的是为了拥有记忆，当然，若想把某物留存在过去，必须在现实体验过。

你不了解的国家里，有哪些是你想访问的？
我想模仿上个世纪去冰岛朝圣的威廉·莫里斯。"朝圣"这个词不是言过其实，也不是毫无意义的夸张。我已开始学冰岛语，我认为那个紧挨着北极圈的遥远的岛屿在中世纪产生的文学是全世界最重要的文学之一。我想去挪威和以色列，还想重访我最爱的苏格兰和英格兰。那些是我追求的地理目标。

你到过俄国吗？
没有。铁幕那一侧有几个国家曾经邀请我去，但我认为我对他们怀有偏见，如果去访问，无论对东道主还是对我自己都不会愉快。还是不去为好，因为我认为去访问的人应该抱有热情友好的心态，以俄国的情况来说，我不知道自己能做到什么程度。如果我要尝试的话，不如挑选成功把握比较大的国家。

你一生肯定充满有趣的轶事。你记得几件吗？

我记不起什么轶事。我始终感到惊讶的是人们一贯向我展示耐心和善意，至今仍然这样。我试图想想有没有敌人，可是想不起有谁——事实上，一个都想不起。有些评论我的文章被认为太粗暴了，但我心想："天哪，如果由我写那篇文章，我会粗暴得多！"当我想起我的同时代人时，总是怀着感激之情，一种吃惊的感激。总的说来，人们待我的好超过我应得的。

我想起里卡多·吉拉尔德斯。他和我合作编辑《船头》杂志有一年之久。当时我在写一些肯定很平庸的诗歌，后来编在一起，出版了一个名为《面前的月亮》的集子。我给吉拉尔德斯看这些诗，他看着就猜到了我想说的东西，而不是我的笨拙使我没能说出来的东西。后来，吉拉尔德斯和别人探讨我的诗；他不谈我已经写成的诗，而谈我准备写的、他从我非常拙劣的草稿看到的诗。和他谈话的人对我的诗产生了莫大的兴趣，想在我已经出版的诗集里寻找，当然没有找到。吉拉尔德斯仿佛给了我一件礼物，虽然我认为这件礼物是他的无心之举。我要说，我至今每想起吉拉尔德斯，心里依然暖洋洋的，我忘不了他慷慨的友情和他奇特的命运，尽管所有人的命运都有奇特之处。

你对年轻一代有什么话要说吗?

没有,我不认为我能给别人什么建议。我自己的生活也处理得不好。我说得有点离题了。

转载自《七人谈:七位拉美作家同丽塔·吉伯特的谈话》,丽塔·吉伯特著,阿尔弗雷德·A.克诺夫公司出版,一九七三年,第七十七页至第一一七页。丽塔·吉伯特,一九七三年,版权所有。

获准转载。

豪尔赫·路易斯·博尔赫斯：一次访谈

帕特里夏·马克斯、约翰·西蒙/一九六八年

豪尔赫·路易斯·博尔赫斯于一八九九年生于布宜诺斯艾利斯，被认为是当今最伟大的在世西班牙语散文作家。罗纳德·克赖斯特在一九六七年九月二十九日的《公共福利》杂志上评论博尔赫斯的《虚构中的虚构》时指出，"博尔赫斯式"一词，正如"卡夫卡式"，"对于明确诠释我们的意识是必不可少的"。一九六一年，博尔赫斯和塞缪尔·贝克特联袂获得国际出版奖。他的几部短篇小说集和诗歌集被译成了英语，例如《迷宫》《虚构集》《探讨别集》《梦中的老虎》《自选集》。采访博尔赫斯先生的是纽约公共广播电台的记者帕特里夏·马克斯和《纽约杂志》的戏剧评论员约翰·西蒙。

博尔赫斯先生，你最近以查尔斯·埃利奥特·诺顿基金会诗歌教授的身份在哈佛大学访问了相当长一段时间。我很希望了解你对那里的学生的印象。

我发现那里的学生很了不起。有一个学生写了一篇模仿我的

作品的戏仿文章，把我写成其中的一个人物。他还把一些诗句归到我的名下。例如这一句——我真希望这样的句子是我写的，谁都会有同感——可惜这些诗句的写作年代不是十七或者十八世纪："她多么清纯，以致百合成了她的玫瑰。"

你最初创作时以诗歌和散文为主，大病一场后，开始写短篇小说。你是否偏爱某种写作形式？

我觉得它们基本相同。事实上，我几乎不知道自己打算写什么——论文、短篇小说，或者不受格律限制的自由诗。我要在写完第一句后才知道。仿佛是那第一句定出了格调。接着，我找到要找的节奏，然后继续。但是无论写诗歌还是散文，至少对我而言，本质上并没有什么差别。

这么说来，你作品的形式和内容是在创作中逐步形成的？

是的。我感到有写作的愿望时，便立刻静下来，试图倾听。接着，有些东西开始形成。我尽可能不加干预。再接着，当我开始听到成形的字句时，我落笔写下。我尽量避免绚丽的词藻、华而不实的文体等等，因为我认为那些东西是错误的。构思的过程有时顺利，有时不顺，我自己做不了主，得靠运气。

这类灵感……

呃，我觉得灵感这个词说得大了一些。

这个过程——是不是你生活中常有的事？

不，时有时无。有时会有干涸的阶段，什么都想不出来。那时我知道那些阶段是真实的。我知道当我觉得自己筋疲力尽，当我认为没有东西可写的时候，我内心里正在酝酿。到了一定的时候，我内心里冒出的泡泡升腾到表面，我便尽可能倾听。这一切毫无神秘之处。我想所有的作家都会有同样的体验。

约翰·西蒙在评论你的《自选集》时说，许多别的作家把现实和幻想分得很清楚，你和他们不同，在你的作品里，现实即幻想，而幻想又是现实，两者合二为一了。

是啊，我不知道我们能不能加以区分。为了区分，我们首先要知道我们自己是否真实。过去两三千年来，哲学家们为此争吵不休，那不是我能解决的问题。

比如说，"不真实的物"或"不真实的事"这类词本身就有矛盾。因为假如你能谈论什么，甚至梦到什么，那个"什么"就是真实的。当然，除非你对"真实"一词另有解释。但是我不明白事物怎么能是不真实的。举例说，我看不出有什么理由说哈姆雷特比劳埃德·乔治[1]更不真实。

1　David Lloyd George（1863—1945），英国政治家，自由党领袖，1916年至1922年间任英国首相。

你对奇幻写作很感兴趣。这个概念是否适用于奇幻作品呢？

我对奇幻作品的创作很感兴趣，当然，对阅读也感兴趣。但是我认为我们称之为奇幻的东西，从作为真实象征的意义上来说，也有可能是真实的。如果我写一篇奇幻小说，我不是随心所欲地胡诌一通。相反，我是在写代表我的感情、思想的东西。因此，从某种意义上说，奇幻小说和描摹现实细节的小说相比同样真实，也许更真实。因为说到头，环境瞬息改变，而象征始终存在。假如我写布宜诺斯艾利斯的一个街角，那个街角说不定会消失。但是假如我写迷宫、镜子、夜晚，或者邪恶和恐惧，那些东西是永恒的——我是指它们永远和我们在一起。因此，从某种意义上说，我认为奇幻作品的作者所写的东西比报纸上刊登的东西更真实，因为报纸上写的永远只是意外事件和情形。当然，我们都生活在时间之中。我认为我们写奇幻作品时，是在试着脱离时间，写一些永恒的东西。我指的是我们要尽力待在永恒之中，虽然我们的尝试不太可能成功。

你是否觉得你和皮兰德娄有相似之处？

我非常欣赏皮兰德娄，比如说，他剧本中演员与观众之间的互动游戏。但我不认为那种游戏是他首创的。从某种意义上说，早在塞万提斯的作品里就有那种游戏了。不知你是否记得，塞万提斯的人物常常看《堂吉诃德》。而有些人物则谈论塞万提斯，甚至拿他开涮。那是同样性质的游戏。

你对 E. T. A. 霍夫曼和德国浪漫派有什么看法？你是否赞同他们？

嗯，我想尽可能对霍夫曼表示钦佩，但他始终没有让我如愿。因为我觉得他相当不负责任。同时，我不认为他的作品特别有趣。当然，你也可以说刘易斯·卡罗尔不负责任，但是我觉得卡罗尔对我有吸引力，霍夫曼却没有。当然，那可能是我个人的误解，或者是我个人的偏见。

你说霍夫曼不负责任，是指什么，博尔赫斯先生？

呃，假如我可以用一句老式的、不很地道的美国俚语来表达，我会说他过分渲染悲痛。我记得有人就爱伦·坡作品中的恐怖问他，他们认为那来自德国的浪漫派。爱伦·坡说："恐怖不是来自德国，而是来自灵魂。"我个人认为他的遭遇坏得不能再坏了，他不需要从书本中寻找那种恐怖。

你说过你写作的目的是"探索某些哲学体系的文学可能性"。

许多人把我看成思想家、哲学家，甚至神秘主义者——当然，我只能感谢他们。事实上，尽管我发现现实令人困惑，而且程度越来越深，但我从来没有把自己当成思想家。人们以为我专注于唯心主义、唯我论或者犹太教神秘哲学，因为我在小说中使用了它们。但其实，我只想看看它们能派什么用处。另一方面，有人认为，如果我派了它们用处，那是因为我喜欢。当然，这没有错。但事实上我的思想混乱得很，不知道自己身在何处——不知道自己是不是唯心主义者。我只是个文人，我利用那些题材尽可能写点东西而已。

你个人有宗教信仰吗？

不，我没有宗教信仰，但是我希望我有。当然，我可以按马修·阿诺德[1]所诠释的上帝一词的意义，也就是我们之外的某种促成正义的力量信仰上帝，但我认为那种解释过于模糊。我想你所说的信仰不止于此。至于作为个人的上帝，我不喜欢把上帝看成一个人——尽管我很喜欢人，毕竟我自己也是人。但是我不认为一个对道德准则、对我的所作所为很感兴趣的上帝有什么用处。我宁愿把上帝看成一个冒险家——甚至像威尔斯设想的那样——或者我们内心的、导致不可知目的的某种东西。我不认为我能真正地相信最后的审判；我很难相信天堂地狱、善恶报应。我在一首十四行诗里写过——就这一点而言，我似乎一直在剽窃、模仿自我或他人——我认为自己进不了天国，下不了地狱，更不会永生。我的意思是说，如果我非接受永生不可的话，我或许可以接受。但是——如果死后有知的话——我宁愿不知道有关博尔赫斯的任何情况，不知道他在这个世界上的经历。可是我认为个性取决于记忆。如果我的记忆被抹掉，我就不知道自己是否

1　Matthew Arnold（1822—1888），英国诗人、评论家。

存在了——我的意思是说,我就不知道自己是不是同一个人了。当然,我不必解决这个问题。如果上帝存在,那是上帝的事。因此,我请求任何上帝:如果他们能够赐予永生,我希望也能赐予我遗忘。

如果有轮回转世的话,你也许不反对看博尔赫斯的作品。

不,我指望有比那更好的文学前途。

我很想知道你对另一个德国人的看法,我指的是莱内·马利亚·里尔克。

我说不清楚。我觉得人们对他的评价过高。我认为他是个十分讨人喜欢的诗人。我能背诵他的一些诗篇,至少以前可以。但我始终无法对他产生极大兴趣。如果非让我谈谈德国作家,有一位我很想谈谈。我一生大部分时间都花在阅读、重读他的作品上面——先是英文,现在是德文。那位作家你可能已经猜到了,就是阿图尔·叔本华。我想如果我只能选择一位哲学家,一位形而上学家,我就选叔本华。不然,我想我可能退而求其次,选贝克莱或者休谟,并且为我的选择感到庆幸。这样,你会发现我是相当老派的。我觉得叔本华是属于十八世纪的。我认为他的讥讽和讨人喜欢的文体——"讨人喜欢"一词对我意义重大——是属于十八世纪而不是十九世纪,它们显然和他同时代的德国人拖泥带水的语言不同。从某种意义上说,我认为他更像是和吉本、伏尔泰，而不是和黑格尔、费希特同时代的人，你们都知道后两位是他所憎恨的。

博尔赫斯先生，你是否认为你多少受惠于超现实主义？或是通过极端主义，或是通过别的形式？

唔，事实上我对超现实主义知之甚少。但是我希望它至少比极端主义略胜一筹，因为我觉得极端主义纯粹是胡说八道。我们这些老极端主义者都有这种感觉。那只是一个幼稚的玩笑，我希望我们已经成熟到可以把它抛弃的地步。然而我写作时，偶尔还会出现十分愚蠢的隐喻，我便知道那是旧时的我——一九二○年前后的我——那个我至今仍旧隐藏在什么地方，企图破坏我写的一切。

你是怎么处理那些隐喻的——保留或者扬弃？

我保留它们，把它们归诸假想的作家，以后戏仿诗文时可以运用，因为我毕竟应该给它们派些用场。而且我私下里可能喜爱它们。

在当代作家中间，有没有你喜爱的、对你有吸引力的？

如果非提当代作家不可的话，我当然想提柏拉图、托马斯·布朗爵士、斯宾诺莎、托马斯·德·昆西、爱默生、叔本华。也许还有安杰勒斯·西勒休斯和福楼拜，为什么不呢？这些是我想到的名字。我只不过重复了埃兹拉·庞德的话。他说"凡是艺术都是当代的"——我认为他说得对。我不明白,为什么一个人仅仅由于和我生活在同一个世纪,就比另一个死去多年的人更为重要。(说到头,如果我在看某一个作家的作品,那么那个作家就是当代的——我的意思是说他属于当下。)因此,我认为"现代"这个词没有任何意义;而"当代"这个词只是"现代"的同义词而已,我认为两者都没有意义。

你因你的文学和哲学知识而闻名,有没有别的艺术类别——比如绘画或者音乐——对你同样重要?

我在音乐方面十分无知。只能说不知者不罪。但是我和比奥伊·卡萨雷斯一面写作,一面放唱片。我们发现有几张唱片能鼓舞我们,给予我们力量和激情。我们听那些唱片时,写作比较带劲。后来我们得知那是勃拉姆斯的曲子。我对音乐的了解全尽于此。但从某种意义上来说,我应该感谢勃拉姆斯,因为一听到他的音乐,我便觉得自己更有力、更幸福、更有激情。因此我认为我应该感谢他带给我们的礼物。可是,我当然无法理解这件礼物,也无法解释它。

博尔赫斯先生,有一个主题,即使有的话,也极少出现在你的作品里,那就是性。原因何在,你能说说吗?

我想原因在于我对此考虑得太多了。我写作时想努力摆脱个人感情,我想原因在此。不过还有一个原因,就是这个题材已经用滥了,我清楚地知道我说不出什么新的、有趣的东西了。当然你可以说我用过的其他题材也已经用滥了,例如孤独、个性。不知怎的,我总觉得我在时间和个性的问题上还有许多文章可做,而不仅仅限于布莱克[1]的诗句"通过梦境编织性的冲突,在生命的网上哭泣"中所涉及的。我不知道我有没有通过梦境编织性的冲突。我想不至于这样。但是说到头,我的责任是编织梦境。我想我有选择材料的自由。

《巴黎评论》采访你时,你笑称自己不为读者的数量而担心。你说你的第一部作品[2]只卖了三十七册,还说你喜欢那样,因为你可以和三十七个人打成一片。

说到头,卖掉一千册同一册也卖不掉没什么差别,不是吗?无穷大和零最终是要会合的。但是三十七个人——面貌不同,境遇不同,各有各的喜好憎恶,各有各的亲戚朋友。我能卖三十七册,我觉得十分感激。但我觉得还是夸大了,也许只有二十一册,或者十七册。

难道你真的不在乎是否拥有庞大的读者群吗?

我认为我真正关心的是打动一个人。说不定那个人就是我自

---

[1] William Blake (1757—1827),英国诗人。
[2] 原文有误。据查,在《巴黎评论》访谈中提及《永恒史》,该作并非博尔赫斯的第一部作品。

己。在我的国家里，作家很少关心读者。也许因为他们知道自己永远争取不到读者。这不是出于谦虚，而是出于自知之明。但是我认为作家不太出名反而有利。因为在一个作家有可能出名的国家里，他会迎合大众、迎合名流等等。但是在我的国家里，我写作是为自己，也许有时候为五六个朋友。这应该够了。我写作的质量也可能因此提高。但是，如果我为成千上万的人写作，我可能写出取悦他们的东西。由于我一点也不了解他们，可能我对他们的评价很低，我认为那对我的工作不会有什么好处。

我们有许多人为写作的艺术——或者一般意义上的艺术——最近的趋势感到担心，他们觉得，用奥尔特加的话说，艺术可能有非人化的倾向。你有感受到那种危险吗？

我看不出有什么理由说那一危险在今天尤为严重。说到头，成千上万的人笔耕不已。只要有一两个作家脱颖而出就够了。我是说，我们对过去的评价总是很高，总是提莎士比亚、马洛等等。但是说到头，我们想的是流传到现在的那些人。我觉得无论何时，艺术在总体上一定是十分蹩脚的。但是只要我们能有一两个作家脱颖而出，只要那些作家的作品在将来被认为值得一读，我觉得我们就不必为蹩脚作家数量太多而担忧了。

我经常思考的不是蹩脚作家的数量，而是优秀的，或者所谓优秀的艺术的方向。它们似乎日益严重地受到科学的、反知识的、自我毁灭的价值的困扰,这些价值最终可能导致反艺术占了上风。

不知道你考虑的是不是用十分特殊的方式创作的艺术。比如说,仅仅用口头表现的文学,或者仅仅涉及形状、线条、某些图案的绘画。

我认为尽管艺术家有种种理论,他总得拿出一点东西来。一个作家可能认为他写的是毫无意义的诗句,或者,比如说,他只是在寻求一些语言模式,但同时他可能也说出了或者暗示了某些意义深远的东西。因为艺术是十分神秘的。我怀疑人们是否能真正危害艺术,我认为持那种观点的人对理智的评价过高。我认为我们写作时,不管用了什么理论,总有东西流露出来,也总该有东西流露出来。因此,真正重要的并不是理论。我并不认为美学流派有多重要。真正重要的是用流派理论创作的作品本身,或是作者笔下的任何东西。有些作家标榜自己是知识型或者反知识型,我对此不感兴趣。我真正感兴趣的是他写出来的东西。

此刻吸引你的是什么——你的冒险精神要引导你去往何方?

我有好几项计划。其一是写一卷直截了当的短篇小说。我觉得我已经厌倦了迷宫、镜子、亦真亦幻的人物。前几个月我重读了《山中的平凡故事》——那是吉卜林年轻时写的一些十分直截了当的短篇小说——后来故事的格局当然越来越错综复杂了——我打算写直截了当的小说,也已经写好了一篇。我想按照这种风格再写几篇。我的意思是人物简单明了的小说——如果世上真有那种人物的话。那是我的计划之一。另一项计划是写一本关于古英语和古挪威语文学的书。不是一本资料书，而是有我个人见解的书，我会尝试在书里表达在我心目中诗歌对撒克逊人和古挪威人有什么意义。我心里已经有了写这两本书的打算。

此外，我也许再回我的老行当，谁都说不准。我可能写一两篇奇幻小说。但我会尽量避免，只有在冲动无法遏制时才写。

转载自《公共福利》，第八十九卷，第四期，一九六八年十月二十五日，第一〇七页至第一一〇页。获准转载。

豪尔赫·路易斯·博尔赫斯

L. S. 登博／一九六九年

访谈由 L. S. 登博于一九六九年十一月二十一日在威斯康星麦迪逊进行。用英语交谈。

你在散文《作为象征的瓦莱里》里说，瓦莱里是"一个极其敏感的人的象征，对他说来，每一种现象都能激起无限思想。他这种人超越了自我的特性，我们可以说……他没有自我"。你对作为象征的博尔赫斯有什么看法？

我恐怕没有什么可说的，因为那个象征是别人想出来加在我头上的；我的意思是说，我不考虑自己，但是许多人似乎在考虑我。从某种意义上说，我成了他们的，而不是我自己的产物。我写短篇小说或者诗歌的时候，只关心那篇小说或者那首诗歌，我没有一般意义上的哲学理念；我没有想要传递的信息。我不是真正的思想家。我是个对生活，对事物，特别是对书籍感到困惑的人——一般说来是令人愉快的困惑。我父亲有一批极好的英文藏书。我反复阅读那些书。我在那批藏书中读到的第一本小说，《哈克贝利·费恩历险记》，让我认识了美国。之后，我读了马克·吐温的《艰难岁月》及其他作品。再之后，当然啦，我读了埃德加·爱伦·坡，还有——不知你是怎么看的——朗费罗。自那以后，我发现了新的作者：爱默生、梅尔维尔、霍桑、梭罗和亨利·詹姆斯。我在独裁政权下被迫放弃了收入微薄的职务，不得不靠讲课糊口——最初几课讲的就是美国古典文学，介绍的就是这些作家。以前我没有在公共场合讲话的经历，上台自然怕得发抖，即使现在我在这里讲话也怕得发抖。我始终害怕话语堵在喉咙里说不出来。

情况似乎并非如此。

不错，但是从某种意义上说，凡是和怯场有关的事都有我的份儿。随着时间的推移我越来越害怕。

可是并不明显。

对我却是明显的。

不管怎么说，请让我继续这个问题：你常用的主题之一似乎是思维影响或重塑现实。我想到的是《特隆、乌克巴尔、奥比斯·特蒂乌斯》中世界的完美无缺的重塑。当现实世界开始按假想的星球特隆的形象改造自己时，流行于特隆上的唯心主义哲学似乎得到了证实。难道你是哲学的唯心主义者，或者仅仅靠唯心主义的推理得出悖论为乐，或者两者兼而有之？

我的父亲——我仿佛每时每刻都要提到他；我非常爱他，觉得他依然在世——我父亲是心理学教授，我记得——当时我还是个孩子——他开始教我构成唯心主义哲学基础的一些难题。我记得有一次他用棋盘向我解释，或者试图向我解释芝诺悖论，阿喀琉斯和乌龟，等等。我还记得他手里拿着一只橘子问我："你认为橘子的滋味是属于橘子的吗？"我说："我不太清楚。我认为我要尝尝橘子才知道。我不认为橘子本身每时每刻都知道自己的滋味。"他回答说："这个回答很不错。"然后继续问起橘子的颜色："如果你闭上眼睛，如果我关掉电灯，橘子会是什么颜色？"他绝口不提贝克莱或者休谟，可事实上是在教我唯心主义哲学，尽管从不用这些词汇，因为他怕把我吓跑。他用这种方式若无其事地教了我许多东西。他教我哲学和心理学——心理学是他的强项——把威廉·詹姆斯的作品当作教材。他教我这许多东西，可是一直没有让我觉察到。

你或多或少会说你是在唯心主义的教育下成长的？

是的，如今人们告诉我他们很务实，劝告我应该务实，应该考虑现实的时候，我不明白为什么一个梦想或者一个想法不及，举例说，这张桌子真实，为什么《麦克白》不比今天报纸上的消息真实。我搞不明白。我想如果非要给自己下定义的话，从哲学观点来说，我会把自己定义为唯心主义者。可是我不敢肯定我为什么非要给自己下定义不可。我宁肯继续琢磨，继续感到困惑，因为我觉得那很有趣。

这使我想到你所有的作品中一再出现的迷宫形象。

是的，那个形象不断显现。那是感到困惑和无奈的最明显的象征，不是吗？那形象我记得是小时候在一幅插图上看到的，插图表现的是世界七大奇迹，迷宫是其中之一。一座环形建筑，附近有几株棕榈。不管怎么说，我觉得如果我极力凝视，也许能看清中央的牛头人身怪。那幅插图使我有点害怕，当我母亲说："你既然喜欢那本书，就把它放到你的房间里去吧。"我回答说："不，不，还是放在书房里好。"因为我怕牛头人身怪出来。当然，我从没有把原因告诉她。小孩都十分羞怯。你真怕什么事情会发生的话，是不会说出来的。那确实是一幅可怕的画。

还有一部英语字典，里面有一幅斯芬克司的插图。有时候我故意吓自己，我会对自己说，接下来我要把字典翻到"six"（六）那一页，然后就会看看那幅很小很小的插图。于是我打开词典，又马上合上。

牛头人身怪有没有从迷宫里出来过呢？

呃，我写过两首十四行诗；在第一首里，一个人夜里摸索着走过满是尘埃和石块的过道，忽然听到远处传来牛吼声。他发现沙地上有牛蹄印，知道那是牛头人身怪的足迹，知道牛头人身怪在他背后追赶，从某种意义上说，他也在追赶牛头人身怪。牛头人身怪当然要吃掉他，由于他生活的唯一目的是不停地流浪漂泊，他也盼望被牛头人身怪吞噬的时刻到来。在第二首十四行诗里，我展现了一个更令人毛骨悚然的想法——牛头人身怪没有了——而那个人却在无休无止地流浪漂泊。那可能是受到切斯特顿的"布朗神父探案系列"中一句话的启发。切斯特顿写道："人们真正害怕的是没有中心的迷宫。"我认为他想的是没有上帝的宇宙，而我想的是没有牛头人身怪的迷宫。我指的是，如果有什么东西可怕，可怕之处在于没有意义。

是啊，那正是我要说的……
……因为牛头人身怪证明了迷宫的合理性，人们至少觉得它是那座怪诞的建筑的合理居住者。

牛头人身怪待在迷宫里，迷宫就有了意义。
是啊，如果没有牛头人身怪，整个事件就令人难以置信了。一个怪物周围盖起一座怪诞的建筑，从某种意义上说是合乎逻辑的。如果没有怪物，整个事件就没有意义了。据我所知，宇宙的情况也是如此。

托马斯·哈代在一首诗里也表达了相似的思想——我想那首

诗的题目是《机缘》——他在诗中说，假如他知道宇宙存有恶意，他可以听天由命，但他知道它是偶然随机的，难道这是他失望的真实原因吗？

我钦佩哈代的诗作，可是我没有读过那首诗。你明白，我在一九五五年丧失了视力，我当然不得不依赖别人的朗读和我年轻时的心——年轻时的眼睛和年轻时的记忆——因此我依赖已经阅读过的东西。但是给我安慰的是我的记忆力相当差，当我认为我记起什么的时候，实际上是在扭曲或者创造一些新的东西。

也许那正是艺术家的气质。

是啊，假如我能核实每一点记忆，我就不会像现在这么沉湎于空想，不会这么有创造力了。

呃，那你就会变成博闻强记的富内斯了。

不，在富内斯那个例子里，我想到的是一个被自己的记忆所杀的人，一个无法思考的人，因为他不可能掌握笼统的概念；也就是说，他要思考的话，必须忘记事物个体之间的区别。当然，富内斯做不到。不过我是把那个故事当作失眠的隐喻，因为当时我深受失眠之苦。

是的，你提到"失眠时可怕的清醒"。

失眠时可怕的清醒。阿根廷西班牙语中有一个表示"苏醒"

的常用词：recordarse，意为记起自己。睡觉时，你记不得自己是谁——你可能是梦中的任何人，但实际上你什么人都不是。后来你骤然苏醒，"记起了自己"；你说："我是某某人，我住在某个地方，我生活在某某年。"但是 recordarse 被当作常用词，我认为没有哪个人能讲清它的全部含义。

回过头来再说迷宫，我觉得这个形象不但大体上适合你的作品，而且代表了你作品的主要悖论，即思想、历史和世界的"丰富的对称"只能以混乱或者神秘结束。

但是我确实从那种神秘中得到乐趣。我不仅感受到了它的恐怖；我不仅时常感到痛苦，而且得到了，比如说，你从一盘国际象棋残局或者一部精彩的侦探小说里得到的那种乐趣。

换句话说，你没有感到"焦虑"？

不，我没有。如果有，那也只是偶尔感到，但是我并不珍惜它，也不为之特别自豪。就像是头疼或者牙疼似的突如其来，我尽可能抵挡它。

我注意到你的短篇小说里的叙述者往往自称博尔赫斯，可是如《博尔赫斯和我》那篇寓言里透露的那样，博尔赫斯不仅仅是一个人。《虚构集》里的人物是博尔赫斯的梦魇或者梦境，还是一个对人物的两难处境感兴趣的超脱的创造者的产物？

有时候我受梦境的影响。但是把实际梦境写成文字的情形只有两次。一次是在那篇名为《仇人轶事》的散文中，另一次是我给梦境起了一个挪威名字 Ragnarök（诸神的黄昏）。这两个梦境我是如实写来，只加了一些细节使它们显得更为可信。在别的情况下，我可能受到梦境的影响而不自知。

我指的是广义上的梦。

我不认为文学和梦有很大区别。当然，人们常说浮生若梦。可是我认为构想一个短篇小说其实就是在做梦，而且你是以相当自觉的方式在做梦。我指的是你做梦，同时也在引导梦的进程，并且给它一个结局。我常有这种体验——我想你也有相同的体验——做梦时心里明白自己在做梦。我最近几年还有这种情况：还没有入睡就开始做梦了。比如说，我明白自己躺在床上，我知道自己身在何处，知道有人进了房间，知道有人是梦中人物；然后知道我很快就要睡熟了。那是睡眠开始的迹象。我问过我的一个外甥，他告诉我说，他也有同样的感觉。有时候，他非但在醒来前做梦，在入睡前也做。

人们如果在入睡前做梦，就知道用不着为失眠发愁，因为两三分钟后就能睡熟，那时候的梦会比较复杂，有不同的人物进入，有不同的人说话等等。

你会不会觉得你笔下的人物代表了部分的你？

是的,有这种情况——毫无例外。但是我常让我笔下的人物开我的玩笑。在我的短篇小说中,我是受人蔑视的。我笔下的许多人物是傻瓜,老是同我捣蛋,亏待我。事实上,我在我的短篇小说里常常充当一个很不光彩的角色。

你笔下的人物智力上都给人深刻印象,但是似乎都有一些弱点;阿威罗伊[1]就是一个例子。他永远不能确定亚里士多德对"悲剧"和"喜剧"的界定,因为他从来没有进过剧院,并且深受伊斯兰教观念的限制。

是啊,在那篇小说里我写了一个十分睿智的人。在我的想象中,阿威罗伊应该是那样的。但是他不可能知道悲剧和喜剧代表什么,因为他从来没有看过悲剧或喜剧演出。他哪怕猜测也猜不出大概。如果这篇小说情节令人怜悯,它的可怜之处在于一个非常睿智的人犯了一个十分低级的大错。那就是情节的全部要点。

你称之为大错,还是说这是他的思想方法中不可避免的谬误?不论他能做什么,他总是受到环境和经验的限制。

我还认为他还是所有人的象征,因为归根到底,任何一个个体所需知道的事物同所有事物的总和相比总是微不足道的。然而在那篇小说里,如果小说写得成功的话,读者会不由感到主人公

---

[1] Averroes(1126—1198),阿拉伯哲学家、医学家。

非常睿智，可是他绝不可能明白悲剧是什么，因为如我在雷纳德评论阿威罗伊的书中看到的那样，当他谈起喜剧的时候，把命运说成是颂扬文章，当他谈起悲剧的时候，把命运说成是讽刺作品，因为他虽然知道这些体裁，却不了解舞台。

呃，也许核心问题在于他确实代表了所有的人。他是不是也以同样的方式代表了作者呢？

当然。

作者本人遵循诡辩的推论困在迷宫里，受到迷宫暗道的纠缠不得脱身。他永远不能真正走出来，找到现实。

是这样的。当我说"所有人"时，我也把自己包括在内。我应该这么说。如果你不介意的话，不妨让我给你讲一桩趣闻。事情发生在布宜诺斯艾利斯。有一个在全国各地巡回演出的演员，经常扮演受人追杀的勇敢的高乔人。他到了一个小镇，镇上的人建议他把剧中主人公的名字改成当地"比利小子"的名字，以招徕观众。戏剧上演前两三天，一个老头儿来找演员。来人十分胆怯，我见过他的相片。此人生平杀过许多人；他身材瘦小，留着一把灰色胡子。他连话都说不好——他一辈子不是杀人，就是逃避警察追捕。他说："听说有人上台演戏，说他就是我。我事先警告你，你骗不了谁，因为我在这个镇上住过，谁都知道我。"演员试图向他解释在舞台上演戏是怎么一回事，可是这个可怜的老高乔人怎么会明白?他最后说:"呃,你或许有理。你是个有学问的人,我是大老粗。我一辈子都受警察的追捕,我一辈子都和警察斗;但是我要警告你,我即使上了年纪,仍旧能够维护我自己,有谁上了舞台说他是我,我就上台同他过过招。"结果那场戏给搅黄了,没能演出。

尽管阿威罗伊聪明绝顶,他的毛病和没有文化的高乔人一模一样。现在让我问你另一个问题。在一篇论柯勒律治的文章里,你探讨说,一切文学作品都只是一部作品的段落,所有作家都只是一个非人格化的作家。

是的,那个概念来自爱默生,他说所有作品都来自一个无所不知、无所不思的"绅士"。"绅士"这个词用得太好了。因为如果他用"人"的话,就没有什么意义,而一个绅士,假如为他写下莎士比亚的全部悲剧,意思就不一样了……

那个词也许表达了爱默生自己的文雅。

是的,但是我不想责怪文雅。我认为它应该受到鼓励。至少我也努力成为一个绅士,虽然我在那方面的努力从来没有十分成功。

不管怎么说,你认为《虚构集》对整个文坛有什么贡献?它是不是传统文学的一部分?

哦，我认为它是由几乎遗忘的记忆组成的。我不知道书里有没有哪怕一行原创的文字。我觉得我写的每一行文字都可以找到出处。这或许正是我们称之为创作的过程——把记忆混在一起。我不认为我们能像上帝创造世界那样创造出什么东西。

选自《当代作家：十六位作家及诗人访谈录》，L. S. 登博与西兰纳·庞德罗姆合著。威斯康星大学出版社，第一一三页至第一二一页。一九七二年。版权所有。承威斯康星大学出版社许可转载。

豪尔赫·路易斯·博尔赫斯

塞尔登·罗德曼/一九六九年

"当我想到能用英语之外的语言
写作诗歌时,我已经相当老了。"

1

我第一次见到博尔赫斯的时候,他坐在布宜诺斯艾利斯国家图书馆的一张大会议桌前,凝视着虚空。乍看起来,他像是一个烦恼疲惫的行政主管,而不是阿根廷的大诗人。中年时期,他就因时间循环的"玄学"故事而闻名全球,如今年过七旬,几乎完全失明,重新开始写诗。当他拄着手杖站起来,握住我的胳膊肘,开始(在很近的距离)向我倾注他对文学的激情和对当代极大多数事物的反感时,我从他耷拉下来的眼睑后深邃的蓝眼睛里看到一缕亮光,从他稀疏的灰色头发和蓬乱的眉毛下皮肤略显松弛、瘦骨嶙峋、几近哥特式的贵族气派的长脸上感到热诚。他英语说得很流利,但有一点口音,接近苏格兰人的喉音。他一开口就滔滔不绝,很难让他停止,因为他直瞅着你,使你不知所措,把你拉近他身前,偶尔闪出雪白的牙齿为他自己说的俏皮话哈哈大笑;你觉得他其实能看到你。

他听说我最近同巴勃罗·聂鲁达见过面,便开始谈他这位强大的智利对手,但随即中断,用更为间接的方式处理这个话题。

"你从智利取道巴西来的,"他说,"入境阿根廷时,你感到最大的区别是什么?"

"在布宜诺斯艾利斯的街道上一个黑人都看不到,"我说,"我不习惯。以前这里难道没有奴隶?难道他们没有子女?"

"我也弄不明白,"他说,"我小时候到处都看得到。我们家里的仆人和工人都是黑人。我们开始认为我们同你们亲近,原因之一也许就在这里。阿根廷是白人的国度,不是秘鲁或者玻利维亚那种印第安人和混血人种的国家——也不是巴西那种不过是非洲的延伸的国家,不是吗?"

"也许不,"我说,"虽然黑人给巴西独特的文化提供了最具活力的因素。我想你了解他们的文学吧?"

"他们有文学吗?"

"非但有,而且非常丰富,包括古典文学。你肯定读过马查多·德·阿西斯[1]的作品吧?"

---

1 Joaquin Maria Machado de Assis(1839—1908),巴西作家,著有长篇小说《布拉兹·库巴斯的死后的回忆》等。

"没有。"

"欧克里德斯·达·库尼亚[1]呢?"

"是的。他的著作仿佛社会学珍品,不是吗?我钦佩不已,直到我看到坎宁安·格雷厄姆关于同一事件的另一部作品,才发现一位真正的作家是如何处理那类题材的。"

他没有听说过卡布拉尔·德·梅洛或者维尼修斯等杰出的现代诗人,但是"一度很熟悉"卡洛斯·德鲁蒙德·德·安德拉德[2]的一些诗歌。我说德鲁蒙德至少在三十年代曾是共产党员,和聂鲁达相当接近。"可是聂鲁达,"我补充说,"当我对你的作品表示钦佩时,说了一句想必不会使你感到诧异的话。他说:'文学像是一份好牛排,没有别的文学搭配是做不出一道菜的。'"

他微微一笑。"这种评论有好几种应对的方法。"他沉吟起来。

"但你选择了最好的方法,"我说,"请先告诉我,你面前的那部厚厚的古书是什么?"

"约翰生博士的《英语词典》,"他说,"序言引用了许多文献,是一篇了不起的散文。这部作品是辛辛的一个人寄给我的。"

"辛辛监狱吗?"

"不。是城镇。"

---

1 Euclides da Cuhna (1866—1909),巴西作家。
2 Carlos Drummond de Andrade (1902—1987),巴西诗人、小说家,著有诗集《心灵的沼泽》《世界的感情》,短篇小说集《米纳斯的忏悔》等。

"叫那个名字的城镇已经没有了,现在已经改名叫奥斯宁。寄词典给你的人肯定是囚徒,博尔赫斯!"

他觉得那个想法很有意思。"是啊。十八世纪的囚徒。被囚禁在这样的地方多么好。有那么多的拉丁语法!"

"我是不是可以问你一个约翰生式的问题?"

"例如:假如我和一个婴儿给囚禁在塔楼里该怎么办?"

"没错儿。你知道,我最近在写一本旅游的书。阿根廷最需要的是什么?"

他思考了一会儿。"也许是更有好奇心的人——像你一样。你刚才进来时见到那个坐在桌子边的姑娘吗?说来奇怪,她妈妈有一天把她的书烧了。妈妈对她说:'我们是普通老百姓。我们不需要书。'那就是我们面临的问题。"

"你刚才提起聂鲁达来着——"

"他当然是个优秀的诗人。他早期的一些诗作十分精彩。可是他写过一本谴责南美独裁者的书,却漏掉了庇隆。"

"为什么?"

"当时庇隆当权。聂鲁达大概同他在布宜诺斯艾利斯的出版商打官司,没有结案。你也许知道,那个出版商一直是聂鲁达主要的经济来源。"

我怀疑这种说法的准确性,至少怀疑它暗指的含意。也许只有局外人才对那个老朽的独裁者怀有矛盾的感情,庇隆在他那激进的情妇(已故的埃娃·杜亚尔特)的要求下,彻底削弱了古老的地主寡头统治。我还想起博尔赫斯一篇有关将军悼念亡妇的短文：一九五二年，将军在查科地区搭了一个小神龛，里面供了一个金发布娃娃，接受前来祭拜的穷苦百姓所供奉的金钱、蜡烛和鲜花：

> 借用死人构想并上演了那出悼亡闹剧的家伙到底是个什么货色？一个狂热分子、一个可怜虫、一个疯子或骗子、一个无耻之徒？在扮演心怀丧妻之痛的鳏夫角色的同时，他是否真的以为自己就是庇隆了？这个故事让人难以相信，却是真的，也许还不止一次，而是再三重复，只是演员有变、场合不同罢了。这个故事充分地概括了一个似是而非的时代，就像是梦里的幻影、《哈姆雷特》中的那种剧中剧。身穿丧服的人不是庇隆，金发布娃娃也不是名字叫作埃娃·杜亚尔特的女人。不过，庇隆也不是庇隆、埃娃也不是埃娃，他们只是在盲目轻信的大众心中曾经制造了一个愚蠢神话的两个无名之辈或隐姓埋名者（我们不知道他们的真实姓名、不了解他们的真正面貌）罢了。
> ——"骗局"，《梦中的老虎》

我问博尔赫斯情况是否属实。他说是的，他从两个互不相识的查科人那里听到同样的话。他向我转述了他从朋友那里听来的庇隆的监狱里用电刑折磨囚犯的情况。他几近冷酷地详细描述了身体遭受电击的各个部位。他津津有味地讲了几个取笑埃娃·庇隆的故事，说她做过妓女，后来却大摆架子。他轻蔑地谈着庇隆之后磕磕碰碰上台的几个合宪总统，但提到当权的军方强人翁加尼亚将军时却带着尊敬。"他是个绅士。他说话不大嚷大叫，不摆架子……"

博尔赫斯的保守主义是符合道德准则的。庇隆的道德观，也就是缺乏道德，使他感到被冒犯。他描述虔诚的庇隆主义分子时，用了"那个女人"和"轻信"这两个字眼，充满了讽刺势利行为的弦外之音。他对庇隆第一届执政时期的社会福利、劳工利益和公共工程的结果不感兴趣。他只关心手段——那当然是站得住的哲学立场。

我们去拜访住在附近的博尔赫斯的母亲，她已有九十三岁高龄，但敏捷得惊人。事实上，她比她儿子行动灵活。我们进入博尔赫斯家位于八楼的公寓时，他从事绘画的妹妹诺拉正要出门。博尔赫斯老太太告诉我们她又开始阅读英文书籍了——"不然我会忘记的。"（"妈妈常常管我叫做夸德隆[1]，"博尔赫斯慢吞吞地吐露说，"因为我有四分之一的英国血统。"）本来他和母亲住在一起，但在两年前，他遇到青年时代的情人，她当时年过五十，丧夫寡居，两人结了婚，使他的朋友们大为意外。

我们乘电梯下楼，我在拥挤的电梯里问博尔赫斯，我喜爱的

---

[1] 原指白人与黑白混血儿生的孩子，有四分之一的白人血统。

一个短篇《南方》是否有自传性质，是否反映了使他从诗歌转向散文写作的身体遭遇意外伤害一事？"是啊，是啊！一点不错，那也是我最爱的短篇之一，因为它有许多层次——自传性，一个人毁灭了他喜爱的东西，还有——"

电梯猛地停住，我们随着人流涌到大厅，我没有机会询问别的层次是什么。

2

博尔赫斯年轻时就以诗人的身份闻名阿根廷。几年后，他的带有"形而上学"意味的短篇小说在世界范围内引起惊叹和敬佩。矛盾的是，如今这位先锋派作家成了受极端保守主义分子崇敬的文化英雄。但是，还有一个博尔赫斯理应享有同样的知名度：那就是机智风趣的博尔赫斯，喜欢取笑拉美偶像的、不墨守成规的博尔赫斯，谈笑风生、语惊四座的博尔赫斯。

我和博尔赫斯的谈话分别是在一九六九年、一九七〇年、一九七二年访问布宜诺斯艾利斯期间进行的，每次访谈都大概有一个星期的时间。作为对话录，即使不加修润，无疑也是可读的。但是如果这样公之于世，脱离使博尔赫斯成为博尔赫斯的那种维多利亚时代的装饰和宫廷气派的芭蕾舞蹈，且不介绍诺曼·托马斯·迪·乔瓦尼出场的话，未免显得别扭和不礼貌，因为是乔瓦尼撮合了我和博尔赫斯的那些会晤，在我逗留布宜诺斯艾利斯期间，请我和博尔赫斯在他家里见面。

我初次访问布宜诺斯艾利斯的目的是"探究"一本旅游书的出版问题，当时我和比尔·内格龙合作，由他负责该书的插图。一开始，我的目的是拜会这位诗人兼寓言家，试图通过他的眼睛传达阿根廷的精神实质。多年来，我一直喜欢他的小说。但是在那些错综复杂的情节后面，在那些哲理的暗示后面——时间周而复始，按圆周运行，一切正在发生的事物以前都发生过，以后也会再度发生——我察觉到一种人性的温暖超越了博尔赫斯对文学的激情，一种对阿根廷的热情超越了（如果不是被迫的话）作家对他国家俗丽的政治和资本的腐化感到的失望。

虽然没有带介绍信，内格龙和我雇了一辆出租车直接前去国家图书馆。我们从工作人员那里得知某个法国电视台的摄制组在替博尔赫斯摄像，不过他的助手可以和我们谈谈。一个长着浓密的黑头发、黑眉毛，眼光炽热、矮壮结实的年轻人出来接待我们，我做了自我介绍后，他说："你肯定记不得了，十年前我和马克·斯特兰德还有里科·勒布伦一起，去你在新泽西的家拜访过你。更早以前，你的《现代诗歌一百首》改变了我的生活。假如没有那本诗集的话，我不知道自己这会儿会不会在阿根廷呢。我知道博尔赫斯很乐意见你，但是他现在正忙，我们不妨抽空去喝一杯。"

喝酒闲谈时，诺曼·托马斯·迪·乔瓦尼的故事逐渐展开。它对于了解博尔赫斯的为人和阿根廷的情况大有帮助。诺曼原先在新罕布什尔州写一部长篇小说,听说博尔赫斯来哈佛讲课,便去看他。博尔赫斯离去后不久,他决定抛下一切,飞往布宜诺斯艾利斯。他在大学里专修西班牙语,喜爱博尔赫斯的作品,他认为既然博尔赫斯早年凭诗作扬名阿根廷,他的短篇小说为什么不能在英语世界为他赢得同样的声誉呢?诺曼要说服博尔赫斯,然后由他在世界范围内组织一批诗歌翻译家,在他和博尔赫斯的指导下编辑一本书。

博尔赫斯没料到他的设想大为成功。他非常高兴,甚至重新集中精力写诗,结果出版了九年来的第一本新书《影子的颂歌》。翻译家纷纷寄来译稿,博尔赫斯和诺曼加以审阅,把有必要修改的稿件寄回去修改。一老一少两个人兴致勃勃,年轻人很快就成了老者不可或缺的帮手,帮他接待络绎前来、有增无已的访问者、赞助人、讲课代理人和出版商,并且作为朋友,因为这位阿根廷作家始终觉得,同阿根廷传统的对法国文学界的重视相比,他在精神上与英美文学界更加亲近。

诺曼的突然出名使布宜诺斯艾利斯的知识界感到困惑。这个依附于他们的大作家的毛头小伙子——还是从北美来的——究竟是何许人?他们觉得凭空替诺曼想象出各种各样学术方面的资格可能好一些。报刊上开始称他为"迪·乔瓦尼博士"或者"来自哈佛的著名学者"。诺曼同典型的美国人一样蔑视头衔,不吃这一套,博尔赫斯却说:"诺曼,难道你看不出来他们称呼你博士时的高兴吗?随和一点吧。玩玩他们的小把戏。"一天,他们并排坐在电视台主办的专题讨论会上，诺曼刚探身想要纠正别人介绍他哈佛大学的身份，博尔赫斯抓住他的胳膊肘，在他耳边悄声说："诺曼！……不要说真话！"

智利的一位朋友，内娜·奥萨，早已向我谈过博尔赫斯的谦逊。她同他在圣地亚哥会面，然后带他去电视台的录影棚接受采访。"我要扶他过马路，但他坚持要扶我。电视台的化妆小姐在他脸上抹湿粉饼时，我陪在他身边。我永远忘不了他向那位小姐道歉的情形，'因为要她干这么寒碜的事——不得不触摸他这张又老又丑的脸'。那位姑娘有幸同这么一个大人物亲密接触，激动得说不出话。"

诺曼谈了另一件事，证实了博尔赫斯反应的真实性。有一次，他陪同博尔赫斯夫妇去阿根廷南部一个小镇做演讲，路上要坐六小时火车，相当辛苦。他们抵达后才发现邀请出了差错：演讲应该在前一天举行。大学的负责人十分愤怒。"我们要彻底追查这个不可饶恕的侮辱，博尔赫斯博士。应为错误负责的秘书会被开除！"博尔赫斯张口转向他们。"为什么？"他说，"难道你不明白我因此而感到高兴吗？现在我不必演讲了！"但是其余的人——包括博尔赫斯夫人——都怒气难消。"那个负责的秘书至少应该被点名批评——""不，不，千万不要，"博尔赫斯坚持说，"你不明白我很感激她吗？她为我做了好事。你们要是惩罚她，我以后再也不来了。"

3

我们走到图书馆,再一次进入那曾是国家彩票中心的幽暗建筑,宽大的楼梯上,黄铜栏杆的基本图形是摇彩票的球形篮子。馆长办公室天花板挑高二十英尺,护墙板雕刻精致,一张弧线形的写字桌原先是为博尔赫斯的前任、同样失明的保罗·格鲁萨克设计的。(这些拉美图书馆的盲人馆长所起的引人尊敬的作用大于实际作用,我不知道这是否有象征意义。)

博尔赫斯请我们去吃饭的地方是一家名叫农舍的简陋的馆子。他一路上说个不停。比尔和诺曼走在我们前面,走了一个街区就停下来,等我们赶上去。博尔赫斯使劲拽住我的胳膊肘,以致我很难避开灯柱和街沟。(诺曼告诉我,他来到布宜诺斯艾利斯后,胳膊疼了一星期,现在仍旧像螃蟹那样横着走路。)有一次,我们谈论时一致认为歌德作为诗人得到的评价过高,我引用了《浮士德》第二部的一段话,开头是 Wenn im unendlichen dasselbe(面对一片无垠的空间),证明歌德最善于写那种富于哲理的名言。他大为高兴,把我拉到人行道外面,在快速行驶的出租车旁边诵读了十来行《贝奥武甫》里的诗句,证明条顿语言和英语之间的联系。在一个十字路口,他拉我停在路当中,朗诵何塞·埃尔南德斯的诗句——用意是《马丁·菲耶罗》多少由于它的宣传性内容而跌了份儿——"你知道,写那部长诗的目的是阻止高乔人屠杀印第安人。埃尔南德斯笔下的高乔人老是抱怨。真正的高乔人没有那么自怜。"

"《紫色大地》里的高乔人是不是更真实一些?"我问道。

"不。更不真实。赫德逊[1]是一流的博物学家,但不是一流的小说家。他对于东岸共和国的记忆欺骗了他。我可以举出十多个描述不正确的例子。他把乌拉圭内地写得太浪漫了,写了那么多单纯的爱情故事,等等。"

我们入座进餐时,你来我往地引用诗人的名句。他引用了丁尼生,我便引用了"他同时代的更好的诗人霍普金斯";他引用了勃朗宁的一首有关战争的诗,我便引用了"一位更好的诗人欧文";他引用吉卜林、切斯特顿或者斯蒂文森,我便引用斯蒂芬·克兰。我问他是否欣赏塞萨尔·巴列霍[2]的诗歌。"巴列霍?从没有听说过。"我简直不信自己的耳朵。"加西亚·马尔克斯的小说呢?"我试探地问。"也从没有听说过。"我退回到比较保险的问题。"莱奥波尔多·卢贡内斯呢?"

"当然知道。卢贡内斯是我们最伟大的诗人,但是他的作品十分局限。他过于重视巴黎,过于追捧那个在布宜诺斯艾利斯做了多年记者的鲁文·达里奥。卢贡内斯内心里总有一种不安,他在作出判断性的评论前总是说:'像我的老师和好友鲁文·达里奥一样,我同意……'哦,卢贡内斯是个十分讨厌的人,老是同

---

1 William Henry Hudson (1841—1922),英国作家、博物学家。
2 Cesar Vallejo (1892—1938),秘鲁诗人、作家。

别人抬杠。他嘴巴的形状天生就像是要说'不',随后他会想出各种理由来支持他的灵魂和脸部肌肉自动形成的那个'不'字。"

博尔赫斯承认他看过科塔萨尔的一些作品,可是并不喜欢那位移居国外的阿根廷小说家。"他在每一页上都努力做到有独创性,结果成了智慧的累人比拼,不是吗?"

讨论英国或者美国文学时,博尔赫斯完全变了模样。他容光焕发,神采飞扬。"你知道我是在我父亲书房里的英文书中间长大的。当我想到用英文之外的语言写作诗歌时,我已经相当老了。"

他要了一盘米饭、黄油和奶酪,我们想到就要端上来的阿根廷牛排时,不禁淌口水。"我不喜欢牛排,"博尔赫斯说,"牛排在这个国家太普通了,我一年最多吃一两次。"

诺曼说:"博尔赫斯,刚才我听到你提起艾略特——"

"艾略特略微有点枯燥,你说是吗?"博尔赫斯说,"我更喜欢弗罗斯特。你喜欢弗罗斯特吗,罗德曼?"他高兴地听到我说,我对弗罗斯特的喜爱胜过艾略特。他问我弗罗斯特的长相和谈吐,问我是不是认为弗罗斯特矜持的美式英语特点和惠特曼张扬的风格有渊源。

"我认为弗罗斯特是爱默生的直接传人。"我说。

"可是惠特曼受爱默生的影响比受谁的都大!想想他那篇有关理想的美国民主主义者、开拓者、说真话者、唯唯诺诺者的散文——中间还夹杂一些亚洲-印度哲学——"

"'在伟大前程开始的时候,我向你欢呼。'"我引用爱默生的话说。

"——惠特曼把那封信里的话稍稍公开之后,爱默生该有多么苦恼啊!"博尔赫斯说,"可是为什么不这么做呢?如果爱默生不指望这样,他干吗要写那封信?惠特曼做得对……不过你是否认为惠特曼过于刻意,他实际上并不是十分自然的作家?"

"在《自我之歌》里不是这样的,"我说,"那是最自然的一首英文诗。甚至后来诗作里,某些句子简直是神来之笔,不可能是刻意为之的。"

"举例说?"

"'我憩息在赏心悦目的、柔顺的门槛上。'"

博尔赫斯重复说了几次。"我不明白。那有什么奇妙的?"

"你终于让我看到,英语只不过是你后天习得的语言而已。"我说。

他笑了:"哈佛那里的人没有看透我的老底,得克萨斯那里也没有。"他在奥斯汀的讲课是了不起的经历,他补充说:"每一个南美人都应该去美国看看,宣传把美国形象歪曲成什么样子了。同我们的大学生相比,美国的大学生机灵得多。我不会忘记课堂上有位学生指出我那篇名为《假人》的诗歌是《环形废墟》的变体。我十分惊奇。'天哪!'我说,'你说得对。我从来没有想过,确实是这样的。嗯,我只写了一遍。你可能把两篇都看了好几遍。'"

他把身子凑向比尔去回答问题。诺曼对我说:"他老是那样说话。事实上他真是那样想的。他认为他目前的名声只是靠运气,并非当之无愧,随便哪一天,肥皂泡就会破灭,他就会被人遗忘,或者退到很不重要的地位。当然,在享有盛名期间,他很快活,也因为大家的奉承,因为全世界的翻译家为某一个晦涩的句子争论不休而惊讶——但你可以看到,他根本没有被这种情况蒙骗,或者为之沾沾自喜。"

"在这里,"博尔赫斯回过头来对我说,"考试像是买彩票。但在得克萨斯州,一名学生不确定自己是否彻底明白了,要我从头开始讲一门课程,不管那样做是否会影响学分……我们这里永远不可能发生这类事。"

4

我们到博尔赫斯在贝尔格拉诺的公寓拜访过他几次,女佣总是急匆匆来应门,摆出她刚才正在做一项严肃的工作被中途打断样子,那天她说只有博尔赫斯夫人在家。我们从来没有见过她,我们说希望有幸得到她赐见。女佣回应说现在不能打扰夫人,不过我们可以在客厅等候。比尔借机走了,我坐下来,打量着房间里的摆设,以消磨时间:两株栽在盆里的橡胶树,两把配绿色坐垫的莫里斯椅,一套秀气的餐厅家具,两个有玻璃门的书柜,两幅惠斯勒[1]风格的蚀刻画,两幅十八世纪的版画(《提图斯拱门》

1　James Abbott McNeill Whistler (1834—1903),美国画家。

《卡尤斯·塞斯蒂乌斯金字塔》），一幅丢勒的蚀刻画，博尔赫斯妹妹画的一幅天使图，西尔维娜·奥坎波学生时代的一幅练习画——画的是一个女人腰部以上的裸体背影，一个藏有博尔赫斯所获奖章和其他文学奖状的陈列柜，一个搁着细颈白兰地酒瓶和带黄铜杯托的红色玻璃杯的贴墙挂架，一个哈佛大学的盾形纹章，一张摆着烟灰缸的玻璃面咖啡桌，乔伊斯的《尤利西斯》（博尔赫斯认为乔伊斯应该在那部作品里写足人物分析而不是人物名单），阿波利奈尔作品的西班牙文版（《异教创始人群像》），以及丢勒全部作品的对开本画册。

没过多久，博尔赫斯进来，我和他约好下午四点钟在这里见面，然后去国家图书馆画一些速写，拍一些照片。我对他说我希望见见他的夫人。他打开一扇关着的房门进了里屋，然后回来，随手把门关好。

"她请求得到原谅。她刚洗了澡。"

"我开始觉得你似乎没有妻子，博尔赫斯。"

他苦笑了一下。"也许我们最好还是保持这种神秘。"

他带我到电梯那儿。阿根廷电梯要关好伸缩门以后才能启动，我关门时遇到一点麻烦。"这也是阿根廷不像话的发明之一吗？"我说。

"哦，不，"我的头降到地板平面以下时，他说，"阿根廷人发明不了电梯这样复杂的东西——或者不如说，什么都发明不了。"

下午四点钟，我驾车接上比尔，再驶回贝尔格拉诺。这次夫人出来同我们打了招呼。她五十来岁，胸部丰满，长得还算好看。她随随便便地把她的丈夫托付给客人。如往常一样，陪博尔赫斯穿过马路去叫出租车简直像是拔河。这次他在谈论他的短篇小说《博闻强记的富内斯》，并且说失眠是多么可怕。

到了图书馆，我们按了铃，但是没有人开门。博尔赫斯没有钥匙。最后，街对面有一个人看到拄着手杖的老人没戴帽子站在毒辣的阳光下，便跑过来问我们要不要喝杯威士忌或者可乐。博尔赫斯说我们喝可乐吧，但那个假定要为我们做好事的人就此再也没有露脸。博尔赫斯现在忙于诵读朗费罗翻译的一首古英语诗《墓地》。当那个本该在值班的看门人终于拿了钥匙来到时，他一点也不在意。拍照片和画速写需要足够的自然光，我们于是搬了三把扶手椅放在环绕大阅览室的玻璃穹顶的狭窄阳台上。

一五六三年至一七七六年间，阿根廷是秘鲁的附属国，我问博尔赫斯这一事实对于阿根廷历史的形成有没有影响。

"毫无影响，"他说，"当时两国的交流太困难了，阿根廷没有什么自卑感。我们基本上自行其是，大多数麻烦都来自西班牙。一八七九年的太平洋战争中，人人都站在秘鲁一边反对智利。但是布宜诺斯艾利斯城和高贵的利马城相比还是自由的……我一直认为阿根廷的幅员太辽阔了。西北诸省仍有印第安人在那里生活，假如这些地方是印第安人的巴拉圭或者玻利维亚的一部分，他们的日子要好过一些。"

我问他是否认为十九世纪英国人在经济方面、法国人在文化方面的控制对阿根廷产生了精神分裂般的影响。

"我认为没有,"他说,"两种影响很自然地被接受了,至少我的家族是这样的。但是我们不忠于西班牙。我们把西班牙人当作仆人。我记得有人谒见了西班牙公主后轻蔑地说'她说起话来像是加利西亚人',这等于是说一位大不列颠的公主说起话来像是乡巴佬。"

他接着说起巴黎对知识分子和诗人产生了很坏的影响:"例如你们的埃兹拉·庞德,他在巴黎学来一副可笑的姿态。要不然他是在伦敦第一次穿牛仔服,学牛仔说话? ……甚至严肃伟大的诗人维克托·雨果也觉得要装腔作势。"

我提到人们问安德烈·纪德谁是法国最伟大的诗人时,纪德回答的那句名言——"哎呀,维克托·雨果。""你是否认为波德莱尔和兰波更出色?"我问道。

"当然不是,"他说,"波德莱尔受到的评价过高,兰波则是个怪人……你知道雨果精彩的诗篇《沉睡的布兹》吗?"我不知道。他诵读了全诗,结尾是:"草原黑了下来,狮子饮水时周围一片寂静。"

我告诉博尔赫斯,他那篇名为《阿莱夫》的小说一直萦绕在我心中,特别是描写浮现在地下室楼梯口的闪烁的小圆球。"球心在所有的地方,圆周则任何地方都不在。"我问他小说的开头和结尾有什么联系。我解释说:"我看不明白。"

"你既然提了,我不得不告诉你,我也不明白,"他说,"我想我应该加以改动,把房屋买卖双方的关系交代清楚,小说一开头就暗示有人要来买房子。如果你不反对的话,我还想把你的名字写进去,对你提出改进意见表示敬意。"

我笑了。他是不是在取笑我,同我开个小玩笑?他完全有权利这么做。他告诉我马德里有个记者跑来,认真地问他,阿莱夫是否真的存在。"后来我想,要是我当时在这件无聊闹着玩的事情上纵容他一下就好了,当时我却说,'当然不存在'。他垂头丧气地走了,甚至由于受了骗,而对我有点不快。无聊闹着玩永远应该受到纵容,你同意吗?但是我让那个可怜的家伙失望了,他便觉得郁闷。"他接着说,小说开头那个受到讽刺的诗人在生活中有原型,他母亲求他不要说得那么明显。"但我对她说:'他自己永远都不会认出来——事实也是如此!'"我问他篇名有什么出处。"我借鉴了伯特兰·罗素的《数学哲学导论》,这个词被用作指代超限数的符号。"

"为什么阿莱夫曾在其中出现的那座房屋最后被拆毁呢?"我问道。

"非拆毁不可,"他说,"像阿莱夫这样的东西万万不能留到今天这种日子,正如阿拉丁的神灯不能留到今天一样。房屋必须清理干净,超自然的东西得到恰当处理,读者就放心了。"

那恰恰是博尔赫斯没有做到的。因为他的天才有一部分在于把神秘留在"真实"的背景中,使玄学的内容显得极为真实可信，造成的悬念使人寝食难安。在这方面，一个非典型的例子是《第三者》。听说博尔赫斯认为这是他写得最好的短篇小说，我便找来看了。我告诉博尔赫斯，我认为这篇小说不如早期的精彩，他问我为什么。

"小说从未暗示那女人受到兄弟二人的对待后有什么反应，"我说，"结果我没法儿对她的命运产生共情。我很惊讶自己会得出这样的结论，但我在感情上对那女人的遭遇确实漠不关心。如果你把她描绘成一个人，而不是他们眼中的一个动物，对小说有什么损害呢？"

"我们越是产生那女人是一件物品的想法，"博尔赫斯回答说，"读者就越容易像兄弟二人那样看待她——并且理解小说的基本主题是友情，而不是残忍。顺便问一句，不知道你有没有注意到，我们在小说中只听见哥哥的话？哥哥左右故事的发展，他发现那个女人，想出和弟弟分享的主意，把她卖到妓院里去，又把她买回来，最后用刀杀了她，或者用绳子勒死了她。"

博尔赫斯说这些话时，我仔细看了他的眼睛。毫无疑问，他看来有点疯狂！右眼的瞳仁放得很大，几乎撑满了虹膜。左眼的瞳仁非常小，有点偏离中心。

5

我去博尔赫斯的公寓向他告别，他问我过去的一个星期在什么地方。我去了安第斯山区的巴里洛切和蒙得维的亚。

"巴里洛切和阿根廷有什么关系?"他说,"我小时候那个地方根本不存在。那是瑞士人凭空想象出来的,那里只有游客和外地人。当然有山。但是我童年印象最深的那些时光是在日内瓦度过的,日内瓦的山同样秀美,也有文明社会。"

"乌拉圭不一样,"他接着说,"那地方很小,很贫困,因此人们对待诗歌和足球之类的事过于认真。他们会说——我们这里的人和你这样的人永远不会这么说的——'我希望你见见我的朋友,诗人某某。'你可不能拿高乔人或者他们的民族英雄开玩笑。整个南美洲都是这样,不是吗?在秘鲁,人们认真地问我:'你支持谁,皮萨罗还是阿塔瓦尔帕[1]?'我们这里不考虑这些种族的荒谬事情。我最好的朋友,诗人卡洛斯·马斯特罗纳尔迪的父母双方都是意大利人。我自己在种族方面也很混杂,那无伤大雅。我们都是阿根廷人。我们根本不考虑那些问题。米格尔·安赫尔·阿斯图里亚斯在柏林演讲时第一句话说:'我要告诉各位,我是印第安人。'假如他在这里说这种话,会遭到听众的哄笑。我会问他:'那你为什么出版书籍而不用记事绳呢?'哥伦比亚那里贫富差距虽然很大——还有可怕的暴力行动——人们却很明白事理。他们常说:'我们唯一的希望在于美国海军陆战队。'"他恶作剧似的笑了笑。"总的说来,南美洲统一的唯一希望在于你

---

[1] Atahualpa(约 1502—1533),秘鲁印加帝国末代皇帝,因拒信基督教并且不承认西班牙国王为最高统治者,被西班牙征服者皮萨罗处决。

能征服它。如今你们只进行一些你们并不在行的小规模战争，而你们进行战争时还半心半意，带着负疚感——正如英国人在南非那样，几乎输给布尔人。当然，你们英美人赢过大战争，假如你们打算以同样的精神放手大胆地征服南美洲，你们毫无疑问会得到全世界的赞扬！"

"你准是在开玩笑吧，博尔赫斯。"我说。

"不是你所想象的那样。"他微微一笑说。

我给他看一本我在巴里洛切的圣卡洛斯市场买的费尔南多·吉伯兹写的题名《痞子》的书，问他书中有关布宜诺斯艾利斯郊区恶棍无赖的描述是否符合实际：他背离并且忘掉了他出生的大草原……失去马匹的农民不再骑在马背上走天涯……他的妈妈白天外出打工，父亲只是随便扔在五斗橱抽屉里的一张照片……他的激情卑微而难以实现，他永远不可能成为他渴望成为的那种人……只能眼睁睁地看着自己的无能……

完全脱离土生土长的环境，居住在利马、墨西哥城和圣地亚哥贫民区的人我见得多了，以致我可以肯定这种欺骗性的描述有它的真实性。但我现在对博尔赫斯已经相当熟悉，我知道他不会承认这是他心目中的真实。他说他"在作者试图描述的那个时代"曾在那些街区居住过，那里的情况不是那样的。他让我朗读另外一小段有关拼刀子的描写。他出去了一会儿，回来时手里拿着两把寒光逼人的银柄匕首。他演示如何握匕首，说不应该像吉伯兹所写的那样刀尖向下，而是应该向上——"以便在左前臂缠着的披风的保护下自下而上地挑对方的肚子。当然，现实中也有他所描述的姿势，但是一再重复就显得滑稽了。"

匕首让我想起他那篇名为《南方》的小说末尾致命的搏斗。

"那天你本想告诉我那篇小说的其他层次，"我问博尔赫斯，"其他层次是什么呢？"

"呃，"他说，"其中之一是这一切也许都是梦。你记得小说开头曾暗示一个情况——主人公可能已经死在了外科大夫的手术刀下。然后，在酒店里，主人公手头又有了那本《天方夜谭》，酒店老板像是医院里的实习医师，酒店使他想起一幅版画。这一切有没有可能是临终时的梦境呢？……自传式的层次在于主人公想起了他祖父的横死——和我想起我祖父的情况一样。在得克萨斯州有位学生曾经问我：'主人公是什么时候死的？'我回答说：'任你选择！……'另外还有一个层次，就是主人公对南方的爱——以及那把象征性的匕首。他爱匕首，结果为匕首送了命。"

我想起博尔赫斯诗中对勇敢的赞扬，不是他可能欠缺的肉体上的力气，或者正如某些人所猜测的那样作为青年人所缺少的勇气，而是作为精神遗产的勇气，如同他在一首写他的曾祖父扭转胡宁战役局面的诗中所说的：

……他的曾孙写下这些诗行，
默默的声音从古老的血统
传到他耳旁：

——我在胡宁的战斗算得了什么,

它只是一段光荣的记忆,一个为考试而记住的日期,

或地图集里的一个地点。

战斗是永恒的,不需要军队和军号的炫耀,

胡宁是两个在街角诅咒暴君的百姓,

或是一个瘐死狱中的无名的人。

"纪念胡宁战役的胜利者苏亚雷斯上校的诗篇",
《诗选 1923—1967》

或者那首描述弗朗西斯科·拉普利达博士在一八二九年九月二十二日遭到一帮高乔民兵袭击身亡临终的思想活动的诗,与上一首选自同一本书,由诺曼翻译成英文:

……我曾渴望做另一种人,

博览群书,数往知来,

如今即将死于非命,暴尸沼泽;

但是一种隐秘的欢乐

使我感到无法解释的骄傲。

我终于找到我的南美洲的命运。

我从孩提时开始的生活道路

> 营造了一个错综复杂的迷宫，
> 把我引到这个糟透的下午……

我们说我们非走不可了，可是他要我们留下来喝茶。我们觉得待的时间够长了，怕他劳累，婉言谢绝了。我们缓缓朝电梯走去时，我告诉他我替聂鲁达订购了拜伦姐姐的传记，问他是不是也要一册。

"有些诗人，例如拜伦，"他说，"比他们的诗歌有趣得多，不是吗？"

"例如海明威。"我说。

"是的，"他说，"一点不错，非常有趣的作家。"

"和你见面十分高兴，博尔赫斯。"踏进电梯的轿厢，拉上伸缩门时我笨拙地说。

"和你会面十分愉快荣幸。"他有礼地说。

"我们会永志不忘的。"电梯开始下降时，比尔大声说。

"如果要忘的话，"我们下降到视线以外时，我听到他带笑的声音，"不妨写下来，记住拼法——B—O—R—G—E—S—BORGES！"

在去往利马的飞机上，很可能在胡宁上空，我翻译了他一首诗的最后四行：

> 拂晓时我仿佛听见一阵喧嚣，

那是离去的人群；

他们曾经爱我，又忘了我；

空间、时间和博尔赫斯已把我抛弃。

6

两年后，我回到布宜诺斯艾利斯，博尔赫斯没有变化，但他的生活却有了变化。他回到母亲家，对妻子提出的过高的赡养费没有表示反对意见。我问迪·乔瓦尼原因何在。

"他一直生活在不必承担赡养费的恐惧中！他有沉重的负罪感。他认为婚姻的失败完全是他一个人的责任，应该由他付出代价。此外，我们不应忘记，博尔赫斯虽然善良、慷慨、谦逊、高尚且富于想象力，他的性格中却不包含勇气。有一次，他的妻子在机场大声责骂他，四周有许多看热闹的人围观，他只是低着头站在我身边，一句分辩的话都没有。"

"他信奉的宗教和他这种自我牺牲的态度有没有关系？"我问道。

"未必有，"诺曼回答说，"但宗教是使博尔赫斯和别的拉美知识分子大为不同的原因之一。虽然他的母亲是虔诚的天主教徒，父亲是无神论者，博尔赫斯骨子里却是一个新教徒。'你觉得我应该参加哪一个新教教会呢？'有一次他半开玩笑似的问我。道德准则和对工作价值的信念是博尔赫斯认为最重要的东西。去年在撰写自传时，我写下'作为业余的新教徒……'的字样，他高兴地嚷道:'一点不错!正是这样!'"

博尔赫斯来吃饭,人刚到,我们便开始争论。我和诺曼以及他的妻子希瑟刚从马德普拉塔回来,我们在评论布宜诺斯艾利斯燠热的天气。

"在我小时候,我们不注意气候的这种变化,"博尔赫斯说,"至少没有谈天气的习惯。我父亲老是穿一件高领子的厚外套,系一条围巾。也许那时候比较凉快。"

"你不妨脱了上装松快松快,博尔赫斯。"我擦拭着额头说。

"我可以脱掉上装,但是不解领带了,"他说,"不能操之过急!除了马德普拉塔,你们还去了什么地方?诗歌方面有什么消息?"

我朗读了斯坦利·库尼茨的一首诗给他听。"模仿帕斯托·朋霍费尔,"我告诉他,我和加西亚·马尔克斯谈过一次话。"我知道你不会去看《百年孤独》的,"我说,"因为比奥伊·卡萨雷斯已经向你介绍过了,说它是部糟糕的小说,写得很不成功——可是他错了,那是一部了不起的小说,可以同《堂吉诃德》相媲美。顺便说一句,加西亚·马尔克斯十分敬佩你。"

他显得很高兴。"我们连自己的作品都不能评判,怎么有资格评判别人的作品呢?塞万提斯认为他唯一的好作品是《贝雪莱斯和西吉斯蒙达历险记》[1]。最近我重读了辛克莱·刘易斯[2]的作

---

1 塞万提斯最后一部长篇小说,叙述北欧两个小王国的王储贝雪莱斯和西吉斯蒙达伪称兄妹,化名出游,历尽辛苦,最终结成良缘。
2 Sinclair Lewis (1885—1951),美国小说家,一九三〇年获诺贝尔文学奖。

品。你了解他吗?"

我告诉他,我还在耶鲁大学求学时,曾陪同刘易斯去图书馆转赠他的诺贝尔奖章(未能如愿)。

"他不是个伟大的作家,"博尔赫斯说,"但很优秀。他的最大特点在于他能使你同情他所取笑的例如巴比特之类的人物。他准是一个善良的人。"

"那是在他没有喝醉酒的时候。"诺曼说。

"你知道我为什么不喝酒吗?"博尔赫斯说,"我年轻时到了星期六晚上总是喝许多威士忌,有一次我听到别人称呼我'那个酒鬼博尔赫斯'。我当然不愿意一辈子被人当作酒鬼,于是戒了酒。"

"刘易斯不是酒鬼,但是那天他在耶鲁肯定喝醉了。我现在有个问题要问你。你见过斯蒂文森没有?你怎么会认为他是大作家?对我来说,他是个小作家,和你相较而言!"

"多谢你了,"他优雅地朝我这边微微一笑说,"我既感谢你,又表示遗憾!——正如你说聂鲁达是一流的诗人那样。我认为聂鲁达是个有些才华的诗人,和惠特曼相仿,但他为了政治倾向放弃了写诗。在我看来,凡是极好的诗都是'一流的诗',一个人即使只写了一首好诗,例如乔治·梅瑞狄斯[1],也能被归入一流,不是吗?"

---

1 George Meredith (1828—1909),英国小说家、诗人。

"绝对不是，"我说，"这种荣誉关乎诗人的全部作品。假如它改变了诗歌、时代、种族，那就是一流。惠特曼和聂鲁达是一流的，不管他们写过多少差劲的诗——他们确实也写了不少差诗，虽然聂鲁达最近十年写出了他的一些最好的诗，惠特曼却不然，他写了《自己之歌》以后，好的作品极少。另一方面，爱伦·坡算不上一流——也许只有法国人不这样评价。"

"不错，我同意。他只有短篇小说流传下来。"博尔赫斯说。

"还有少数几首诗，例如《十四行诗——致科学》，里面有几行出神入化——"

"像我没有读过的惠特曼的那首吗？怎么说的？"

"'我憩息在赏心悦目的、柔顺的门槛上。'"诺曼说，"作为电梯操作员的墓志铭倒不坏！"

"法国人认为他们最伟大的诗篇——《米诺斯和帕西菲的女儿》[1]——甚至不像是为拉辛的女主人公撰写的一篇好墓志铭，"我说，"但是有哪个法国诗人会为弥尔顿的'抚摸黑暗的乌鸦直到它露出微笑'而惊叹呢？"

"我会，"博尔赫斯说，"一流的句子！"

"谢谢你把话题又拉回到这个词上，博尔赫斯，"我说，"你认为《堂塞贡多·松勃拉》是一流的小说吗？"

---

[1] 米诺斯是希腊神话中克里特岛的国王，死后负责审判所有亡魂生前的善恶，他的妻子帕西菲是太阳神的女儿。

"当然不是，"博尔赫斯说，"虽然相当有趣，但它是从比它好的《吉姆》脱胎而来的，正像《吉姆》是从比它好的《哈克贝利·费恩历险记》脱胎而来的一样。你知道，它是根据真人真事写的，堂塞贡多·拉米雷斯·松勃拉确有其人。也许由于这个原因，人物并不高于生活。那本书是逝去时代的一首挽歌。一个保守主义者对南美往昔的白日梦和痴心妄想。一九二七年，吉拉尔德斯在他最著名的作品在这里出版一年后，死于癌症。"

"你认识他吗？"

"有一次，他去欧洲时路过蒙得维的亚，来过我们家。他为离开故土感到十分悲伤，问我们是否可以把吉他放在我们的沙发上，作为他会回来的保证。他是位绅士，从未说过任何人的刻薄话。"

"说起绅士，"我说，"我记得两年前你形容胡安·翁加尼亚的时候也用这个词。你觉得这位强人名至实归吗？"

"几周前，我谒见莱文斯顿总统，"博尔赫斯回答说，"希望他能把图书馆雇员每月只有六十五美元的平均工资提高一点。你知道结果怎么样？他把我的工资提高到每月二百美元，那个数目完全足够，但其他雇员的工资原封不动……不，那是朝后倒退了一大步。他们根本不懂得怎么把钱花得有意义，正像重新铺设佛罗里达大街，只会引起混乱。从前我提交申请，一般只需要从我到教育部长，再到总统。现在有一张组织系统图表，中间有了七个环节——我必须通过七个死人一样的、领高工资、无所事事的人。"

"呃,"我说,"智利总算有了阿连德。下一步可能轮到阿根廷了。"

"他们通过自由选举得到了他们所要的,"博尔赫斯说,"——对自由选举的迷恋给我们带来了庇隆,还是两次!我们通过自由选举只会走向垮台……我的哲学是:无政府才是我们应有的前途。"

7

"你确实激发了他的兴趣,"我们陪博尔赫斯回到他母亲的公寓后,诺曼说,"几个月来,我没有见过他这么生气勃勃。这里的人都奉承他,使他腻烦得要死。他喜欢人们偶尔说他完全错了,让他认识新事物。我希望能陪你们一起去图书馆向他告别。"

我走进博尔赫斯的办公室时,他正站着给比奥伊·卡萨雷斯打电话。结束后,他向我道了歉,和我一起在长桌前坐下。"你是怎么上来的?"他问道。

"走上来的,"我说,"升降机(elevator)不在运行。"

他咯咯笑了。"你为什么不说'电梯'(lift)?简短多了。美国人虽然是急性子,总是风风火火,却用音节多的'升降机'。你们用'垃圾桶'(garbage can),尽管还有一个更短的词(dustbin)。也许你们根本不用,这个词看上去太不舒服!"

我告诉他我们有很多简短的词——例如 can 是厕所，balls 是睾丸，lab 是实验室等等——可是我们也有许多太长的词，例如一位教授无法讲清楚他对一首诗的感受时，他就"阐述"（explicate）——

"'阐述'？"他说，"难道用'解释'（explain）不行吗？简直难以相信！"

"目前你在做什么，博尔赫斯？"

"写一篇有关济慈的文章。"

"说的是——？"

"我不清楚。我着手写的时候才知道。"

"听到我常说的话从你嘴里说出来，我感到宽慰。特别是对出版商而言。"

"人们认为一本书的开始是大纲。"

"而不是感觉。"

"你喜欢济慈吗？"博尔赫斯问我。

"喜欢极了。那些揭示他为人的信件语言美极了。至于长诗——"

"不太好，是吗？长诗好的不多——"

"但是那些较短的诗，先说《查普曼[1]译荷马史诗》——"

---

[1] George Chapman（约 1559—1634），英国诗人、戏剧家、翻译家，从一五九八年起翻译荷马史诗，历时二十余年方完成。

"即使那一首也有点陈旧,不是吗?'我在黄金的领域里漫游很久'有一种做作的味道,不是吗?"

"也许是故意为之,"我说,"但是那首六行诗精彩极了,有一句令人难以忘怀——"

"'他们面面相觑,大惑不解'?"

"正是。音节争先恐后,纷至沓来,表达了兴奋的情绪。正像我上星期引用给你听的布莱克的诗句——'旅人迷失在山下的梦'——产生了相反的效果,没完没了地伸展下去,暗示着死亡。布莱克此刻给我的感动更为深刻。"

"他那一切灵感都来自斯维登堡[1],是吗?"博尔赫斯说。

"只有能同他的哲学产生共鸣的、他认为可用的他才吸纳。斯维登堡并不把那'阴暗的撒旦的磨坊'看作'爱情花园'的对立面……顺便说一句,我从没有听你提起艾米莉·狄金森。"

"我当然喜欢她,"博尔赫斯说,"但是喜欢的程度不及喜欢爱默生。爱默生的性格更开朗。"

"两年前,你说从未听说过巴列霍的时候,是同我开玩笑吧?"

"不!"他故意现出吃惊的样子,"哪儿的话。他是谁呀?"

"得啦,博尔赫斯,除了聂鲁达,你至少听说过南美洲这位伟大的诗人。"

---

[1] Emanuel Swedenborg(1688—1772),瑞典科学家、神学家。

他笑了:"为什么要把我同南美洲牵扯到一起呢?"

"他可是一位伟大的诗人,博尔赫斯,不完全像是聂鲁达那样在公共场合慷慨激昂的诗人。你甚至可能喜欢他!"

"大诗人得到的评价往往过高。你认为西班牙最伟大的诗人是谁?"

"克维多?贡戈拉?——"

"两人都得到了过高的评价。贡戈拉之所以有名,是由于他对伊丽莎白女王时代诗人的影响。克维多并不引人关注。我更喜欢路易斯·德·莱昂[1]修士的作品——"

"你说谁?"

"瞧你!你从来没有听说过吗?"

"从来没有。他的诗是什么样的?"

"十分恬静,韵律并不突兀……实际上,美是很寻常的。将来也许谁都是诗人……我们回过头来说济慈,你知道吉卜林的短篇小说《无线电》吗?是写济慈和芬妮·布劳恩的[2]。来,我给你看。"

我们走进一条黑暗的过道,我扶他通过两扇关上的房门,到了一个墙上都是书籍的房间。他走到一个放着三十卷红色封面的吉卜林作品集的书架前。"哪一卷,博尔赫斯?"

---

1 Luis de León(1527—1591),西班牙诗人、散文家,主张宗教改革,于一五七二年被投入宗教裁判所监狱。
2 济慈于一八一八年秋遇见芬妮·布劳恩,当时济慈二十三岁,芬妮十八岁。二人于一八一九年十二月订婚。一八二〇年济慈病重,离开英国去气候温和的意大利,两人从此永别。次年二月,济慈病逝于罗马。

"我没有印象了。我们从第一卷开始查看吧。"

"那我会赶不上去里约热内卢的飞机的!"我把前三卷的目录念给他听,他不时停下来,讲解他喜爱的篇目内容。幸好《无线电》在第四卷。我浏览了一下。我们走进大厅,他陪我到旋转门前。

"我真不愿意让你进这扇门。"我说。

"像是漩涡。我可能像蛋一样被搅散。"

"你也有可能出来时换了一个人。"

"但愿如此。"

8

一九七二年,我第三次,也是最后一次去布宜诺斯艾利斯,同博尔赫斯的谈话内容都围绕着他新出版的短篇小说集《布罗迪报告》,以及我当时在编辑的、他请我念给他听的英国诗人选集。

我晚上九点左右到国家图书馆,他刚结束了和玛丽亚·儿玉一起学习古挪威语和古英语的课程。我们乘坐出租车去饭馆。街道路面坑坑洼洼,我们磕磕绊绊地驶向饭馆门口时,他说:"这个国家要完蛋了,不是吗?我们首先不愿意当西班牙人的附庸。后来我们成了业余的法国人。然后是英国,接着是好莱坞。现在——简直是无知!……""当然啦,"我们选好桌子后,他接着说,"谁都不羡慕商业帝国,大多数阿根廷人看到的美国却只有这一面。此外,我们是新教国家,天主教徒从不按照是非观点来考虑问题。"

他坐下来吃一盘上面铺着几片薄薄的火腿的蜜瓜,我问起几个月前聂鲁达去巴黎经过布宜诺斯艾利斯的情况。诺曼极其愤怒地告诉我,那位诺贝尔文学奖得主从圣地亚哥来电报请求会见"阿根廷最伟大的诗人",博尔赫斯对此殊荣不予理睬。诺曼要我就这件不可思议的事问问他本人。

"我当然不能和一个政府的大使见面。"博尔赫斯说。接着,他也许想起我和聂鲁达的交情,又补充说:"当然,他是个优秀的作家。我们四十年前见过面。那时候我们都受惠特曼的影响,我半开玩笑地说:'我认为西班牙语已经不可救药了,你觉得呢?'聂鲁达同意我的看法,但是我们觉得要我们用英语写诗未免为时太晚。我们只能在二流文学领域做出成绩。"

"难道西班牙语沦落到了那种地步?"我说。

"当然。首先,西班牙语的单词太长,英语有较短的撒克逊词。弥尔顿随后出现,把它们同较长的拉丁语词汇混合起来。我们不妨拿莎士比亚的'血污的海洋'作为例子。提起这首诗,"他补充说,"我想到庞德在他那首著名的《水手》里把词序颠倒得太乱了:'我可否在我自己的心目中把诗歌看作真理……'"

我想起了博尔赫斯的名言,"作家创造了他的先驱",他接着告诉我,美国内战期间南方有一个名叫亨利·蒂姆罗德[1]的军

---

[1] Henry Timrod (1828—1867),美国诗人、新闻记者,有"南部邦联桂冠诗人"之称。

人,"是美国优秀的诗人之一"。

"我是在里约热内卢起飞的班机上看完《布罗迪报告》的,博尔赫斯,"我说,"我一直在纳闷,你怎么会把如此沉重的悲观主义同'总有一天,我们值得不拥有政府'这样充满希望的声明加以调和的。"

"我承认那确实不协调,"他说,"我父亲是个无政府主义者。我宁肯考虑未来的政府是什么模样,而不去想雅虎人可能遭遇的命运。"

"你在一篇小说里说过,'化为乌有,有朝一日所有事物都会化为乌有'。你是那样想的吗?"

"我希望一切事物都化为乌有?"

"那你为什么写作?"

"我还有什么事可做?卡莱尔是不是说过:'人类的任何成就都不值一提,取得成就的过程才有价值'?"

"莎士比亚似乎相信他能通过诗歌名垂青史。"

"口碑载道?那是古老的文学习俗。他挣到足以养老的钱以后就搁笔不写了,他肯定没有料到一六二三年对开本会出版。当时人们不太重视写作,我现在也不太重视。"

"今天下午我驾车来这里的时候在想——你有没有考虑写一篇有关转入布宜诺斯艾利斯地下的德国纳粹分子的小说?比如说,纳粹分子最终成为正派人,却发现社会容不得他?"

"不,我不喜欢德国人,"他说,"六七年前我去过德国,发现德国人卑躬屈膝,沉湎于自怜。我从没有听到有谁说德国人——哪怕是希特勒——的坏话。"

"你新发表的小说有许多是写动刀子的打斗。你有没有亲眼见过?"

"没有。但是我在乌拉圭曾见到一个人由于冤冤相报的世仇毫无意义地遭到枪杀。"

我的下一个问题来自前一天和阿拉斯泰尔·里德的谈话,提到这些新小说中的人物缺乏"动机"。"美国人,"里德说,"是在心理分析的世界里长大的,他们认为凡事都必须有一个解释——理性的解释。可生活是已经发生的事物,不是可以解释的事物。那些是博尔赫斯最优秀的短篇小说,因为它们排除了动机性的或者形而上学的支撑。博尔赫斯喜欢把吉卜林的《山中的平凡故事》叫做终极故事,因为它们再简单也没有了。拉美文学——无论是博尔赫斯、加西亚·马尔克斯,还是聂鲁达的作品——都站在人的立场上,反对一切理论,因为理论即死亡。"

"《小人》里的主人公为什么会出卖他的朋友?"我问博尔赫斯,"这种行为似乎难以理解。"

"那篇故事有自白性质,"博尔赫斯回答说,"第一次世界大战期间,我在瑞士上学,有个男孩想和我交朋友,我拒绝了他——我觉得自己不配。为了生动起见,我在小说中把自己写成犹太人,而且我的行为比拒绝更进一步,我实际上出卖了他。但它依旧是自白性的!"

"在《马可福音》里——"

"我觉得那篇小说应该重写,"博尔赫斯说,"高潮(当那个淳朴的农民把为他们讲耶稣钉十字架事迹的年轻人带到十字架下,准备再现《圣经》故事的时候)来得太突然、太具有欺骗性。前面虽然有些暗示,但我认为应该讲得更清楚一点,让他猜到将要发生的事情,然后又欺骗自己,认为自己是安全的。"

"就目前的样子来说,它已经是一篇了不起的小说,"我说,"为什么要缓和读者的震惊呢?"

"你是这么看的吗?那我就不改动了。"

"那可能是你最好的小说。"

"我认为《第三者》更好。那是我最短小精悍的小说。小说并没有谈那女人是怎么被杀死的。现在的手法比把它处理成传奇剧好一点,你说呢?你有没有注意到只有哥哥一人在说话?小说里老是'他们交谈',但只有'他说'。因此读者明白作出决定的是他,别人做不了主。可是居然也有人得出荒谬的结论!有人对我说'那两兄弟相爱'。有人想发掘出同性恋、乱伦,或者其他隐秘的意义。他们不愿意就事论事,接受一篇好故事。"

"是什么促使你写《第三者》呢?"

"我刚读了吉卜林的《社会不容》,它简练的文字给了我深刻印象,我对恰好和我在一起的弗拉迪说:'现在我要写点东西……'"

"《瓜亚基尔》呢?"

"那篇小说的要点在于两个人物成了玻利瓦尔和圣马丁,如同历史上的真人真事,更优秀的人取得了胜利。我同时挖苦了阿根廷民族主义者对圣马丁将军的英雄崇拜。他的另一个自我为什么要屈服?他一开头就是个自负的傻瓜。假如他们的谈话时间更长一些,故事也许就失败了。"

十一点左右,我叫了一辆出租车送他回家。离他家门口还有一段路时,司机停了车。博尔赫斯说他可以自己走回去,但是我不让他自己走。"你怎么知道我们走的路对不对呢,博尔赫斯?"

"我知道。"

"你在饭馆里看得见我吗?——我指大致轮廓。"

"只看得见你的手。"

"假如我在门阶上躺下来,你也许就看得见我的脸了。"

"别那样,"他把钥匙插进门锁时说,"那你的模样也许比现在更难看!"

9

第二天下午,我到国家图书馆把我新编的英国诗歌集内容讲给博尔赫斯听,还念了他记得的或者要求我念的诗篇。很难把他引到《贝奥武甫》以外的话题。他喜欢我翻译的《农夫皮尔斯》[1],还说

---

[1] 十四世纪后半叶中古英语文学中出现的头韵体长诗,据传系教会小职员兰格伦所作,用梦幻的形式和寓意的象征写出了一三八一年前农民暴动前后的农村现实。

邓巴[1]是他一直喜爱的诗人。他想听他不熟悉的那首莎士比亚诗歌（"船长、水手、水手长和我……"）。他赞同我在几个《汤姆·奥贝德兰》译本中的选择。他正确无误地引用了弥尔顿的《论失明》。他觉得《复乐园》比《失乐园》逊色，凭记忆诵读了：

> ……他未被注意，
> 回到了他母亲的私人住所。

"怎么会这样？怎么会这样！他出色地完成《失乐园》以后怎么会写出这种句子？肯定不是失明的缘故，因为他写这两首诗的时候都已经失明了。"

至于格雷[2]的《挽歌》，他说："瓦莱里的《海滨墓园》的艺术水平不及它，但是以它为基础，你认为对吗？事实上法国没有一流的诗人——雨果都算不上。"

"三年前你发表过相反的意见，几乎让我信服，"我说，"你赞同我选的彭斯诗歌的篇目吗？"

---

1 William Dunbar（1460—1530），苏格兰诗人，乔叟派首要人物，著有《对诗人的悼念》等。
2 Thomas Gray（1716—1771），英国诗人，曾任剑桥大学教授，最著名的诗作《墓园挽歌》开浪漫主义诗歌的先河，在艺术技巧上又达到古典主义诗艺的完美境界。

"彭斯只是一位优秀的歌曲作者,如今民歌已经不再被认为是诗歌了。举例说,'你只要用眼光为我祝酒'这句诗以前也许能使人激动。"

我把那句低级下流的"有没有诚实的贫困……"念给他听,看看他会不会像诺曼所说的那样,对诗里四个字母的粗俗下流词感到震惊,可是他不加评论。我谈到布莱克的时候,他要和我谈到有"鸟松"("鸟列"?)的那一节,嘴里还吟诵道:

　　……钢丝的罗网和金刚石的陷阱,
　　……不论是柔情如银还是灿烂如金的姑娘,
　　……我在河岸躺在你身旁,
　　美妙地交媾,乐不可支……

——他一再重复最末一句,显得津津有味。

(我想起俄克拉何马一个鲁莽的学生曾问博尔赫斯:"为什么你的小说里提到性的地方这么少?"博尔赫斯回答说:"也许因为我对此考虑得太多了。"我记得诺曼还告诉我说,博尔赫斯在布宜诺斯艾利斯的一个男厕所里看到下面的打油诗,管它叫做小曲——

　　大粪不是颜料,
　　手指不是画笔;

别做婊子养的，

擦屁股要用草纸——

"极妙的教诲诗，"他建议诺曼把它写在美国大学的厕所墙上，"作为文化交流的表示。"诺曼很高兴地照办了。）

在本世纪的诗人中间，博尔赫斯不出人意料地对欧文、哈代、劳伦斯不感兴趣，而是指责我没有选用吉卜林的"最佳诗作"（《丹麦女人竖琴伴奏的歌曲》）或者没有选用 G. K. 切斯特顿的任何作品。

我起身要走时，想起我们昨天谈的事。"我认为你在不朽的问题上有双重标准，博尔赫斯。"我说。

"你能证明吗？"

"我昨晚第一次看《德莉娅·埃莱娜·圣·马尔科》，你在那里面说，'人发明了道别，因为尽管知道人生无常转瞬百变，却总是相信自己不会死去'。在另一首名为《致一位撒克逊诗人》的诗里，你说，'今天你什么都不是，只是我诵读你铿锵诗句时的声音'，然后恳求'在宜于回忆的夜晚，我的某些诗句得以流传'，你设想的是不是某种不朽？"

"嗯，"他思索片刻后说，"我觉得那种不朽是我向往的。它不带个人色彩。我不会留意。肯定也不会从中得到快感！"

"昨天我写了一首诗，"我们朝门口走去时，他告诉我，"开头特地写得很平淡。我的想法是逐渐推向心醉神迷的高潮。第一部分十分容易!"

10

"昨夜我在床上躺了好久,考虑你的选集,"第二天上午,诺曼、我和博尔赫斯在公园见面,准备拍几张照片,博尔赫斯说,"我不想选那些看似'现代'的诗,我要采取相反的原则。我的意思是,我希望选一些看似完全非现代的诗,那些有关忠诚之类的古老品德的诗,等等。不应该让我们联想起我们的现状——我指的是拜伦的《唐璜》里有关黑人的,或者雪莱的描写伦敦贫民区的诗节——我认为我们应该选有关我们过去的篇章。"

"我们有吗?"我说,"我更感兴趣的是相似性。一成不变的是我们共有的反常和人性。那些联系的发现可以把读者通过永恒从新引向旧。"

"嗯,也许吧,"他迟疑地说,"那可不是我的检验标准。"

"当然不是,"我们穿过广场时,诺曼说。博尔赫斯用拐杖轻敲着地面,走在我们前面,"博尔赫斯编选集时,他的评论标准要窄一点:他只选使他想起他自己的篇目。"

"你念给我听的那首彭斯的诗,"我们赶上他时,博尔赫斯说,"实在毫无意义,不是吗?"

"我不是告诉过你,"诺曼悄悄说,"他怎么也不会接受那些脏词的!他憋了一整天才说出来!"

"诺曼,上次你在电话里告诉我的数字,"博尔赫斯说,"不太可能吧——我们的新书出版前就订出了四万六千册?"

"在谁都没买到之前,博尔赫斯。"

"在谁都没有看过之前。"我加了一句。

"他们看过后会扔掉的。"博尔赫斯笑笑说。

"那就晚了!"我说。

"是啊,"他咯咯笑道,"他们不能把钱要回去了,不是吗?"

> 转载自《谪降天使的口才》,第五页至第三十七页。塞尔登·罗德曼,一九七四年,版权所有。承新方向出版公司许可转载。

博尔赫斯在纽约大学

罗纳德·克赖斯特、亚历山大·科尔曼、诺曼·托马斯·迪·乔瓦尼/一九七一年

一九七一年四月八日，应亚历山大·科尔曼教授之邀，博尔赫斯在诺曼·托马斯·迪·乔瓦尼的陪同下来到纽约大学的华盛顿广场校区和一批同学见面，并回答他们提出的有关创作的问题。问题已事先提出，会见快开始时，乔瓦尼叫我上台，帮他整理，同时也设计几个问题，于是我有条件录下博尔赫斯的回答。下面是根据录音整理的文本。

有些地方略加阐明即可，有些地方则必须解释。会见的过程，如同许多别的学术活动一样，不是特别精彩——或许因为同学们避免涉及博尔赫斯（他的个人情况和他写了些什么），又或许因为他们问了一些人所共知的问题。（同学们准备问题时往往涉及他们自己对博尔赫斯作品的反应，或者复习了他们已经了解的有关博尔赫斯的评价，而不是询问博尔赫斯的意图、方法，或者兴趣。）从同学方面说来，这些问题确实含有独白的味道；但博尔赫斯是独白的老手，因此他一般很愿意参加这种模拟的对话。

不管怎么说，如果说会见在深度方面略嫌不够的话，在广度方面则有所弥补。比大多数其他问答（包括采访）的场合胜出一筹的是，这次会见为博尔赫斯提供了生动展示个性的机会。一方面，他回答了一个有关他作品里的人物的问题，率直、认真和精确程度是他口头评论自己的作品时少见的；另一方面，他腼腆地避开了有关他的小说逃避现实的问题。此外，他还表现了他的胆怯以及同自己所做的事保持一段距离的态度，而几分钟前他还含着泪花回答了会上一个介入的问题。总之，读者看了这些言词后得到的是人的观念，而不是一套对判断评估有用的事实。有些事实固然可以在这里看到，但是真正吸引人的是展示的方式。

读者如果想了解那种吸引力，就不应该把本文看作录音整理稿，而是看作作品正文。读者要在博尔赫斯的装模作样和戏仿前遵守礼节，在他稍微误引罗塞蒂作品时表现出恰到好处的权威，他运用约翰生的"阁下"时友好的调侃；读者应该捉摸他声音里的些许不快，他不停地寻求任何念头的格律，锲而不舍地用幽默的话语转移注意——这一切我事先已有思想准备，用复杂的抑扬顿挫或者笨拙的舞台调度加以强调。然而最重要的是，读者应该想象会见刚一开始，讲台和听众之间就往返回响起笑声。博尔赫斯以他的玩笑赢得了听众，以他的幽默抓住了听众的注意。

笑声以外，还有一些不太重要的事情。我编辑了别的发言人的谈话，浓缩了问题，偶尔还略去了含糊不清或者无关紧要的地方。一般说来，我只删去重复的地方。剩下的虽然基本上都是讲过的话，但"真音重现"却需要不小的勇气或者谦逊。当我请求博尔赫斯准许我录下他说的话时，他笑着说，"尽管发表吧！"这句话总结了大家的态度。

亚历山大·科尔曼在发言中指出，博尔赫斯不需要介绍了，我们就从科尔曼开场白的当中部分开始：

科尔曼　……因此热情洋溢的赞美和慷慨激昂的颂歌不能用来称赞博尔赫斯。博尔赫斯根本不需要赞美。但是请容许我介绍坐在博尔赫斯右边的诺曼·托马斯·迪·乔瓦尼……

博尔赫斯　幻想是需要赞美的！你未免一概而论了！

科尔曼　……乔瓦尼和博尔赫斯一起，负责博尔赫斯作品英文版的全部重版工作。博尔赫斯，我认为我现在唯一能做的事是告诉你，你面对的听众是何等喜欢追根究底。

博尔赫斯　好吧。

科尔曼　看来好像有二百人。

博尔赫斯　哦，是吗！看来我得面对他们，嗯？事实上，我已经这么做了。

科尔曼　我告诉你他们是些什么人。有五六十位学生，他们是去年九月份开始学西班牙语的，一学年里要读完你的五篇作品，第一篇是《博尔赫斯和我》——

博尔赫斯　哦，是吗！

科尔曼　——最后一篇是《第三者》。行吗？

博尔赫斯　行。很好。我十分喜欢《第三者》。

科尔曼 我不认为这里有什么敌人。

博尔赫斯 没有。

科尔曼 我可以向你描述,听众里可能有二十个疯子——

博尔赫斯 只有二十个?

科尔曼 不错,只有二十个,至少从理论上来说是这样。上一个学期,他们除了阅读豪尔赫·路易斯·博尔赫斯的作品,什么都没有干。

博尔赫斯 我非常抱歉。不过不能怪我吧,嗯?

科尔曼 不,不,不能全怪你。但是有关这些听众的情况,我只有这些话可说。

博尔赫斯 相当感人,呃?

科尔曼 我想诺曼快把问题筛选好了。

迪·乔瓦尼 我找不到文学方面的问题。都有关帝国主义、拉美——

博尔赫斯 我不是拉美问题的权威。

迪·乔瓦尼 "博尔赫斯,你在越南战争中扮演什么角色?"

博尔赫斯 嗯,我认为去年我就被杀死了,不是吗?……全是这一类的问题吗?

科尔曼 嗯,诺曼,你有"真正"的问题要问博尔赫斯吗?

博尔赫斯 有吗?

迪·乔瓦尼 我找不到有趣的问题。

博尔赫斯 嗯,你不该说那种话,不是吗?

迪·乔瓦尼 为什么？

科尔曼 我可以开始吗？你愿意的话，可以把我当作传声筒。没问题。

博尔赫斯 好吧，开始吧。

科尔曼 我一直在琢磨：你写完了小说以后，是否觉得你在小说背后作出了道德判断，是否觉得在文学中主张道德标准是不可能的事？

博尔赫斯 我只能说说我自己的情况。我并不认为我写作的时候有什么道德目的。我写作时试图确定一个故事，而不是一个寓言。如果读者要在文本里看出某种道德意义，那当然很好。我写小说时并没有，比如说，从政治或者道德观点考虑。我只不过努力做到忠于情节，也许还忠于梦想。当然，如果我的作品有什么优点的话，我想大概是作品中慢慢产生了许多意图；不过那取决于意图本身，而不取决于我。我只是忠于情节，忠于梦想。至于我的政治观点，我当然有，但是我不让它干预，我不让它篡改我的文学。

科尔曼 但是你要求读者参与阅读你的小说的积极程度和你写作小说相差无几。

博尔赫斯 我有我的自由，读者当然也有他们的自由。如果人们从一篇小说里发现的东西比我打算放进去的多，那固然更好，因为我认为任何小说或者诗歌的内涵都应该比作者预期的多，否则就太差劲了。我认为我要说的就是这些。——但是，当我写小说或者诗歌的时候,我关心的是那篇小说或者那首诗歌,我试图忘记我的信念、我的观点,甚至我的个人情感。只要诚实。那仿佛是蓄意的……呃,蓄意的梦想,我要说,我在写小说时放任自流。我至少尽了自己的力。

迪·乔瓦尼 我可以念一个问题吗?

博尔赫斯 我会试着回答。

迪·乔瓦尼 我觉得你没有必要回答这个问题。

博尔赫斯 为什么?

迪·乔瓦尼 因为这个问题实在匪夷所思。"去年你拒绝来美国,由于越南战争——"

博尔赫斯 我拒绝过吗?

迪·乔瓦尼 "——以及政府的其他政策。美国起了什么变化,促使你重新考虑现在来此讲话?"

博尔赫斯 我不知道。什么变化促使我重新考虑我从未作出的决定呢?——真是异想天开。

科尔曼 我告诉你是怎么一回事。博尔赫斯,他们把你同卡洛斯·富恩特斯搞混了。

博尔赫斯 你愿意的话,也可以说查理·卓别林,或者查理一世,或者任何一个叫查理的人。

科尔曼 我可以问你一件有关瓦莱里的事吗?看《〈吉诃德〉的作者皮埃尔·梅纳尔》甚至是《博闻强记的富内斯》的时候,我寻思不仅是《泰斯特先生》,还有《莱昂纳多·达·芬奇方法绪论》的前面部分可能促使你精心设计了泰斯特先生那样的怪物心灵——你不得不承认他是个不太有人性的人。

博尔赫斯 他不太有人性，也不太聪明。不，我很遗憾地说，我的写作没有受到瓦莱里的影响。若是我的作品有缺点，不能怪到瓦莱里头上，只能怪我自己。至于富内斯，我不认为他聪明。相反，他只是一个记忆力极好的人，因此不可能聪明。因为要思考的话，比如说，必须犯某些错误，必须忘掉什么，必须有联想能力，而他却做不到这些。他说他的记忆里满是事实，这自然妨碍他思考。

迪·乔瓦尼 我找到了几个问题。"你作品中的人物和现实有什么关联？"

博尔赫斯 这个问题很难回答，因为我的作品里恐怕没有人物。恐怕我是唯一的人物，或者不如说我在妄想。比如说，我的祖先是军人，我本人却和军人沾不上边——我只是个图书馆员，因此我认为我写的东西里有点妄想。至于人物，我不认为我塑造了什么人物。我认为我始终在思考我自己，思考我的局限，思考我应该有而没有经历过的生活。

迪·乔瓦尼 你新创作的小说呢？那些小说不见得是讲你自己吧？

博尔赫斯 ……不。问题是我差不多都忘了。我从来不想自己的作品，我宁肯记住别的作家。再说，当人们问起我自己的作品时，我不知所措，因为我写完后总是尽可能把它忘掉。我确实也忘了。

科尔曼 你知道,不可思议的是你真的忘了你写的小说。

博尔赫斯 是啊。

科尔曼 有成百上千的同学可以提醒你小说里的细节,而你确实忘了——有的时候情有可原,有的时候却不能原谅。

博尔赫斯 呃,我认为真正的原因是我要写新的小说。如果我一直回忆旧的小说,我怎么继续?我会受到妨碍。

迪·乔瓦尼 我们翻译的时候常常有那种情况。有时候,他想出一个句子,便说:"嗨,那相当好,不是吗?"仿佛那是别人译的,有时候他也会说:"我们必须改得更好一点。"

科尔曼 罗纳德·克赖斯特曾评论过你对 unánime noche(没有异议的夜晚)的绝妙的译法,那使许多评论家感到困惑,而在英文里——

博尔赫斯 实话告诉你,我自己也感到困惑!我之所以写出来,是因为我觉得发音很好,以前没有人用过。但我不知道究竟是什么意思,如果有意思的话。

科尔曼 英文的翻译是 encompassing night(笼罩一切的夜晚)——

博尔赫斯 那好多了。

科尔曼 ——很可爱。

博尔赫斯 当然。很抱歉当时我用了 unánime。不过西班牙文中没有同 encompassing 相对应的词。

迪·乔瓦尼 那只是粗略的翻译。

博尔赫斯 是啊，只不过是粗略的翻译。我在这种罗曼语中尽了全力。

迪·乔瓦尼 这里还有一个问题："你对空间有什么看法？"我想提问人指的大概不是 NASA[1]。

博尔赫斯 我思考的东西一向是时间，不是空间。我听到"时间"和"空间"这类词放在一起使用时，感觉就像尼采听到人们谈论歌德和席勒时一样——近乎亵渎。我认为形而上学（我们不妨把它称作思想）的中心之谜、中心问题是时间，不是空间。空间是时间范畴内众多事物之一——比如说，你看到的颜色、形状、尺寸或者感觉。但是我认为真正的问题，我们必须努力解决的问题，当然也是我们永远找不到答案的问题，那就是时间的问题，连续时间的问题，以及作为时间问题一部分的个人身份问题。

科尔曼 你喜欢南方吗？那是你作品中特别爱好的地理空间。

博尔赫斯 是的，这一点很容易解释。我觉得自己是布宜诺斯艾利斯人。我想起布宜诺斯艾利斯的时候，想到的不是那个骇人、庞大、老旧、散乱的城市。我想到的还是布宜诺斯艾利斯省。北方多半是农业地区，而西南方——当然，西方（oeste）一

---

[1] 美国国家航空和航天局的缩写。

词相当粗野，而南方（sur）一词相当优雅——你在那里看到的是广袤开阔的空间；在那里，如果我们运气特别好的话，可能会碰到一个高乔人。因此，我想到南方时，根据的是我的国家的过去，也就是那个到处是骑手，到处是广阔空旷的牧场的国家。

科尔曼 想象一下，南方对我们意味着什么。

博尔赫斯 哦，意味着非常重要的东西。意味着遥远的南方。我知道。是啊，我甚至可以感觉到那样的南方。

迪·乔瓦尼 "你生平有没有穿越时间旅行的感觉，或者有没有遇到有些事件似曾相识，产生了时间旅行的感觉？"

博尔赫斯 当然有，最明显的回答是我们无时无刻不在时间中旅行，正像我们现在所做的一样。但是，至于似曾相识的感觉，我琢磨那会不会仅仅是想象的懒惰。我认为在循环往复的模式中至少应该出现某些新奇的东西。

科尔曼 但是你已经有过似曾相识的感觉，你自己的作品不乏这种感觉。

博尔赫斯 呃，我自己的生活中也不是没有，但是我没有刻意追求。这种感觉是自然来到的，有好几次。

科尔曼 二十年后，在分毫不差的同样时刻，你有没有可能处于与二十年前相同的空间和情形呢？

博尔赫斯 是的。不过情形如果真的完全一样的话，我就不可能注意到了。我们不妨设想确有那种情况。我们现在处于一九……九二年。当然，我没有记住，因为如果我能记住，如果我能回忆起来,现在的情形就不一样了。如果时刻分毫不差,就不能指望我记得住。当然,我们都了解那种感觉。我很喜欢一位大家已经不太记得的诗人罗塞蒂,他在下面的诗句中把那种感觉表露无遗——

> 我以前来过这里,
> 什么时候,什么方式,说不清楚,
> 我记得门外青草的模样,
> 还记得清新甜美的气息,
> 瑟瑟的风声,岸边的灯光。

——那首诗名为《突如其来的光线》,讲的就是"似曾相识"。我记得狄更斯的《大卫·科波菲尔》里有一段文字也谈这个问题,因此狄更斯肯定有过同样的感受。不过我认为从理论方面真正作出合乎逻辑的解释的是大卫·休谟,他写了一本《有关自然宗教的论文》,或者类似标题的书[1]。尼采重新发现了它,很多人也探讨过,包括托马斯·布朗爵士。

科尔曼 我记得你在《时间的新反驳》里说过"死亡感觉"。

博尔赫斯 一点不错。我有那种感觉是以前的事了。那是多年以前在布宜诺斯艾利斯北区的事。

---

1 应为《自然宗教对话录》。

科尔曼 那篇文章妙极了。

博尔赫斯 是的,我知道。是我最好的文章之一,是吗?

科尔曼 我认为是的。

博尔赫斯 呃,我写完时是那样,不过那是很久以前的事了。

科尔曼 仿佛还有一个问题和这有关。

迪·乔瓦尼 "能不能请你谈谈你自己对死亡的感觉?你在一篇小说里宣称'死亡是等待我们大家的遗忘',这个提法是否符合你的感觉?"

博尔赫斯 我把死亡当作遗忘。我如饥似渴地企盼遗忘。我不希望被人记住,而且——这是最重要的——作为我自己,我已经感到厌倦。事实上,我不愿意做自我,做一个"我";我想,当我化为尘埃的时候,我就什么都不是了。我期待那一刻到来。但是,我自然享受不到了,因为那时我已经不复存在。

科尔曼 你不想在未来的生命中有任何重复吗?

博尔赫斯 不。我不愿意受到任何个人不朽的威胁。我只把死后的生活看成一种可怕的可能性,可是我认为我们更应该把它说成一种可怕的不可能性。

迪·乔瓦尼 "上帝在你神秘主义的主题中是不是起着重要作用?"

博尔赫斯 先生,如果你想的是一个人性的上帝,答复是断然否定的。如果你想的是道德或者理智意义上的上帝,正如马修·阿诺德所说的"除了我们人类以外构成正义的事物",在那种情况下,我是相信上帝的。也许宇宙也有道德或者理智的意义,我在那方面一无所知。我只知道写一些无足轻重的小说,以我微弱无力的方式朝那个目标努力。

迪·乔瓦尼 "如果你用英文写作,你的作品是否会有不同的影响呢?"

博尔赫斯 是的,因为它会具有英文背后的全部力量。但是我太尊重英文了,不敢企图用英文写作,尽管我阅读的东西极大部分是英文。

迪·乔瓦尼 "你时常谈到'英语的言辞音乐'以及它对你的影响。所谓'言辞音乐'究竟是什么?"

博尔赫斯 我写那篇东西的时候并没有把自己当成作家,而是当成读者。我认为英语本身有它的文字音乐,而那种文字音乐当然来自英语不仅是日耳曼语,也是罗曼语这一事实。我们只要举一个再明显不过的例子就可以看到,假如我在一首英文诗里面——其实我不用英文写诗——用 Holy Ghost 或者 Holy Spirit(圣灵)一词,就有莫大的区别,因为这些词虽然有同样的逻辑意义,但是精神或者文学的内涵有很大的不同。你瞧,ghost 是个雅致隐晦的词,而 spirit 却给人光明闪亮的感觉。可是它们被当作同义词使用。再例如 royal 和 kingly(君主似的),或者 brotherly 和 fraternal(兄弟般的),或者 folk 和 people(人们)等等,情况都是如此。假如你读《圣经》,你就会发现撒克逊和拉丁元素浓郁的音乐感和不断转换。

科尔曼 我记得你对施宾格勒作品的标题所作的词源学解释。

博尔赫斯 *Der Untergang des Abendlandes*，意思是"黄昏地的下落"，比译成"西方的没落"要好得多。你一听德语就觉得 Untergang 的意思是"下面"和"向下行走"。此外，gangster（团伙）源自同样的词根，因为人们认为团伙中人是一起行走的。此外，苏格兰英语中的 gang 的意思是"行走"。Abendland 这个词很美，但是我想这个词只用于文学目的。我认为没有哪一个德国人会用 Abendland 或者 Morgenland（清晨地，东方）。但是我发现古英语中有个相当美的、表示早晨的词——morgentid，意为"晨时"或者"晨潮"。丁尼生把它译为"晨潮时分的大太阳星"，用的是比喻，他指的不仅是时间意义上的"潮汐"，而且还认为日子像潮汐一样奔腾而来。然后是"太阳星"，那也是个美丽的词。撒克逊语里有一个更有力的，但不同的词。《布鲁南堡之役》的撒克逊语译本里，我们读到"太阳，那个赫赫有名的星球"——自有一种韵味。

迪·乔瓦尼 "你认为奥尔特加·加塞特对阿根廷有没有理智上的影响？"

博尔赫斯 呃，我认为有，但不是对我。我只和他谈过五分钟话，我认为仅此而已。

迪·乔瓦尼 "你的姓如今像卡夫卡、狄更斯一样也成了形容词，对此你有什么感想？"

博尔赫斯 我认为那些词毫无例外地都很丑陋，我应该避免使用。可是那种事情不能怪在我头上。

迪·乔瓦尼 "神话对作者意味着什么？"

博尔赫斯 我要想想，我不是很习惯思考这种活动。但是我想——你瞧，我又试图想了——无论作家是不是知道，他们都企图成为一个神话。我是说只要我们活着，我们的作品必将成为神话，即便是华生医生和夏洛克·福尔摩斯，鲍斯威尔和约翰生博士也是如此。我觉得每一个作家，即便没有主观意图，都创造了一个他特有的、小而带有世界性的神话。每一个作家都生活在某种内心世界，那应该就是他的神话。但是我认为作家不应该为之痛苦或者烦心。只要是一个优秀的作家，那种情况肯定会发生。

科尔曼 你是否认为最没有才华的作家最终都陷入了风俗派、地方色彩或者趣闻轶事？

博尔赫斯 我敢说你是正确的，先生。你非常勇敢，因为我一直有同样的想法，但是我从来不敢说出来。而你当着不少人的面说了出来。

科尔曼 在这方面，人们指望我实话实说。

博尔赫斯 ……我很同意。

科尔曼 我阅读你的作品时一直有这种想法，因为你摆脱了许多文学体裁都难以避免的毛病。

博尔赫斯　我认为我之所以能够避免，是因为我开始犯那种毛病了。根据诺斯替派教义，只有在犯了罪以后才能摆脱罪孽。你在杀害一个人之前，只是潜在的杀人犯。杀人之后，你得到了净化，于是——

科尔曼　——于是你成了圣徒。

博尔赫斯　不错，不错，你有可能是圣徒。因此我们应该尝试，正如路德所说的"勇敢地去犯罪"，不是吗？犯下大罪，最终你就成了圣徒。

迪·乔瓦尼　"你能不能解释你对文学灵感的看法，并且阐述作家与作品之间的一致性问题？"

博尔赫斯　我只能说，我写作时觉得有什么东西领引我前去某个地方。除此以外，我说不出什么了。我认为我不能用缪斯女神、圣灵，或者下意识之类的字眼来说明问题。我知道我写作的时候只是一个工具，至于工具的真正名称，我一无所知。那也可以算是灵感吧。我觉得问题好像还有一部分，我忘得一干二净。是怎么说的？

迪·乔瓦尼　"……阐述作家与作品之间的一致性问题。"

博尔赫斯　嗯，我没有看到问题两个部分之间的联系，我非常、非常迟钝，不是吗？尤其是吃了一顿丰盛的午餐之后。

迪·乔瓦尼　呃，试试这个问题吧："你的迷宫世界有什么因果关系？"

博尔赫斯　这个应该容易回答。我从中一直感到困惑。当然，我能感受到人类所有的共同情感，但主要的是困惑，或者如切斯特顿所说的，惊诧。当然，困惑最明显的象征，惊诧最明显的标志，就是迷宫。因此你在我的作品中发现太多的迷宫。我会尽力摆脱它们——寻找别的象征——因为我对我自己喜爱的象征有点厌倦了。

迪·乔瓦尼 "马拉美说诗人雕刻自己的坟墓。你同意吗？"

博尔赫斯 我不明白马拉美说那话是什么意思，弄明白以后我才能表示同意或者不同意。

迪·乔瓦尼 也许他想说的正是你在《诗人》那首诗最后一段写的意思。

博尔赫斯 我在最后一段究竟写了什么呀？那又是一个巨大的谜！

迪·乔瓦尼 关于你一生所写的全部要素。最后你发现它们勾勒出了你自己的面貌。

博尔赫斯 文字有可能是那样的，但叫我纳闷的是难道我的面貌是一座坟墓？至少我希望不是那样的。

迪·乔瓦尼 咱们不谈马拉美了。且看下一个问题："你的小说充斥着谋杀和扔出窗外的情节。"——那是什么意思？

博尔赫斯 那意思是从窗口扔出去。这儿没有窗户，因此没有危险。

迪·乔瓦尼 你的小说里有吗？

博尔赫斯 我不知道。我从来没有——

科尔曼 你从来没有把谁扔出窗外。

博尔赫斯 没有,据我所知,从来没有。不管怎么说,我已经忘了。嗯,我的小说里充斥着扔出窗外的情节——为什么不?那是一个很好的字眼。

迪·乔瓦尼 "……极少提到性。你对人性有什么看法?"

博尔赫斯 回答很明显。我一辈子担心的是坠入情网、性和那一类的事情。

迪·乔瓦尼 扔出窗外?

博尔赫斯 不,还不至于,不过随时都可能发生。说到谋杀,我有点纳闷。我不认为有许多谋杀的情节。我想得更多的是人们自杀,而不是谋杀别人。我想得更多的不如说是道德问题。即使在《第三者》之类的小说里——据我所知,你很快就会读到了——也有谋杀的情节,不过我有意略去了谋杀的过程,因为我不愿谈耸人听闻的凶杀。事实上,我厌恶那种事。我们知道甲杀了乙,但是不知道怎么杀的,事实上我也不知道,因为我对我塑造的人物并不感到十分好奇。至于爱情,我认为我写了相当数量的爱情题材的诗——不是小说。也许我写得太多了。我指责自己整天想着这个或者那个女人。

迪·乔瓦尼 "你是否认为神秘主义是摆脱迷宫的出路?"

博尔赫斯 据我所知,神秘主义是唯一的出路;但是神啊,不管是哪路神,他们都没有给我那条特定的出路。既然神秘主义之路走不通,我只得做一名形而上学的业余学生,我成了叔本华、休谟和布拉德利的读者；但是除了我朋友记得的、我唯一的奇特经历（感觉死亡）之外，我个人在神秘主义方面确实没有什么可说的。当然，我看过也研究过《宗教经验种种》以及许多神秘主义的书籍，特别是斯维登堡和布莱克的书。

迪·乔瓦尼 "有些阿根廷作家说你太抽象，太缺少阿根廷味。你觉得你同你自己的国家一致吗？"

博尔赫斯 太一致了。此时此刻，我不像歌曲里说的那样为卡罗琳哭泣，但是我在回忆布宜诺斯艾利斯的时光。我知道布宜诺斯艾利斯也许是全世界最丑陋的城市，我知道它太杂乱、太不均衡、太寒酸，但是我爱它。也许我的阿根廷味儿太足了。但是我希望在这一点上得到原谅，因为我还认为自己是奥斯汀公民、马萨诸塞州坎布里奇公民、爱丁堡公民、日内瓦公民，此时此刻，当然也是世界大都会纽约的公民。

迪·乔瓦尼 你是否认为问题后面还有这层意思——既抽象又身为阿根廷人是不可能的？你是不是在什么地方写过二者不可兼得？

博尔赫斯 呃，也许在什么地方写过，但现在存储在天国了！可是为什么身为阿根廷人就不能做抽象的事呢？比如说，我的代数成绩不坏，那并不能削弱我的阿根廷味儿。此外，作为阿根廷人意味着什么？意味着继承了所谓"西方文化"。（当然，假如我们能从东方得到什么，我们应该尽量抓住不放。）因此，我不觉得身为阿根廷人必然要受到限制，除非这样想：属于某个国家、某个地方，这个事实本身就是限制。这类事情是无可奈何的。我出生在布宜诺斯艾利斯，我的先辈也是如此，我想因此我才是阿根廷人。事实如此——我有什么办法呢？

迪·乔瓦尼　"假如你能同你的《想象动物志》里的人物和动物在你家的园子里待一个下午——"

博尔赫斯　我会吓死的！

迪·乔瓦尼　"——或者和 T. H. 怀特的《动物寓言集》里的野兽，或者和真正的动物待在一起，你选择什么？"

博尔赫斯　答案很简单：我宁肯选择别的。

迪·乔瓦尼　多年前你开始翻译惠特曼的《自己之歌》，情况怎么样？

博尔赫斯　说来惭愧，我很不适合这项工作。很抱歉，这本书居然印行了。我翻译了《自己之歌》和《亚当的子孙》，以及随意挑选的几首诗，在布宜诺斯艾利斯出版了，定价过于昂贵。

科尔曼　你翻译福克纳的作品，是因为你觉得应该有人翻译，还是有谁请你翻译，还是——

迪·乔瓦尼　还是你需要钱？

博尔赫斯　最初只是无趣的工作。有人请我翻译，我正好也需要钱。着手做了以后，我觉得我做得对，我竭尽全力做到无愧于福克纳。当然，译本在布宜诺斯艾利斯出版后，有人说我对不起福克纳，因为他们说译文句子太长，太复杂。于是我不得不提醒他们，原文可能也是长而复杂的句子。译者总是受到责怪，不是吗？原文总是完美的。

迪·乔瓦尼 有多少福克纳、弗吉尼亚·伍尔夫和别的美国作家的作品——

博尔赫斯 弗吉尼亚·伍尔夫不能算是美国作家。

迪·乔瓦尼 ——别的用英文写作的作家是莱昂诺尔·阿塞韦多·德·博尔赫斯翻译的？

博尔赫斯 是的，翻译是她做的，但署名的是我！

迪·乔瓦尼 真的是你做的翻译，还是你母亲帮你做的？再不然，翻译是她做的，而由你润色？

博尔赫斯 不，我认为真相是——我得告诉你真相——我做了一部分翻译，由她润色。

科尔曼 博尔赫斯，我可以问你——

博尔赫斯 你当然可以！

科尔曼 我想问的是，你似乎对梅尔维尔和霍桑很感兴趣。我认为十九世纪的北美作家比二十世纪的北美作家更吸引你？

博尔赫斯 哦，确实如此。毫无疑问。

科尔曼 《探讨别集》收了一篇有关霍桑的演讲稿，你似乎对霍桑很感兴趣，可以就这方面谈谈吗？

博尔赫斯 可以。我初次看埃德加·爱伦·坡的作品时年纪很小。事实上，我是多年以后才看霍桑的作品的。我感觉——我猜测或者琢磨——尽管霍桑始终沿着一条道德说教的思路（他的极大部分小说都有寓言的用意），而爱伦·坡却没有，但是我觉得他们二人有相似之处——风格相似——我是个外国人，我这么说可能犯很多错误。此外，我发现了一篇小说——"发现"这个词可能说得太大了——霍桑有一篇名为《威克菲尔德》的小说，那是我生平看过的最了不起的小说之一。我在那里看到了卡夫卡的众多先驱之一。说来奇怪，他写那篇与众不同的小说时，年纪很轻，后来他才写了《红字》《重述的故事》等。

至于十九世纪和二十世纪的美国文学，我认为不应该把两者对立起来。我知道的是这一事实：美国十九世纪的作家中间至少有两位，甚至三位，具有世界性的影响。这中间当然包括爱伦·坡。爱伦·坡是波德莱尔的先辈，是象征主义作家，如瓦莱里等人的先辈。还有沃尔特·惠特曼，我不敢肯定当代的美国作家中间还有谁会带给我那种兴趣。

科尔曼 你似乎以十分晦涩的方式阅读亨利·詹姆斯的作品。

博尔赫斯 十分晦涩的方式？呃，他写作的方式本来就十分晦涩。

科尔曼 在美国，极大多数人都不把他看成晦涩的作家。

博尔赫斯 呃，我想我自己大概十分迟钝，但是我始终认为他的作品晦涩。我认为他非但晦涩，而且错综复杂，令人迷惑不解。我认为他令人迷惑的程度，比如说，同弗罗斯特不相上下。你读弗罗斯特作品的时候，就事论事说，觉得他仿佛是位相当单纯的诗人。但他的单纯只是表象。提起亨利·詹姆斯，我想的不是他的长篇小说——他的长篇相当令人厌倦——而是他的短篇小说，你在那些短篇小说里看到的是无穷无尽的迷宫。我还没有培养出对亨利·詹姆斯的喜爱。

科尔曼 他的作品在这里不受重视。

博尔赫斯 呃，本来就不应该受到重视，如果允许我这么说的话。

迪·乔瓦尼 "假如你的作品从整体上被列为逃避现实主义、反现实主义，以及新殖民主义，你会反对吗？"

博尔赫斯 不，我不会反对。我从不反对任何人对我作品的评价，即便他们认为很好；但是如果他们说我有什么欠缺，我完全同意他们的意见，当然——我是一个谦逊的人。

迪·乔瓦尼 问题的第二部分："果真如此的话，阿根廷现实中有没有哪个方面不被你当作形而上学的 tripping（幻想旅行）的载体？"（我不认为他了解 tripping 一词的意思。）

博尔赫斯 tripping？不错，我了解那个字的意思。

科尔曼 太空旅行。

迪·乔瓦尼 不，不是你说的意思。

博尔赫斯 飘飘然的感觉，是吗？

科尔曼 吸毒造成的幻想旅行。

博尔赫斯 我对吸毒那类事一无所知。不过我要说一句有点狂妄的话——我成了阿根廷现实的一部分。

迪·乔瓦尼 "你的许多早期作品反映了你看过的书籍，可是你近来的作品里没有这种现象——至少不像以前那样频繁。目前你感兴趣的书或者作家是谁？"

博尔赫斯 早在一九五五年，也就是革命的那一年，我丧失了视力，不能看书写字了。那以后，我很少看和我同代人的作品，我抽出时间阅读以前看过的东西，并且看极少量的新东西。我的时间很紧。上午，我在国家图书馆整理自己的材料；下午，我和我的朋友诺曼·托马斯·迪·乔瓦尼合作翻译，希望把我作品的英文版搞得更好一点；晚上，我有时同朋友见面——每次只见一个人，因为我在布宜诺斯艾利斯至多认识六七个朋友。今天这一类的活动——不得不回答听众提出的问题——对我说来相当陌生。我在布宜诺斯艾利斯没有这类活动，因为谁都不会待着等回答，我能说的就是这些。

科尔曼 你口授的小说同你真正写下来的是否有所不同？

博尔赫斯 对于这一个特定问题的答复，昨晚诺曼·托马斯·迪·乔瓦尼给了我相当大的启示。他告诉我说——我认为他讲的是真话——由于我生活在无色的世界里（我能分辨的只有黄色，别的颜色都相差无几），因此从形而上学的意义上说，我看到的世界也简化了，我的风格也是这样。正如黑夜来临时，事物简单化一样，当黑夜降临到我的眼睛时，我眼中的事物也简单化了。我想知道我写的是什么，我想看看我写的东西，却无法做到精巧细致。举例说吧，我不能模仿托马斯·布朗爵士，甚至不能模仿德·昆西的令人惊叹的句子，于是我自然而然地归于简单，不仅是简单的风格,而且是归于《第三者》那篇小说那样的简单直白的情节。

迪·乔瓦尼 是啊。我也从最具体的方面考虑。我见过博尔赫斯早年的手稿,字体小得不能再小,还夹着种种不同的符号、插入语、附加语、不一致等,如今无论他自己书写或者口授都做不到了。换句话说,他不得不——

博尔赫斯 一点不错,没有哪一个秘书做得了那种事。

迪·乔瓦尼 他目前的那位秘书很有意思。

博尔赫斯 不错,她确实很有意思,我认为我找对了人,因为我同她相处时,仍旧觉得我是独自一个人。举例说,我向她口授一句话后,我说"分号"或者"句号",她就把这几个字照样写下。我向我母亲口授时,她老是说"不,韵律不对",或者"那个字用错了",或者"你不应该那样写"。而我同我的秘书相处时,这里我不提姓名了,我对她怀有相当的感激之情,我觉得很自在,很放松,同时又觉得我是独自一人。

科尔曼 你说过你写《第三者》时曾经卡住过。

博尔赫斯 是的,是我母亲想的词儿。《第三者》是一篇让人难受的、写恶棍的小说,我母亲非常讨厌它。我向她口授时,她说:"天哪,多么可怕的故事!你要向我保证再也不写这类东西了。"我顺从地答应了她,但心里知道我是在撒谎。但是在一个节骨眼上,主人公之一必须说些什么,我却卡住了。我母亲说:"你怎么啦?"我说:"我不知道那个男人该说什么话。"她说:"我很清楚他该说什么。"然后告诉了我苦苦寻找的那个关键词。她当然不承认有这么一回事,说这一切都是我杜撰的,因为她为那篇故事感到极度羞耻。

科尔曼 那句话是怎么说的,"干活吧,兄弟"?

博尔赫斯 正是。一个男人不得不告诉他的兄弟,他杀死了他们二人都爱的女人。他之所以那么做是出于兄弟情谊,因为他认为那种情谊远比那个女人,或者任何一个女人重要得多。如今那个男人必须脱口而出告诉他的兄弟。假如我让他说"我杀了她",我就犯了莫大的过错,毁了整篇小说;可是我的母亲——作为一个出身于古老的阿根廷家族和乌拉圭家族的克里奥尔人——找到了恰当的词。她让那个人说:"干活吧,兄弟……我今天早上把她杀了。"随后他们掩埋了她。我得感谢她的礼物——呃,还有许多其他礼物。

科尔曼 我们该结束了——

迪·乔瓦尼 我们还有一点时间吧——

科尔曼 不,到四点三十分,我们就要被撵出去了。

迪·乔瓦尼 扔出窗外……

博尔赫斯 从窗口被扔出去……今天十分愉快……

科尔曼 我相信肯定有人反对你的文学原则,但是他们都很客气。

博尔赫斯 嗯,我想他们都像我一样胆小。在胆小方面,我胜过任何人。当然,那也是一种吹嘘。

科尔曼 还有提一个问题的时间,诺曼,你有问题吗?

迪·乔瓦尼 "你会不会写一篇有关革命的小说,并且仍用形而上学的观点来处理?"

博尔赫斯 事实上,我正打算写一篇有关革命的小说,有关我们一九五五年的革命,但观点不会是形而上学的。我有一个情节。自一九五五年以来,这个情节一直萦绕在我心中。等我回到布宜诺斯艾利斯就写下来,我认为那将是我最精彩的小说,因为那是一个有关友谊的故事,而友谊可能是在我的国家所能得到的最好的东西。那篇小说的题目将会是《朋友们》。目前我只能透露这些。

听众 可以提一个问题吗?你是怎么给革命下定义的?我听说过一九五五年革命,但是就我而言,那根本算不上革命——

博尔赫斯 不是吗?他们赶走了庇隆!

听众 不管你想怎么描绘——

博尔赫斯 它确实是革命。我知道有人——

听众 社会革命?真的发生了什么变化吗?

博尔赫斯 呃,有一个大变化。现在管理我们的是绅士,以前却是恶棍。我认为从伦理学的观点来说,那就足够了。

听众 他们是同一批军方的绅士。

博尔赫斯 不,不是的。

听众 过去三年中,你写了一系列——我想大概是九篇吧。

博尔赫斯 不。如果你想到军人,你应该想的是阿根廷的军人。他们相当温和，没有什么危害，用意不坏。然而庇隆是个恶棍，是流氓。呃，我……我……我……我不能提他的名字，因为我认为……我认为他的……他的名字简直下流之极。也许因为我的妹妹给关过监狱，我的母亲给关过监狱，我的外甥给关过监狱，我自己……我自己遭到暗探跟踪，更因为我知道人们遭受酷刑而死。即使庇隆在位的时候，谁都不敢承认自己是庇隆主义者，因为这一来会遭到人们耻笑。他们直言不讳地说，即使他们是庇隆主义分子，也是从利益出发，因为他填满了他们的荷包。这一切我都亲身经历过，事实上我有所了解。

迪·乔瓦尼 博尔赫斯，你愿意谈谈你最近发表的小说吗？

博尔赫斯 《代表大会》这个故事在我脑海里萦绕了三四十年。我原以为我是把情节写出来的合适人选，但随着时间的推移，我不存这个希望了。我经常讲给我的朋友们听，一位朋友说："故事是现成的，你干吗不写下来？"我照做了。那是一个有关神秘经历的故事。（代表大会当然不是阿根廷的代表大会。）故事说的是我从未有过的神秘经历，但我在去世前也有可能经历。别的我不能说了——小说还没有发表。以我自己来说，那可能是我最精彩的小说，让我无愧于讲故事人的身份。

选自《三季刊》，一九七二年秋季刊，总第二十五期，第四四四页至第四五九页。本采访稿由罗纳德·克赖斯特编写，以供发表。

承罗纳德·克赖斯特同意转载。

和博尔赫斯一起在布宜诺斯艾利斯

威利斯·巴恩斯通/一九七五年

博尔赫斯等在门后,挨着他去世的母亲的大幅画像。他和往常一样,穿着一身黑衣服,显得很整洁,但是一只鞋没有系好鞋带。他没有拄拐杖,步态有点摇晃。深色的衣服把他的脸衬托得特别苍白。他仰着头,侧向一边,像孩子似的微笑着,但相当严肃,他失明的眼睛发亮。他抓住我的胳膊,叫我过去坐在长沙发上。我被他引领,又引领着他,一起走到窗下的长沙发前。

"你是否认为英语已经朝着单音节的语言发展?"他说,"拿 laugh 一词为例。在古英语里它有两个音素,hlehhan 或 hlyhhan,在古高地德语里也是两个音素,lachen。可是在现代英语里只有一个音节。值得注意吧,不是吗?"

"和中文相似,"我说,"不过迟早会有分歧。中国的文言文实际上是单音节的,但是出于构成新词的需要,而且由于音素的数量有限——我想大概是一千六百个左右——在现代汉语里,他们不得不把音组合起来,把两三个字连在一起,于是现代中文便朝多音节发展了。"

我六年没有见过博尔赫斯,一见面他却谈起语言来,仿佛距我们最后一次谈话的间隔连一秒钟都不到。我想到了西班牙神秘主义诗人路易斯·德·莱昂修士,他在宗教裁判所的监狱里待了五年后,回萨拉曼卡大学教学,据说他讲课时的第一句话是:"正如我昨天所说的。"

"英语即使不是单音节的时候,实际仍是单音节的,"博尔赫斯急切地反驳说,"以副词 quickly(迅速地)为例。你听到的只是 quick。词尾 ly 发音非常弱,无关紧要。可是在西班牙语中我们必须发出 rápidamente。副词词尾 mente 像 rápida 一样响亮。英语是卓越的语言。早在一九二七年,我第一次和巴勃罗·聂鲁达谈话时,我们说我们非常钦佩英语,我们用难以对付的西班牙文写作是多么遗憾的事。但是我们既然同它耗上了,就只能尽力而为。我最早看的《堂吉诃德》是英文译本,那是我经常盘桓的我父亲书房里的书籍之一。后来,当我看塞万提斯的西班牙语原文版时,我感觉好像是在看一本不太确切的英译本。"

"你喜欢聂鲁达的作品吗?"

"起初他老是写一些无聊的情诗,你知道,《二十首情诗和一首绝望的歌》,但是加入共产党后,他的诗作变得十分有力。我喜欢作为共产党诗人的聂鲁达。"

"你和聂鲁达都写过动物寓言。你是否记得用盎格鲁-撒克逊语写的两首半动物寓言诗?"

"哦，记得，"博尔赫斯回答说，"《凤凰》。一首长诗。还有《鲸鱼》。上帝是魔鬼。黑豹是基督。艾略特写'三头白豹坐在杜松树下'的时候，他为什么用白豹而不用黑豹？也许是因为黑豹太扎眼了。"他自问自答道。

我们谈论古英语。博尔赫斯对每一个词都感到高兴，把每一个词的词源都当老朋友那样看待。"你认为 bonfire（篝火）一词是怎么衍化的？"

"法语的 bon（好）加上 feu（火）。"我落进了他的圈套，猜测说。

"不，从盎格鲁-撒克逊语的 Bān fȳr 衍化而来，也就是骨头烧的火。我认为他们捡了一些大的马骨头，在户外燃烧取暖。"

"你什么时候学的盎格鲁-撒克逊语？"

"一九五五年，我五十六岁的时候。那时候我已不能阅读。我丧失了视力。但是布宜诺斯艾利斯这儿有位神父帮助了我。我同神父没有什么往来，可是这位神父对我很有耐心。"

"你学得好吗？"

"语法很难，你知道。这位耶稣会教士很有研究。我接着学了古挪威语和冰岛语，但学得很艰难，直到我写一本古日耳曼文学的小册子时，才理出一点头绪。"

每星期日下午六点至九点，博尔赫斯仍旧在他家里开古英语课程。他能背诵那些课文。我听了五个月的课。学生当然不必付费，都是他的朋友。产生异议时，他会请人去查他的某一册笨重的旧参考书，确定某场战役或者国王和贵族之间的抗争结果如何。抢劫行为、懦怯表现、越洋逃逸的次数、刺杀、清点珠宝、金子和黑马的故事往往会引起持续的大笑，而博尔赫斯笑得最响亮。政府某部门的工作人员布鲁戈斯把一份文稿推到博尔赫斯面前说："你瞧呀。"博尔赫斯用失明的眼睛看了一下文稿，就回忆起了那些故事。

今天是星期一，博尔赫斯像在新大陆南端举行不寻常的讲课一样，满口都是颂扬野蛮北方的冰岛语和古英语的诗句。他像神父那样拿腔拿调，幽默地念出那些诗句。

"过来喝点茶吧。"他说。

博尔赫斯颤颤巍巍地站起来。他抓住我的胳膊，我们走到桌前，讲瓜拉尼语的管家范妮已经把盛茶和点心用的银器摆在桌上。博尔赫斯爱吃冷的谷类食物，他每天的早点都有玉米片或者另一种谷物，不加牛奶和糖，就这么干吃。我们坐好后，他让我念两首我已经译成英语的十四行诗，一首选自他最近出版的集子《深沉的玫瑰》，另一首选自他经常在上面发表最新诗作的阿根廷报纸《民族报》。我大声念道：

愧疚

我犯了一个人所能犯的最大过错。

我未曾能够得到幸福。

但愿那无情的忘却冰川

将我裹挟而去，让我踪影全无。
我的父母将我孕育，指望着
我能有一个壮烈而美好的人生，
历经土、气、水、火的洗礼。
我辜负了他们的苦心，
他们的殷切希望没能实现。
我的心思全部用于了艺术，
编造着毫无意义的作品。
他们给了我胆识。我却没有成为勇敢的人。
生而不幸的阴影不肯弃我而消散，
一直在我的身边与我相伴。

还有

失明的人

我瞅着镜子里的那张脸时，
不知道瞅着我的是谁的脸；
我不知道谁是那个反映出来的老人，
带着早已疲惫的愠怒，默不作声。
我在幽暗中用手摸索
我不可见的容貌。一个闪念。
我隐隐约约看到了你的头发：

灰白的，甚至仍带金黄色的头发。
我再说一遍：我失去的只是
事物虚假的表象。
给我安慰的是弥尔顿，是勇敢，
我仍想着玫瑰和语言。
我想如果我能看到自己的脸，
我在这个奇异的下午也许会知道自己是谁。

"你瞧，"他带着他特有的幽默说，"这些诗并没有什么了不起，但译成英语就不一般了。"他那双失明的眼睛（用他自己的话说）发亮了，他的脸也生动起来。然后我把那两首诗的西班牙原文念给他听，他说他记不清了。博尔赫斯一般不保存他的作品，当出版商给他样书时，他随手就送给第一个进他家的客人。他每念完一两行，就响亮地重复一遍，仿佛是初次听到，并且赞叹说："啊，多美啊！"他听人念，并且重复念出听到的诗句时，又扬起头侧向一边，咧着嘴笑，然而那种过度的表现里面奇特地混杂着博尔赫斯不断变化的面孔上的轻描淡写和严峻的尊严。

"《深沉的玫瑰》里你新发表的十四行诗完全符合传统，像克维多的诗那么阴郁，比你早期的诗作更有个人特色。它们有一种隐藏在十四行诗形式下的叙事性的伤感，由于跨行的诗句和其口语特点，这种形式几乎是无形的。无形的十四行诗。"

"呃，我只用西班牙语中简单的韵脚，那些韵脚十分明显，人人都知道，连他们自己都不会注意。如果我用卢贡内斯复杂的韵律，用不知什么字同 reloj（看）押韵，韵脚就会十分突出。不管怎么说，在阿根廷谁都不读诗歌，因此我爱怎么样就可以怎么样。我很安全。没有谁会批评那些诗，因为谁都不会注意。"

"博尔赫斯，在《影子的颂歌》里你说你并不区分诗歌和散文……"

"不，"他打断我的话说，"我并不在我的诗歌和小说之间加以区分，可是别人也许会那么做。"

"我想你也一样。因为你写诗的时候，你不是那些人，不是那些在你的小说里天马行空的，你跟不上他们足迹的博尔赫斯们。诗歌里有一个身为博尔赫斯的人物，尽管他可能是战斗的撒克逊人，或者是来自萨洛尼卡的西班牙犹太人。你、他，或者另一个人在谈论历史、时间或自我，而谈论时的伤感和个人特点在那些捉摸不定的小说里一般是难以发现的。"

"那么说，你喜欢诗歌喽？"

"是的。"

"我的朋友说我的诗歌不是特别好。他们讲的是实话。他们说我应该多写一点小说，何必把时间浪费在诗歌写作上。而我首先把自己看成诗人。"

"你和塞万提斯都是这样，"我说，"只不过可怜的塞万提斯确实错了，因为他没有写出过好诗。"

"不错,塞万提斯是个糟糕的诗人,"博尔赫斯说,"他只写过一行好诗——确实好。英国诗人高明多了。当马洛提到没有顶的高塔时,他指的是那座建筑像巴别塔一样无限高,可是他没有必要说无限。还有,查普曼翻译《伊利亚特》,提到阉割了那家伙时,他说'他们给那个人去了势'。"

博尔赫斯摸索着走到书房,抽出一部沉重的塞缪尔·约翰生博士编纂的词典的上半部。

"这是一位朋友送给我的。不是初版,但也是那个时期的。这部词典此后没有重版过,你知道,这部词典应该重版。"博尔赫斯抓住我的胳膊,我们朝离他的房门有十来步远的电梯走去。

我们花了好长时间才走到电梯门口,因为他没完没了地谈论塞缪尔·约翰生。我们终于到了街上,准备前去《民族报》编辑部,博尔赫斯有一篇诗稿要交给文学编辑。

陪同博尔赫斯在布宜诺斯艾利斯的街道上行走是件危险的事,至少对我说来是如此,也许我没有尽责,因为我虽然注意着前方,要保证我们的安全仍旧不是一件容易的事情。即使一辆宽大的公交汽车朝我们冲来,可能把我们堵在街道中央,博尔赫斯仍旧滔滔不绝,一秒钟都不停。另一位朋友走在前面,试图阻碍交通,因为我们永远不可能在信号灯变换之前穿过街道。字句永远比向我们逼近的机动车更重要。

话虽这么说,博尔赫斯对这些街道十分熟悉,知道哪里要抬脚,哪里要放脚。人行道上有许多破损,每隔十或十五英尺就有坑坑洼洼。我想起了《深沉的玫瑰》[1] 中一首阴郁而有力的诗：

瞎子

他已经被逐出了斑斓的世界：
人们的面孔还是从前的模样，
附近的街道变得遥远朦胧，
昔日的深邃苍穹也不再辉煌。
书籍也只是记忆中的样子，
而记忆又是忘却的一种形式，
保留的只是外形不是内容，
至多不过是简简单单的标题。
地面上到处都是坎坷的陷阱，
每一步都可能踏空失足。
时光不再有晨昏的区别，
我成了似睡似醒的迟缓囚徒。
长夜漫漫。孤苦伶仃。
我当用诗营造自己乏味的疆土。

"人行道像我的国家一样破烂。"博尔赫斯说。

"它的前途如何？"

---

[1] 原文有误，应为《老虎的金黄》。

"我们有辉煌的历史。"

"是啊,这里人人都在谈论全国性萧条。这里除了售货亭以外什么都死气沉沉,售货亭出售从电灯泡到卡夫卡小说的各种东西。"

"那是十年来我们唯一得到的好东西,"他说,"售货亭。但是在十九世纪,我们到处都在为阿根廷的独立而战。我祖父在战斗中胸部中弹而死。如今我们有了那个戴绿帽子的庇隆。他进行过的唯一战斗是争取把拉普拉塔市(La Plata)改成他老婆的名字,这件事上他也失败了。他为了纪念她,想更名为婊子(La Puta),但不愿接受妥协方案 La Pluta。说到头,阿根廷(白银之国)有一个 La Pluta——银婊子——也很好。"

我们走在拥挤的人行道上时,人们一般都会靠边让路。有几位警察背朝我们,站在购物大街佛罗里达街中央。人们绕过他们,我们却直接从他们中间穿过去。他们听到声音,敏捷地跳到一边,在最后一刻看到老绅士朝他们走去。时常有人上前同博尔赫斯握手。博尔赫斯说这些行人都是他花钱雇来的。在街区附近打转的也是这些人。"我干了庇隆干的事情。他雇人参加群众大会,呼喊口号。"一名男子走到我们面前,用华丽的词藻招呼博尔赫斯,抓住他的手用力摇晃:"博尔赫斯,你是不朽的。"

"别那么悲观,先生。"博尔赫斯温和地回答。

庇隆一上台,博尔赫斯就从布宜诺斯艾利斯一个小图书馆的职位上给开除了。他被任命为露天市场的禽兔检查员。对于一位视力不佳的图书馆馆员来说，那个职位根本不合适。他辞职不干。一九五九年庇隆下台后，博尔赫斯被任命为国家图书馆馆长，但此时他只能靠左眼看到少许光亮。他对我说了好几次，他们让他回到藏书八十万册的图书馆，他却只能在黑暗中望书兴叹。这种困扰他的情绪记录在他著名的《关于天赐的诗》里：

> 上帝同时给我书籍和黑夜，
> 这可真是一个绝妙的讽刺，
> 我这样形容他的精心杰作，
> 且莫当成抱怨或者斥责。
> 他让一双失去光明的眼睛
> 主宰起这卷册浩繁的城池，
> 可是，这双眼睛只能浏览
> 那藏梦阁里面的荒唐篇什……

"我年轻时到过巴黎，认识一位非常正统的诗人。可怜的人，他十全十美。"我们谈起叶芝、e. e.卡明斯和艾略特，说叶芝作品的质量随着年龄增长而提高，卡明斯不然，而艾略特则停滞不前。

"卡明斯和庞德写诗时戴上面具，你却把面具取下。"我说。

"艾略特是位好诗人，不是吗？然而是沉闷的批评家。弗罗斯特是优秀的诗人。我很想认识他。"

"弗罗斯特的语言简洁,"我说,"当时被认为陈旧,现在又被认为现代了。它经受了时间的考验。"

"弗罗斯特是位非常棒的诗人,"博尔赫斯补充说,"可你知道他是个糟糕的农夫。"

另一位老人握着博尔赫斯的手,赞赏他反对庇隆的政治态度。博尔赫斯问他姓名,对于街上过来搭话的人,他多半都会这样。他总是笑得很真诚,用力握住对方的手。博尔赫斯对那位绅士说,他(博尔赫斯)在政治方面已经稍稍过了春天。一位夫人情绪激动地称他为阿根廷最伟大的作家,他轻声说:"你说的话清楚地表明我们的国家正在经历一个困难时期。"

我们走到《民族报》大楼时,发现电梯坏了,于是我们爬上三楼。他不要歇息,他说歇了反而可能觉得更累。"我们不如接着爬,赶在楼梯也坏掉之前。布宜诺斯艾利斯是全世界唯一发明了电梯以后还找得到楼梯的城市。电梯每运行必出故障。"我们在黑暗中爬楼梯时——电灯也坏了——博尔赫斯很平静自信。有没有亮光,对他完全一样。

"你为什么不气喘?"我在楼梯口问道,他说楼梯和我们大家一样累了。

他用深沉的、假装恭敬的声音回答说:"恐怕我已经过了气喘的年龄。"

到了文学编辑的办公室,博尔赫斯从口袋里掏出他的诗稿。编辑大声读了出来。

"你喜欢吗?"博尔赫斯问道,"你认为你有可能刊用吗?"

"是的,很有可能。"编辑郑重地回答说。博尔赫斯始终如一的取笑几乎永远引来相似的语气。"好吧,博尔赫斯,如果我们能够塞进版面,你希望星期一还是星期日见报?"

"你把它当作文学的慈善行为,"我问道,"还是文学公平待遇的范例?"

"我那位编辑是非常慈悲为怀的家伙。"博尔赫斯回答说。

我们下楼时,博尔赫斯没有可以扶手的地方,陡直的楼梯下比上难。

"我们在下地狱。"我评论说。

"布宜诺斯艾利斯就是地狱。但丁要人们进地狱时放弃希望是在开玩笑。事实上他是在安慰人们。"

我引用了加西亚·洛尔迦有关楼梯的诗句:"楼梯,月亮的扶手,那里传来潺潺水声。"

"那个洛尔迦不太聪明,"博尔赫斯说,"真拿他没有办法。在纽约待了一年,连一个英语单词都没有学会。"

我们从没有机动车辆通行的佛罗里达街步行回去时,海阔天空地谈论西班牙诗歌。博尔赫斯说,苏格兰民谣比那些古老的西班牙八音节诗好。"八音节诗不是最好的,你知道。"

"你太可怕了。"

"呃,我们太熟悉西班牙诗歌了,它们存在于我们的血液里,我们甚至不需要读。因此我们并不很了解。"他带着浓重的盖尔口音背诵道,"渡过海洋,前往挪威,前往挪威,前往挪威。艾米莉·狄金森和爱默生一脉相承,不是吗?"

博尔赫斯不停地谈论诗人,每提到一个诗人总要背诵他的四五行诗句。他引用了荷尔德林、里尔克、弗罗斯特、卢贡内斯、《贝奥武甫》、波德莱尔——"他是个笨拙的诗人,你同意吗?"——他用德语、英语、西班牙语、盎格鲁-撒克逊语、拉丁语和法语吟诵诗句。他优美地诵读了荷尔德林的一首诗后说:"那些可怜的德国人能用他们的意第绪方言写诗算是不错了。你喜欢西塞罗吗?不管怎么说,他对散文的贡献超过希腊人。我是说,西塞罗使得拉丁散文歌唱起来。有一位乌拉圭女诗人,德尔米拉·阿古斯蒂尼,只写过一句好诗——那是五十年前的事了,在蒙得维的亚:'夜晚,你的金钥匙插进我的锁里唱歌'。五十年前写出这种句子是需要勇气的。"

"是啊,因为二千五百年前她没有在米蒂利尼写出来。顺便问一句,博尔赫斯,《深沉的玫瑰》里有一首骇人的短诗,《献给一位小诗人》:终极的目标是被人遗忘,/我早已实现了这一梦想。"

"主题来自希腊诗集。当然,我不懂希腊语,但是有洛布古典丛书和德文译本。我虽然对犹太教神秘哲学很感兴趣,但我不懂希伯来语。我在不懂希伯来语的情况下尽力而为。自从我失明以来,"他突然悲哀地说,"我再也不能阅读和写作了。"

"你思考、感受。"

"是的,只能思考、感受。"

我们走到他家附近时,我问他,诗情来临时是不是像我们刚才所说的飞鸟或者猛禽扑向帕尔西人的寂静塔。

"我带着萦绕在头脑里的诗走来走去,直到它们制服了我。于是我把它们口授出来,因为我不能继续把它们藏在暗处了。"

"为什么不能?"我问道。

"因为我失明以后就失去了黑暗。我不知道夜晚是何物,因为一切都是蓝绿色,像雾一样,从来不是黑的。"

"你做梦的时候呢?"

"我梦中什么颜色都有。非常强烈的颜色。"

"你梦中是不是用盎格鲁-撒克逊语说话?"

"我的盎格鲁-撒克逊语没有好到那种程度。"他背诵了《马尔登战役》的开头几行:

brocen wurde

Hēt pā hyssa hwæne hors forlætan,

feor āfȳsan, ond foro gangan,

hiegan to handum ond tō hige gōdum [1]

几个小时过去了。博尔赫斯当天傍晚要离开,前去美国逗留

---

[1] 古英语,大意为"与维京人对战中,英国首领命令将士弃马前行"。

五天。出租车来接我们去机场，司机说出车条上通知他去接一位博恩斯先生。博尔赫斯觉得这个错很有趣，但我们坐在前面开始这次四十分钟的行程时，他的神情很严肃。他谈起他的母亲。

"她几个月前去世了，终年九十九岁。最后六个月，她非常痛苦，每晚都祈祷那是她最后一夜。第二天早上醒来，发现自己还活着，她便说一定是上帝为了她的某宗罪过惩罚她，她却记不起来了。我叫她别犯傻了，不管怎么说，根本没有上帝，她也没有犯什么罪。"

"你有一篇小说讲的是一百岁、二百岁的人被判了永生，怎么也死不掉。"

"确有此事。我写那篇小说的时候很快活。我在开玩笑。我从未想到真会有这类事情。"

"你的新书写了许多失明的困扰。"我说。

"是啊，一本受到困扰的书。但是我谈失明不是出于抱怨，我只想把我知道的事情告诉人们，失明是什么感觉。"

"失明是否影响你别的感官？"

"我的记忆力可能加强了一点。那是必然的，因为我得记事。我得把所有的事情都记在心里。也许我集中思想的能力提高了一点。"

自杀的问题提了出来。我谈到我家有人自杀。他告诉我说，他的祖父是战争结束时自杀的。

"你说什么？"

"呃，我的祖父弗朗西斯科·博尔赫斯·拉菲努尔上校所属的一方在一八七四年拉维尔德一役战败，当时他只有二十四岁。他披了一件白色的大氅，骑上一匹灰色的花斑马，双臂抱胸，朝敌方的壕沟冲去。敌人当然在他胸膛上打满了子弹。他是自杀，但没有跳崖或者用左轮手枪。他用了整整一支军队。我年轻时也想过自杀。人人都有过这种念头，不是吗？年纪大了之后，就会觉得眼前可怕的事情以后不一定这么可怕，于是学会了控制自己的情绪。"

我们谈到了他的为人。谦逊或傲慢这类形容词都沾不上边，博尔赫斯一贯我行我素——他说人们写了不少评论他和他的作品的书籍，他只看过一本，也就是第一本，别的不想看了。

"他们在我身上看到许多东西。在我作品里也看到许多东西。那不是坏事，因为我的写作只是个开始。可是他们为什么要说'有问题'或者'离奇'呢？有时候，他们在评论里写一些使人非常难受的东西，他们事先不来找我，这让我很不高兴，因为我多半都会同意的，并且可能谈出更多的东西。事实上，我们是可以合作的。我可以给他们很大帮助，他们也不必瞎琢磨了。"

"你有时候去参加座谈会，而座谈会谈的正是你，那是怎么一回事？"

"这类事情经常发生，因为我心里想拒绝，嘴里总是同意了。我不知道我为什么在这里，搭乘这架飞机。"

我们爬上飞机的金属舷梯。我们进飞机之前，有一段舷梯特别不好走。

"我在什么地方?"博尔赫斯抬头,在黑夜里四下张望。时值十一月,空气很暖。

"你还得上去一英尺,然后就进飞机了。"

博尔赫斯用他的桃花心木拐杖估计了一下距离,小心翼翼地踏进了机舱。

原载于《丹佛季刊》,丹佛大学,第十五卷第一期,一九八〇年春季刊,第四十八页至第五十七页。获准转载。

同豪尔赫·路易斯·博尔赫斯的谈话

唐纳德·耶茨/一九七六年

一九七六年二月六日，豪尔赫·路易斯·博尔赫斯应邀参加密歇根大学英文系召开的非正式讨论会，与会者有该系教职员工、毕业生以及《吉卜赛学者》的编辑。陪同博尔赫斯的是罗曼语系的唐纳德·耶茨教授，后者目前在撰写一部博尔赫斯的评传。下文的对话记录了与会者同这位阿根廷诗人及作家谈话的主要内容。

问 我们很想听听你对你自己作为二十世纪作家的看法。

博尔赫斯 首先我认为自己是十九世纪的作家，我不认为自己是现代的。我今年七十六岁。我早在一八九九年就出生了，因此我有权利认为自己是个老保守派。现在我将回答你们的问题。

问 我翻阅你的《探讨别集》里的散文时，我想到的第一件事就是，比如说，你提到的十九世纪的人物，十分频繁的是德·昆西，罗伯特·路易斯·斯蒂文森，其他人则几乎不提，你可能料想得到，例如简·奥斯丁或者乔治·艾略特。当然，我谈的主要是《探讨别集》里出现的人。

博尔赫斯 他们都是我这个时代之前的人,不是吗?

耶茨 你不妨谈谈简·奥斯丁藏书的故事……

博尔赫斯 好,我想起了马克·吐温的笑话。他说,我认为他明显错了,即使把简·奥斯丁的书撇在外面,也可以构成一套很精彩的藏书。即使那套藏书不增加新的书,它仍然是世界上最好的藏书。我不同意他的说法,我想谁都不会同意。

问 我想如果我们要设置一门供大学本科生读的十九世纪英国文学课程,主要人物可能是上述这些。你提到了德·昆西、罗伯特·路易斯·斯蒂文森等,你是否可以评论一下,或者谈谈这些作家有什么特别之处?

博尔赫斯 拿托马斯·德·昆西为例,我认为他对我来说是必不可少的。我反复看了《一个英国瘾君子的自白》——我认为那是世上最悲哀的书,或者不如说是最悲哀的文章之一。在《伊曼努尔·康德最后的日子》里,我们看到一个绝顶聪明的人,一个天才,在读者眼前极其缓慢地化为碎片,最后变成一堆简单的结构。我认为这是德·昆西最精美的文章之一。让·保尔的《拉奥孔》是一个极好的译本,很奇特,后来人们把德·昆西从德文版翻译的本子和它比较。我发觉德·昆西一直在充实题材,因为他说,德国人最不能令人满意的地方是他们很少举例说明。我的意思是,他们只给你一个光秃秃的陈述,你自己要去找例子。但是他在营造例子,我得说,莱辛相当枯燥的散文就变成了德·昆西美妙的散文。我认为德·昆西值得注意的地方主要在于他的风格，特别是当他谈起梦魇、迷宫和诸如此类的事物的时候，他的句子仿佛也是迷宫。有些段落我能背诵——我曾反复阅读——我和他仿佛是相识已久的老友。我是说我爱他，无论他是和我同时代的人，还是我心仪的古人。我应该说他的影响也许大于切斯特顿，甚至大于罗伯特·路易斯·斯蒂文森。德·昆西是个十分奇特的人。举例说，他告诉我们，《天方夜谭》的一个奇妙之处在于，魔术师为了查明能去取神灯的人，把耳朵贴在地面上，听到了千百万的脚步声。然后，他辨出在中国的阿拉丁的脚步，知道他是合适人选，是世界上唯一能够找到神灯的人。德·昆西和他妹妹谈论这一情节，认为这是《天方夜谭》中最富于想象力的章节。我开始寻找。我翻阅了加朗的译本、爱德华·威廉·莱恩的译本、理查德·伯顿上尉的译本（直译本），遍找无着。这说明德·昆西的记忆是创造性的。他又说："我不由得想，最小的东西可能是过去秘密的镜子，任何东西都可能是一把能够打开通向什么地方的门锁。"接着他写下了一些意味深长的文字。他写道："我形成了一个想法：通过《天方夜谭》的那一章节，可以看到整个世界就是某种秘密字母表。"——而那一章节在《天方夜谭》里是找不到的！

耶茨 在你自己的作品中，在你的群星谱里，有斯蒂文森，有切斯特顿，有吉卜林，有威尔斯，但是没有乔治·艾略特和简·奥斯丁。是不是因为她们不包括在你很小的时候就开始阅读的、你父亲的藏书之内？

博尔赫斯 我认为简·奥斯丁是的，乔治·艾略特却不是。你说的可能是原因之一。那些书都是在我年纪很小、还是孩子的时候看的。那以后看的书给我留下的印象较浅。

耶茨 你会不会说你的阅读、你的阅读兴趣、对你写作影响最大的作家也是你父亲或者是你祖父喜爱的？

博尔赫斯 嗯，当然，比如说，我祖父非常喜爱狄更斯，我也如此。我父亲却一向不喜欢。

耶茨 你的祖母喜爱贝内特，我觉得你从来没有在什么地方提过贝内特……

博尔赫斯 我认为贝内特是优秀的小说家。"五镇系列故事"和《老夫人的故事》都是好书，但对我来说不是必不可少的。那些书在你年轻的时候可能在短期内有价值，不是吗？《埃尔默·甘特利》怎么样呢？不过即使没有那些书，我生活得也不错。我看阿诺德·贝内特的作品时，觉得他是个能干的小说家，但不是一个很有意思的人，不是在德·昆西、斯蒂文森，或者萧伯纳那种意义上的有意思。

耶茨 你是说他们在书籍以外的生活，书籍背后的为人？

博尔赫斯 是的，我说的可能是那层意思，不过也是书籍所传达的对作家的印象。

问 我想听听你对斯蒂文森的看法。你认为他最有启发性的地方是什么？

博尔赫斯 我认为斯蒂文森的每一页文字都特别有启发性。当然,我觉得文学趣味是不能强求的。我是说假如你不喜欢一位作家,我不能说服你,非让你喜欢不可。假如你不喜欢斯蒂文森,我再怎么做都不管用。现在,我甚至可以拿那首耳熟能详的诗做例子:

> 广阔天空,星汉灿烂,
> 挖好墓穴让我躺下,
> 我活得快乐,死而无憾,
> 躺下时我怀着一个心愿,
> 请把这些诗行刻在我碑上:
> 这里躺着向往躺在这里的人;
> 海外的水手远航归来,
> 山林猎人回到了自己的家。

嗯,假如这些字句不能打动你,我就无话可说了。斯蒂文森都做不到,我又能做些什么?但是有关斯蒂文森,我还有一些别的话要说。我认为切斯特顿的魅力之一(我不知道是不是能这么说切斯特顿)在于你阅读《布朗神父探案集》,或者《名叫星期四的人》,或者《情况知道得太多的人》的时候,你觉得发生这些事情的伦敦并不是真正的伦敦——如果确实有真正的伦敦的话——而是童话的伦敦。我想那个发明或者发现童话的伦敦的人就是斯蒂文森，因为在斯蒂文森的《新天方夜谭》里，你看到的伦敦具有相似的童话城市的印象。我猜想这种情况的根源可能在于，斯蒂文森初来伦敦时，伦敦在他眼里也许是个童话城市，因为他来自一个美丽但截然不同的城市。他来自爱丁堡。他写小说时，小说的名称就说明了内容——《双轮双座马车历险记》《弗罗里策尔王子历险记》《自杀俱乐部》等等。

以斯蒂文森的情况来说，有一点是我十分珍视的，那就是勇敢。我始终认为斯蒂文森是个勇敢的人。他谈论一个也许像他一样多病的朋友，直到生命的最后一刻还露出笑容。他在太平洋那个小岛上缠绵病榻，写下了他的生平、他同一个美国女人的婚姻、他同继子的关系，始终保持微笑。顺便提一下，有一本书似乎谁都没有看过，是他和劳埃德·奥斯本合写的，一本侦探小说，或者如他所说，一本警匪小说——《破坏者》。我希望你看看那本书，我认为那是一本极好、极好的书。我反复读过斯蒂文森的作品，我认为他的风格非常轻松，比切斯特顿轻松。有时候，切斯特顿相当沉重，他讲的笑话比较生硬，可是斯蒂文森就轻松多了。我记得翻译斯蒂文森作品的安德烈·纪德说过一句名言："Si la vie grisé..."（如果生活微醺……）我不知道怎么翻译"grisé"。不是"醉醺醺"，有点像是"飘飘然"，不是吗？你会怎么翻译，耶茨？"Si la vie grisé"——像是香槟酒。斯蒂文森很喜欢香槟酒。他老是把香槟酒写进他的书里。那似乎是最适合他的东西。

耶茨 我说不好。我认为那一定是介乎你所说的"飘飘然"和"醉醺醺"之间的感觉。

博尔赫斯 不,"酒醉"代表某种不舒服的感觉,吵吵闹闹。"grisé"是酒醉的开始,轻度的酒醉。

耶茨 比如说,"grisé de parfum",为女人的香水所眩晕。

博尔赫斯 我觉得斯蒂文森一定会欣赏的——欣赏安德烈·纪德的措辞。

问 今年秋季我听你演讲,你说任何人阅读你的诗或者其他作品时,都会有作品重新被创作的感觉,你对读者的尊重给我印象极其深刻。

博尔赫斯 嗯,我认为诗只有在被阅读的时候才存在,不然的话,书本只是众多物品中的一件,一个具体的东西。有人阅读时,它就变得活生生的,它在你的意识中鲜活起来,你便可以说你在阅读它,或者说在和作家合作。我认为那是一个事实,不言自明,不需要讨论。可是斯蒂文森说的东西让我觉得了不起。他说:"一本书中的人物是什么?"然后他相当认真地回答——"说到头,人物无非是一连串词句。"当然啦,人物是由一连串词句创造的,可是你不会想到人物就是一连串词句。你不会把哈克贝利·费恩当作一连串词句,不会把哈姆雷特或者巴兰特莱少爷当作一连串词句。你把他们当作活生生的人物,不仅在作家谈论他们的时候,而且在"字里行间",不是吗?比如说,假如你看的一本书里,人物去睡觉了,作家不再把他的情况告诉你,可是第二天早晨，假如人物是个活生生的人物，你就觉得他睡过觉，做过梦，不论作家有没有把他的梦境告诉你。因此，我认为斯蒂文森感觉绝望或者消沉的时候，肯定写过那种想法——人物只是一连串词句。谁都没有想到人物是一连串词句。你认为匹克威克先生是一连串词句吗？

问 你对读者有了那种看法以后，你认为文学批评这一行是什么，应该是什么，或者是否应该存在？

博尔赫斯 当然应该存在。文学批评家是邀请别人去做梦的人，或者是进行创造性阅读的人，因此他给读者一些不同于在书中能找到的东西。举例说，我记得看了萧伯纳的《易卜生主义的精髓》以后，我对易卜生的某些剧本感到失望。说真的，经过萧伯纳研判后的剧本比原创剧本更引人入胜。于是我想到萧伯纳充当着作家和批评家的双重身份。假如他一成不变地只向我们介绍易卜生剧本的情节，就未免失之平庸：那是十分容易的事情。你知道，他现在是在展示剧本。有一本很有名的西班牙语作品，《堂吉诃德与桑丘传》，作者是米格尔·德·乌纳穆诺。我觉得他的浪漫主义手法有点过头，但是他的立意十分有趣：从头到底复述一遍《堂吉诃德》这部小说，加以再创造、再构思。当然，他也许走得太远，也许拐错了弯，但是那本书仍然十分有趣。你看那本书的时候，可以同意他的意见，也可以不同意，不过你对原著的看法起了变化。

问 你的许多小说都有寓意。你在什么地方学的讽喻手法，如果这个问题适用于你的话？

博尔赫斯 嗯，我并不认为我的小说是讽喻——当然它们也算是讽喻——可是如果要我说它们不能被当作小说来看，恐怕我讲的不是真话。从某种意义上说，我不知道作家是不是真的认为他写的东西有讽喻意义或者象征意义。当然，我们主张象征，主张讽喻，但不是立竿见影的。以某些不是大作家的诗人来说，你认为他们的作品只是一个关于品德，或者勇气，或者不论什么，或者某种社会典型的寓言。然而，当你阅读一位大作家的作品时，你会觉得那些人物、那些情节，或者那些寓言都是真实的，都超越了别的意义，不是吗？说到头，外在的意义是人们加上去的。当然，我知道我写的东西有许多是寓言——我管它们叫寓言——但是我希望我能写出现实的书，也许我已经成功了。谁说得准呢？

问 呃，你心里既然有了那种想法，你对布莱克的史诗有什么看法？

博尔赫斯 我永远不能彻底理解布莱克的神话。但是我认为布莱克是个优秀的思想家，而且也许是斯维登堡最优秀的门徒之一。可是就诗歌而言，我不太喜欢。他的诗歌有些地方非常笨拙、非常累赘。不错，偶尔有些漂亮的句子：谁会忘记那个女神爱上凡人时的情景——真抱歉，女神的名字叫奥桑，相当难听——凡人说"奥桑布下了钢丝的网、钻石的陷阱""……姑娘们像柔软的白银和张扬的黄金"，多么美妙——"姑娘们像柔软的白银和张扬的黄金……"？至于说布莱克的诗需要一本专门诠释他所用的神话的词典，这种说法失之偏颇。我要说如果不同的神都需要词典诠释，告诉你洛斯是时间之神，埃尼萨蒙是空间之神，这样一来，我觉得神话学就有欠缺了。我认为布莱克犯了创造神话的错误，如果他引用了希腊神话、罗马神话，或者基督教神话（也是一种神话），那么他的作品就比较容易理解了。

问 我今晚注意到，在你以前的演讲里我也听到过，你赞扬你最喜爱的作家的方式是赞扬作者而不是赞扬作品。你在你自己的作品里，是否企图传达你的个性，或者体现你所信赖的、你试图获得的某些东西？

博尔赫斯 我觉得你的观察十分敏锐，甚至是正确的。我写一篇小说或者一首诗的时候，并没有把它当成我自己的象征。我想的是这篇小说在我看来很有趣，在别的读者看来可能同样有趣。举例说，我从没有先找一个抽象的概念，然后找一个象征套上去，我从没有写过这种意义上的寓言。我以象征开头。我对象征感兴趣。然后，我找出超越象征的寓意。至于弄懂寓意，就不是我的任务了。我的方法可能是错的，可是到了现在这个年纪，我找不出别的方法了……为时已晚。

问 我对个性问题相当好奇；你是否希望读者觉察到你作品背后的个性？

博尔赫斯 在我的诗歌方面，也许有这种情况。但是似乎谁都不太在意我的诗歌，他们可能是对的。可是在我的小说里，他们感兴趣的，甚至像孩子似的急于知道的，是情节，是人物。当然，我认为只要提起斯蒂文森、切斯特顿、吉卜林，或者布莱克的名字，仿佛就在谈论凸现在你想象中栩栩如生的人物。我不认为需要对斯蒂文森、切斯特顿，或者任何其他人下定义，因为你一旦知道他们的感觉，你就了解他们了。

问 我好奇地发现，博尔赫斯，你最欣赏的作家似乎都是具有高度叙事天赋，也就是具有讲故事天赋的作家——我听了你谈自己的小说以后，不免怀疑这正是你的主要兴趣所在——然而我认为你的声誉和吸引力更在于哲理和象征的成分，而不是故事本身。

博尔赫斯 我希望我具有讲故事的天赋。我希望我是山鲁佐德，可惜不是。尽管如此，我必须尽力而为。讲故事并没有什么不妥。我们拥有讲故事的文学——史诗就是一个精彩的故事——那有什么不好意思的？尤其是在我们的国家，阿根廷人似乎特别喜爱字句，喜爱杜撰新词，编排文字。我喜欢听故事，想知道后来发生了什么。我认为情节是重要的。再说，情节也是象征，情节是传达信息的方式。可是我更感兴趣的是情节，而不是情节传达的信息。我认为我敏锐地意识到字句的美。我对音律相当敏感。耶茨，你今天指出我心里，我的记忆里满是字句和引语，我之所以能记住是因为我喜爱那些诗歌。

耶茨 你为什么认为你在出版了八本书，经过了三十三年以后，才敢尝试叙事作品？

博尔赫斯 那是环境决定的。人们把我当成诗人,甚至批评家,可是从来没有把我当成讲故事的人。因此,我讲故事的时候真的觉得自己是外人,是闯入者。我一辈子都在阅读故事,觉得自己不是写故事的料。于是我找到了折衷的办法,散文和小说的杂交。你明白,那不是我的文学天赋,那出自我的腼腆。

耶茨 假如你想开一点,你何必在乎人们把你当成诗人或者批评家呢?

博尔赫斯 呃,我的朋友们把我当成诗人,他们从来没有把我当成讲故事的人。当然,我不想写一篇故事让他们大吃一惊,因为我认为自己不是写小说的料。

耶茨 为什么?难道因为你看过的故事都那么好吗?切斯特顿好得超越你吗?斯蒂文森超越了你吗?威尔斯超越了你吗?

博尔赫斯 不错,吉卜林超越了我,《天方夜谭》超越了我。事实上,几乎每个人都比我强,我就是那么感觉的。我觉得我可以尝试诗歌和评论,当然,没有多考虑当批评家。假如你的文笔清新,能表明某些观点,那就可以胜任。但是,就小说来说,那还是不够的。至于诗歌,我认为我懂得诗歌的诀窍——当然我并不懂得——我认为我知道怎么对付那种事情,但是小说超出了我的能力范围。

耶茨 紧接而来就产生了和这个问题相关的两个问题:一九二〇年代末,一九三〇年,你为什么停止了诗歌写作?那是第一个问题,因为你放弃了诗歌创作;其次,你为什么摒弃了你在那以前出版的全部散文作品——仿佛你在进入一九三〇年代以前要磨掉全部痕迹，烧毁桥梁似的。在我印象中，你在一九二〇年代出版了两本书以后，在一九三〇年代的十年中写了六首诗。你为什么要否定你在一九二〇年代出版的全部散文？

博尔赫斯 因为我写的散文不够好，因为它们让我不舒服，我看了就会脸红。你知道，我当时着手做的事情十分可笑——我居然打算重写托马斯·埃雷拉·德·里维耶拉[1]的作品，现今根本做不到。我觉得那些书对我毫无意义。我不同意那些书的观点，全是异端邪说。举例说，我认为比喻对诗歌来说是必不可少的，但是考虑片刻后，又觉得民间诗歌里并没有比喻，或者只有陈腐的比喻，于是整套理论都错了。事实上，你不需要比喻，因为真正的比喻、本质的类同存在于事物之中，早已被发现了。

问 那么，作家的独创性在什么地方呢？如果一切早已被发现，那么作家的创作只不过是把早期遗留下来的杰作再作一次理想的编排……

博尔赫斯 你知道，无论作家也好，普通人也好，最重要的是发出新的声音、新的语调。人们一再重复同样的故事，可是叙述的方式有所不同。首先，你要用一种语言，那种语言被包含在某种传统之内。举例说，乔伊斯发明了一种新的语言，但是那种新的语言，《芬尼根的守灵夜》里的语言，是以英语为基础的，

1　Tomás Herrera de Riviera（1802—1854），哥伦比亚将军、政治家。

因此它并不算是真正新的语言。我记得乔伊斯的诗句——

>　　The rivering waters of ...
>
>　　The hither and thithering waters of night [1]

非常美的诗句，不是吗？我可以理解 rivering 来自 river（河流），hither and thithering 来自 hither and thither（到处），night 还是 night（夜晚）。因此我真的不知道一个人能否脱离传统，而每一种语言都是传统。我并不认为我十分在乎作为语言的西班牙语，但是我清楚地知道西班牙语是我的天数，是我的传统。我不能超越，而且我也不应该超越。

问　你以前也说过这种话，我不清楚是什么意思。它在哪种意义上是你的天数呢？

博尔赫斯　我在布宜诺斯艾利斯出生，用西班牙语写作应该是理所当然。我不认为我能成为英语作家。就西班牙语而言，我认为我了解游戏规则，我对语法等有些知识。

问　西班牙语是不是有英语所没有的优点？

博尔赫斯　我怀疑西班牙语有优点的说法。当然，由于英语对我来说是乐趣而不是苦事，我的看法有点不同。但是我必须努

---

[1] 引用有误，原文为"Besides the rivering waters of, hitherandthithering waters of. Night!"

力对付西班牙语,因此我了解它的全部困难。你看到别人写的东西,可能是长时间斗争的结果。写东西的人可能打了好几次草稿,你不由自主地会发现那一点。你从页面上就能感觉出来,你不知道作者本来想写什么,作者却清楚他自己想说什么。举例说,他知道他没有达到心目中的要求,他知道某些字词不恰当,他知道某一类字词只用作连接,另一些字词是多余的,他知道他写的东西里的所有弱点。我们不妨假设每种语言都有这种情况。我知道用西班牙语写作有多么难,因为五十年来我一直试图用西班牙语写作,也许失败了许多次。如今我阅读用西班牙语写的东西时,我看得出作者的问题出在什么地方,哪个字格格不入,因为作者找不到更恰当的字了。如果换了英语,那些地方我是看不出来的,我照单全收。

问 是不是有些东西能用西班牙语说,而不能用英语说?

博尔赫斯 不。但是有许多东西能用英语说,却不能用西班牙语说。

问 你想到的是哪一类东西呢?

博尔赫斯 我想到的是动词和介词的组合,比如 explain(解释)和 explain away(通过解释消除),西班牙语没有 explain away 的说法。loom(隐约出现)和 loom over(隐隐约约地俯视),也许可以这么说。但是像 he kissed away her tears(他吻去她的眼泪)那样不好的句子,简直太可笑了,西班牙语是不能这么说的。你不能说"吻去",你可以说"他不停地吻她,直到她不再哭泣"。那种说法可能更差。再有，live up to（不辜负……期望）或者 live down something（通过行动使人忘掉）。我想在日耳曼语系里是可以这么说的。据我所知，在西班牙语或者法语里是不可以的。你得换一种迂回的说法。

还有许多表达感觉或者感觉存在的词语。举例说，eerie（令人毛骨悚然的）和 uncanny（怪异的）。西班牙语里没有这一类词，因为西班牙人从来没有那种感觉。德语里有 unheimlich（阴森森的），那恰好是苏格兰人所说的 uncanny 的意思。在西班牙语里，weird（不可思议的）不存在，wistful（愁眉苦脸的）不存在。我认为 grim（令人生畏的）也不存在。当然，英语已经经营了好几百年，作为语言它是不可避免的。可是以乔伊斯的句子为例，"沿岸流淌的河水……晚上此起彼伏的水声"，我不能用西班牙语说。真的很别扭，很笨拙。

问 我在琢磨是否可以重提我们先前谈过的话题——也就是你对叙事和讲故事的兴趣。我不明白你最近为什么说"我接受不了长篇小说，因为我写不了，而且不感兴趣"，现在我明白短篇小说有可能成为寓言故事最有用的载体。另一方面，你说你目前写的小说更直截了当……

博尔赫斯 长篇小说的要求高于讲述故事。你需要人物，你必须显出放慢节奏的样子。爱伦·坡说过，根本没有长诗这类东西，我和他有同感。长诗只是一系列的短诗。爱伦·坡写短篇小说的时候，他要求紧凑。我觉得吉卜林后期的短篇小说内容充实,可以和任何长篇小说相比。举例说,我认为他最近的短篇小说《安条克的孩子们》充实得像一部长篇小说,可是篇幅只有二三十页。康拉德,当然,他写了谁都认为是短篇小说的作品,而如今我们读到的作品无一例外都笼罩在《黑暗的心》——一部绝好的长篇小说,不是吗?——的光芒之下。我发现他在小说的开头提前做了卡夫卡所做的事,我在全书开头的十页或者十五页里找到了卡夫卡的全部优点。使事物变得可怕,不一定试图使它们变得真实,而是坚持说它们就是真实的。小说里的人物披荆斩棘到了非洲。记得吗?他沿刚果河溯流而上,看到了法国炮舰,或者是比利时炮舰轰击内陆。他始终坚持说那些东西全不是真的,他看到的人是纸糊的,他可以用手指捅破。那真不可思议,因为二十年后卡夫卡才做到这一点。

耶茨 这么一来,你的有关卡夫卡及其先驱者的散文就容易理解了。我们想起康拉德的原因之一在于他是卡夫卡的先驱者。你可以追溯到一大批作家,卡夫卡使得那些人栩栩如生,因为他们让我们想起了卡夫卡。

博尔赫斯 以康拉德的情况来说,我认为他不需要卡夫卡。

问 你仿佛在探讨柏拉图的宇宙观和人类应对表象世界的不稳定性的企图。

博尔赫斯 我完全没有意识到。我的意思是说,我这样做是不自觉的。

问 你对柏拉图的哪些方面特别感兴趣?

博尔赫斯 说起柏拉图，你觉得他在用抽象的方法推理，有时也用神话。他会在同一时间做那两件事。如今，我们似乎丧失了那种本领。我的意思是说，我们已经从神话转向了抽象推理。但是柏拉图可以同时做两件事。我认为我们在《苏格拉底最后的日子》里深切地感受到了那一点。当苏格拉底要喝毒芹汁赴死时，仍旧心念他十分珍视的东西——灵魂的不朽——他有时谈到此事。他探讨可能性，援用他深信不疑的灵魂不朽的论点。有时候，他又回到了神话，似乎丝毫没有意识到两者的区别。我认为在那个时代是有可能做到的，但是现如今那两件事似乎被不透水的密封舱分隔。我们要么在思考，要么在做梦。可是柏拉图和苏格拉底能兼做两件事，莎士比亚或许也能做到。举例说，莎士比亚会申明使用比喻或者象征，但与此同时，他也可能会说"成熟就是一切"。我不知道这是抽象还是象征。这更像是抽象，但是他能同时做两件事。我们要么是康德那样抽象的思想家，要么就是梦想家。当然，爱伦·坡希望成为思想家，可是我认为他是真正的梦想家，至少他最优秀的短篇小说是这样体现的。

问 你曾经几次谈到你对读者的尊重，以及读者阅读你的小说时如何发挥创造性作用。我读你的小说时感觉自己并没有发挥多少创造性作用，更吸引我的是小说里的环境或者感觉。有时候更像是被拉进去的，而不是我主动投入的。

博尔赫斯 你应该主动投入。假如你不投入书里，那又何必读它？假如你不和作者一起分享……

问 你说读者应该发挥创造性作用，我却觉得——我听别人也说过——读者是被拉进你小说里的环境，拉进一个早已存在的世界。

博尔赫斯 你是否认为那两种概念互相抵消，不能兼而有之？我是说，我谈的是分享，你谈的是被拉进去。我应该说，那是同一件事的不同比喻，至少我是这么感觉的。我不知道你是怎么理解的。

耶茨 我想她是在表达许多读者都有的一种感觉——他们受到了"威吓"，或者至少是被弄得很不舒服，不自在……

问 一点不错。

耶茨 ……我想那也许是某些无意识的东西。博尔赫斯，你试图用你写的所有东西来扰乱读者。

博尔赫斯 如果我那么做了，我请求读者原谅。我是不想那么做的。

耶茨 如果你为了那一点而请求读者原谅，那你写的大量东西都要请求我们原谅了。

问 有时候我在小说里感觉到一种气氛——不完全是威吓，而是……

耶茨 你认为它不是智力上的，而是感情上的？

博尔赫斯 是感情上的。没有感情的小说只是智力上的东西。

耶茨 我们已经探讨过这个问题，即你的小说的感情效果也许比情节、叙事和戏剧效果更为明显。我未必同意，但是我知道今晚也有了那种评论。

博尔赫斯 我感谢那种评论。你以为我是没有热情的人，实际我并不是。

耶茨 我觉得你在内心深处，在你创造的中心，总想扰乱你的读者，不让他们保持以前阅读你的短篇小说或诗歌的心情，博尔赫斯，我觉得……

博尔赫斯 也许如此，不过我是无意识的。

耶茨 好吧。我不应该一提再提，很抱歉，我不是那么想的。

博尔赫斯 不，不。假如你认为我是故意那么做的，那我就做错了。

耶茨 不，我根本没有那么说……

博尔赫斯 那应该叫警察了。（笑）

耶茨 你指控这个人干了什么？

问 我希望他谈谈，阅读博尔赫斯的作品同读者发挥创造力有什么关系。有时候我觉得……

博尔赫斯 博尔赫斯和别的作家有什么不同呢？你读一本书，如果不能深入，什么都白搭。《指环王》的问题在于你被排斥在书本之外，不是吗？我们大多数人都经历过这种情况。如果是那样的话，那本书就不适合我们阅读。

耶茨 昨夜在芝加哥，现在在这里，还有任何别的地方，人们都来找博尔赫斯，希望了解他对托尔金的看法。

博尔赫斯 呃，我永远也不能……我希望有谁能向我解释，或者通过什么方式让我知道那种书有什么好处。那些人说，假如我喜欢刘易斯·卡罗尔，我就应该喜欢托尔金。我非常喜欢卡罗尔，但是托尔金让我摸不着头脑。

耶茨 昨晚你谈到了托尔金和刘易斯·卡罗尔的区别。你说刘易斯·卡罗尔写的是真正的幻想，托尔金只是海阔天空地闲扯。

博尔赫斯 也许这对托尔金不公平，但是，是啊，我觉得他滔滔不绝说个没完。

问 今晚我还想提一个问题。我们主要是从你和英国文学的关系角度来讨论你的作品，但是与此同时，我们先前听你说过，西班牙语是你的天数。我们很少听到西班牙传统对你的作品可能产生的影响。我们一直在谈英国文学。

博尔赫斯 很抱歉，我认为可以从政治的角度加以解释。我们在一八一〇年爆发过一场革命。我们那时当然是西班牙人，但是我们试图做一些不同的事，呃，我们认为我们要做阿根廷人。换句话说，我们当时不具有任何意义，我们仅仅代表一个政治事实。我们认为既然西班牙是有国王和大传统的国家，我们只好另谋出路。于是，我们自然而然在法国寻找，后来又在英国寻找。因此，我想知道，除了我使用西班牙语（那当然是一个强势传统），我还欠西班牙传统什么情。我不觉得我同西班牙作家有什么本质上的血缘关系。我记得我同雷耶斯[1]谈过那个问题,他对我说——他的话很有道理——"是啊,"他说,"我们接受了英国和法国,因为它们和我们相当不同,我们知道它们不同。但是以西班牙的情况来说,我们感到的是我们同西班牙相似,而同时又有所区别。那正是使我们感到困惑的地方。"我认为雷耶斯那番话很有道理。别的国家也许情况有所不同,但是对我们来说,我们觉得我们随时都会倒退回去,成为西班牙人,而我们在努力避免。这里也发生了同样的情况。在美国,人们竭力避免成为英国人。我不认为沃尔特·惠特曼有成为英国人的打算,因此他不是。我不认为爱默生有成为英国人的打算,他去拜访华兹华斯时,他说华兹华斯有狭隘的英国人思想。我们也不把爱默生当英国人。可是我对塞万提斯有一句不敬的话。塞万提斯写了成千上万的字,与此同时,我不知道我是否欠塞万提斯的情,我不知道我从他那里得到的乐趣,是否与我从斯蒂文森、托马斯·布朗爵士、爱默生,或者我能想到的其他作家那里得到的乐趣相当。可是我不希望摧毁塞万提斯——那将是疯狂的做法——而且没有意义。再说,我为什么要做这种事情呢?

原载《吉卜赛学者》,一九七六年,第三卷,第六十五页至第七十六页。获准转载。

---

[1] Alfonso Reyes (1889—1959),墨西哥诗人、作家、批评家。

如今我多少成了我自己

米格尔·恩吉达诺斯、约翰·戴森、拉塞尔·萨尔蒙、
路易斯·达维拉、何塞·米格尔·奥维多、
南希·牛顿/一九七六年

恩吉达诺斯 我一向认为博尔赫斯本质上是诗人。然而我们必须承认，他的最佳诗作，也就是给他带来声誉的诗作，实际却是短篇小说。不论是好是坏，它们都是优秀的小说，不论有无诗意，显然它们仍旧是小说。

博尔赫斯 我不知道我的短篇小说和诗歌之间有没有本质上的区别。我认为没有。当然，形式上是有区别的。你注意到，我这个人非常胆小。布宜诺斯艾利斯人已经接纳并且容忍我成为诗人。我知道，如果我出版短篇小说，他们就会把我当作闯入者。后来我出版了最早写的几篇小说。《贫民区来的人》用的是我的一位曾曾曾祖父的姓名，弗朗切斯科·布斯托斯，我用他的姓名作为笔名发表。后来我增强了冒险精神，开始了所谓神秘化或者骗人的中间阶段的尝试，比如《〈吉诃德〉的作者皮埃尔·梅纳尔》或者《通往阿拉莫塔辛的道路》。然后我转而写短篇小说。如今人们认为，假如我出版诗歌，我就是诗歌创作领域的闯入者。于是我两件事都做，对朋友们可能说的话一笑置之。

恩吉达诺斯　多谢了。但你像往常一样，一直在回避我的问题。给我谈谈散文吧。你为什么说你不想写散文，但又继续写呢。散文对于你意味着什么？

博尔赫斯　我知道散文需要大量准备工作。举例说，如果我要写一位作家，我要阅读有关作家的材料，我必须对我的观点有把握，我必须辨别我个人的好恶和正反两面的批评意见。现在我眼睛看不见了，我在百无聊赖的时候，可以用失明打发时光，相信我没有理由屈从这种工作。因此我放弃了散文的写作，因为散文非但要求扎实的准备工作，而且要求客观，不能一说出口就算数。短篇小说和诗歌不要求那种客观的工作。阅读随笔需要另一种方式，需要带有批判的眼光。阅读短篇小说和诗歌是为了寻求快乐（这个说法很有雄心），为了满足当下的个人感情。阅读研究一位作家的散文在某种程度上说来是同散文作者争辩。我现在的困难是不能好好地翻阅文章。我曾经编写过几本书。记得上一次和我的好朋友恩吉达诺斯见面时，我对他谈起一本有关斯宾诺莎的书。当时我在收集材料，收集得如此之多，以致我最后觉得，写不成那本书了。目前我在考虑写另一本有关斯维登堡的书，可能也写不成，也许因为他的材料我看得太多了，以致我断定我不能在人们已经为他写的大量好作品上锦上添花了。

但是一首诗，一篇小说，是一种迸发。它们是读法不同的个人即兴创作。体裁的差别也许不是内在的差别，而是阅读方式的差别。长期以来，我总是觉得报刊上看到的许多自由诗只不过是排成长短不同诗行的散文而已。事实上，它们虽然是散文的句子，排版的式样却让人觉得这篇东西必须当作诗歌来读——应该寻求那种不是简单的信息或者逻辑层次上的感觉。

阅读散文的时候总是要抱着客观的态度。我虽然也写散文，但假如我写诗，我是怀着激情的。就是这么一回事。对我来说，写诗比较容易。

戴森 博尔赫斯先生，昨天你说你把友谊看得比其他任何东西都重，因为它不需要爱情附带的恼人和非理性的要求。在这方面，你小说中的什么人物最使你不安？

博尔赫斯 我不知道我创造的人物到了什么程度，我认为我塑造的人物都是实至名归的。这个词有点文绉绉的，可我一时想不起别的词儿。我认为我只创造了一个人物，就是我自己。我设想不同情况下的我。假如我讽刺似的提到一位朋友，那纯属偶然。

我们不妨举些人所共知的例子。假如我想到古斯塔沃·阿道夫·贝克尔，假如我想到莎士比亚，我想到的是一大批人。可是假如我想到的是自己，那么除了他们是真正的作家，而我怀疑自己不过是比业余作家略胜一筹这个基本差别之外，差别还在于我所写的、我凭空想出来的东西，存在于好几面镜子之中，存在于我自己的许多影子里面。我创造的人物没有一个能够独立存在。我和布赖斯·埃切尼亚克合作写的作品，和阿道夫·比奥伊·卡萨雷斯合作署名为布斯托斯·多梅克的书里都是这样。那些作品都有真正的人物。我始终在凭空想象，但是我写的所有东西后面都有一个人物，为了便于鉴别，我们不妨把他称作"我"。

恩吉达诺斯　那是说，博尔赫斯，《贫民区来的人》只是片段的你而已。

博尔赫斯　是的，由于《贫民区来的人》是我长期失眠的隐喻的片段，或许你指的是《博闻强记的富内斯》。那篇小说结果成了失眠的寓言或者隐喻。我为失眠所苦的时候，便试图忘掉自己，忘掉我的身体，忘掉身体、床、家具、旅馆的三个小花园、桉树、书架上的书、村子里的街道、火车站、农庄住宅所处的位置。由于我无法忘掉，我一直保持清醒，不能入睡。于是我对自己说，我们不妨设想有那么一个人过目不忘。人所共知，詹姆斯·乔伊斯就是那样的人，他把一天之内发生的千千万万件事情全部压缩在《尤利西斯》里。我想起了某个忘不了那些事件的人，最后被自己无穷无尽的记忆席卷而去。总之，那个恶棍就是我的片段，或是我出于文学目的而窃取的、相当于我自己失眠的形象。每次失眠的时候，我都可以从记忆中摆脱出来，因为这本书包含一切，那样我就能入睡了。

有一种说法不知道西班牙还用不用，反正布宜诺斯艾利斯已经不用了。那就是用"记起我"表示"叫醒我"。"明天早一点记起我。"我想到了这个心理学短语的形而上学意义。"明天早一点记起我。"就是说,"我在睡觉,我什么人都不是了,我又可能是任何一个人。后来他们叫醒了我,我就记起我是谁了:是这个或那个人,出生在什么时候,居住在什么地方,过去如何如何,害怕某某人,读过什么书;所有这一切都包含在同'明天叫醒我'对应的'明天记起我'这句话里了。""记起"这个词意味深长。当然,运用它的时候,谁都不会去想它在心理学上的隐秘含义。可是它具有这样的重要性。因此,我可以回答说,从某种角度来说,我是个骗子,假如你看这篇故事,你就明白我在出生之前是什么。这篇故事的形成在我出生之前,主人公的去世在我出生之前。因此,如果轮回之说确有其事的话,我就是另一个骗子。

萨尔蒙 我对普拉塔河流域伟大的文学史极感兴趣。能不能请你谈谈奥拉西奥·基罗加、莱奥波尔多·卢贡内斯、里卡多·吉拉尔德斯和你本人的文学作品之间的渊源?

博尔赫斯 关于奥拉西奥·基罗加,我没有什么可说,因为我不熟悉他的作品。我认识他本人,但是从没有看过他的作品。说得更确切一些,我刚开始看他的作品,但不是很感兴趣。至于卢贡内斯,我记得我这一辈人认为(当然是错误的)要写好文章就应该学卢贡内斯的笔法。我们都感到了卢贡内斯的吸引力,但那时我们处于一个矛盾的境界,因为我们形成了一个秘密的流派,有关的一切可能局限于一个信念,即文学的核心要素在于比喻。我们感到不幸的,或者我们感到庆幸的是,早在十年或十五年前,卢贡内斯就说过同样的话。我们认为我们在反对卢贡内斯,实际上我们是用他本人早已扬弃的文学观点同他周旋。因此,就卢贡内斯来说,我承认自己是他的门徒,虽然我的笔法有很大不同,我信奉另一种美学,但我始终怀疑我是在为卢贡内斯悄悄地写些东西。

至于吉拉尔德斯,我认为没有卢贡内斯,就不可能有他。吉拉尔德斯的《玻璃烟灰缸》《堂塞贡多·松勃拉》以及他的诗歌的风格都是卢贡内斯的风格。卢贡内斯有一本书叫《民间歌手》,书中一章的末尾提到消失在平原上、被时间所湮没的高乔人,用词和《堂塞贡多·松勃拉》最后一页几乎一模一样:"我像是一个流血的人那样走开。"

吉拉尔德斯是卢贡内斯的门徒,虽然桀骜不驯。我也是桀骜不驯的门徒,可是我现在不知道该不该用"桀骜不驯"这个词。当然,我有许多地方要归功于卢贡内斯,并且我也因此引以为荣,尽管我宁愿自己像保罗·格鲁萨克的地方多于像卢贡内斯的地方。但事实上我更像卢贡内斯,这一点并不使我非常高兴。每个人身上都有一代人、一个时代的烙印。我们都为莱奥波尔多·卢贡内斯所吸引,值得庆幸的是在一九三八年他自杀之前。

我记得冈萨雷斯·拉努萨和我时常拿卢贡内斯开玩笑。我们在布宜诺斯艾利斯郊外散步,看到夕阳西下的景色,往往会说:"让永恒的太阳像老虎一样死去吧。"我们的记忆中有许多卢贡内斯的诗句。尤其是月亮,似乎是卢贡内斯的专利发明。吉拉尔德斯的成名在很大程度上要归功于卢贡内斯。假如卢贡内斯没有在《民族报》上发表那篇祝贺文章，人们不见得会去看《堂塞贡多·松勃拉》。我当然知道他的《民间歌手》，因为吉拉尔德斯竭力推荐我看。我记得我们的小圈子里有我的堂弟吉列尔莫·奥康·博尔赫斯、罗伯托·阿蒂莱·奥特莱、诺拉·莱特、特略·皮内罗（已去世）、冈萨雷斯·拉努萨和我。我们去拜访卢贡内斯。我们准备找他的麻烦，可是卢贡内斯知道我们的攻击没有根据，也不是我们的本意。我们之所以那么做，是因为我们不得不表现得特立独行，我们被卢贡内斯的影子罩得太久了。我们必须以某种方式摆脱。

现在我觉得自己离卢贡内斯已经相当远了，但是总的说来，他对我仍有影响。举例说，在《环形废墟》的开头，"在那伸手不见五指的夜晚"那句话实际上并不是我的首创。我这样说是为了表明我沾了卢贡内斯周围的人的光。每当我想到一个比喻（我尽量不想太多），我总觉得在卢贡内斯的作品里见过，而那个比喻是从波德莱尔的《恶之花》，尤其是从维克多·雨果的作品衍化而来。我实话实说，而且并不因此而感到不安，在某一个阶段，我可以说是卢贡内斯的儿子。我的同代人也都是，尽管有人出于抬杠，或者因为不愿意做卢贡内斯的儿子而加以否认。我们要做另类的人，但我们也许是他的后裔。一个时期过后，谁都不能否认自己的文学祖先。

恩吉达诺斯 你有一次对我说，你否定卢贡内斯，是为了能喘过气来。

博尔赫斯 不错,完全正确。我想不出更确切的话。能喘过气来。我们为卢贡内斯所倾倒,可笑地认为他代表文学。当然,那是错误的。卢贡内斯代表了现代主义的一个时期,仅此而已,但也恰如其分。

牛顿 我希望换个话题。

博尔赫斯 你希望怎么换就怎么换。我真正的名字是普罗透斯[1]。

牛顿 在《影子的颂歌》序言里,你说伦理观是该书的主题之一,你还说你偏爱信奉新教的国家胜过天主教传统的国家,原因之一在于前者维护伦理观。你是否认为文学具有重要的伦理学功能?文学能否发挥,是否应该发挥道德力量?

博尔赫斯 我认为如此,可是作家也许不应该有意识地这么做。并非事事都要成为伊索寓言,但最终有可能成为寓言。保罗·马尔尚的作品当然具有伦理学功能,我要说一切文学作品都有这种功能。但那并不是说作家必须是说教者或者道德主义者,因为那一来他就成不了作家了。也成不了诗人。诗歌除了美学特点也有道德目的,而美学特点是基本的。

达维拉 我想请你进一步谈谈你的诗歌和小说里出现的老虎和金黄。尽管你在访谈中屡屡谈到你有一位认识猎虎人的叔父,

---

[1] 希腊神话中的海神,能随心所欲地改变自己的面貌。

除了地理因素以外……

博尔赫斯 不是叔父,是我的父亲。

达维拉 对于那些崇拜你同时又希望从你和卢贡内斯的影子下摆脱出来的年轻读者,你有什么劝告?读者应该怎么看待那些老虎和别的形象?

博尔赫斯 我们先说说老虎吧。在我记忆中,老虎是我生平见到的最早的动物之一。我记得去动物园,没有看到别的动物,我记得后来见过一头野牛,可是最初只看见老虎。多年后,我看到切斯特顿写的一句话(我老是喜欢引用切斯特顿的话),他把老虎称作"悲哀的优雅的象征"。后来我又看到布莱克的有关老虎的名句,"虎!虎!夜晚森林中/火也似的明亮"。布莱克把老虎当作邪恶的象征。他用老虎来询问万能的上帝怎么会既创造了老虎,又创造了羊。"难道他创造了羊,又创造了你?"我被我最初看到的事物——老虎——所深深吸引。后来我长年近视,又长年失明,但是有一种颜色始终存在:黄色。由于这个原因,我有一本书题名为《老虎的金黄》。由于我最早看到的是老虎的金黄色,黄色成了最突出的颜色。再后来,我的视力日益衰退,眼前一片灰色的迷雾,黄色也是我最后看到的颜色。可以说我一生都对老虎有偏爱,因为我从小就被老虎吸引。

我记得我父母给了我一本可爱的书,吉卜林的《丛林故事》和《丛林故事续集》。使我甘心看那本书的原因是一种困惑:《老虎!老虎!》故事中名叫希尔汗的那头老虎居然是跛脚。好的动物是熊、黑豹，还有那个名叫毛葛利的小主人公，"毛葛利"的意思是小蛙。我不喜欢把老虎看成邪恶的象征。尽管如此，我说服自己把老虎当成这部作品里的敌人。

我之所以赞赏老虎，我觉得有根深蒂固的心理方面的原因。对任何现象都能作出解释的心理分析家对此当然也有解释，但是毫无价值。我的赞赏始终存在，我对老虎的感情不同于对豹、美洲豹，以及人们害怕的别的动物。我写过一篇题为《上帝》的故事。故事里有一头美洲豹，也就是南美洲的老虎——我个人偏爱的野兽——我不清楚原因何在。我小时候看不到什么东西，可是我看到了黄色，在老虎身上看到了黄色，比别的颜色多，由此产生了对邪恶的观念，产生了老虎的凶猛的感觉，从而让我产生了我不比那些动物邪恶的念头。我喜爱以这种方式看待它们。我对狮子从来没有什么想法。我不知道能不能解释清楚我的这种个人偏爱。

奥维多 博尔赫斯，读者和批评家，我指的是内行的读者，都注意到你的小说用词非常精确，几乎像是数学或者代数。你在发展情节，形成和发展故事的结局时，运用形容词几乎达到了科学的严谨性。读者多次查阅你的文字——人们一再查阅你的文字，起因在你本人——因为经常会发现先前没有注意到的地方。我查阅时发现了两件事情（我绝对不是有意提出的），我不想说是错误，但我想告诉你，那是两类"有意的"错误，我认为那是你精心策划、故意留在文字中耍花招的明显错误，至于动机是什么我就莫测高深了。

博尔赫斯 我十分想知道。肯定不止两类。

奥维多 在《特隆、乌克巴尔、奥比斯·特蒂乌斯》里,你谈到了特隆的语言,你说:"特隆的'原始语言'(由此产生了"现代"语言和方言)里面没有名词("没有名词"这句话很重要),但有无人称动词,由单音节的、具备副词功能的后缀或前缀修饰。举例说:没有与'月亮'相当的词,但有一个相当于英文的'月升'的动词。'河上升明月'在特隆的语言里是 hlör u fang axaxaxas mlö。我不知道我的发音对不对。"

博尔赫斯 对的。

奥维多 后面又说,"名词由形容词堆砌而成。那里不说'月亮',只说'圆暗之上的空明'或者'天空的柔和的橘黄'"。这里的天空是名词。

博尔赫斯 既然不是天穹,那又当别论。

奥维多 是啊,可是你在看故事时,有没有想到这一细节?你有没有想过,你虽然说特隆的语言里没有名词,你自己却用了一个名词?

博尔赫斯 没有。我没有察觉,但是我认为假如我再用一个形容词,句子就显得笨拙了。我想我之所以用"天空的"是要组成副词短语。

恩吉达诺斯 "天空的"不是副词短语。名词前面加个介词不是副词短语。

奥维多　你可以用"天穹的"的时候，舍近就远，用了"天空的"，其实"天穹的"这个词很有诗意。

博尔赫斯　以后再版时，我用"天穹的"。并且加个注解说，"奥维多提供的形容词"。

奥维多　另一个问题是加引号的"错误"，不值一提。某种蔑视语法要求的态度，在你的作品里是常有的情况。

博尔赫斯　我对语法十分无知。

奥维多　言过其实了。

博尔赫斯　我确实不懂语法。只稍稍懂一点拉丁语法。

奥维多　在《老虎的金黄》的序言[1]里，你提到了皇家学会的成员们。我引用一下你的话："埃玛·宗兹的声调、羞怒、憎恨都是千真万确的。她确实也受到了糟蹋；虚假的只是背景情况、时间和一两个名字。"正规的语法要求这里的"虚假"应该是阳性形容词尾，你却用了阴性词尾（因为它要和一连串名词保持一致，而最后一个名词又是阳性）。

博尔赫斯　不错，可是我的听觉告诉我，由于有两个阴性名词（circunstancias 和 hora），falsas（虚假）后面最好保持更直接一些的一致性。如果说 solo eran falsos la hora（用阳性形容词 falsos 修饰阴性名词 hora）听来很别扭。于是我的听觉接受了阴性词尾。在语法上是错的，但是我跟着感觉走。我觉得听来顺

---

[1]　经查，以下引文出自博尔赫斯短篇小说《埃玛·宗兹》，收于《阿莱夫》。

耳。如果用合乎语法的说法……

奥维多 很明显。正确，但是难听。

恩吉达诺斯 现在有十五分钟供顶层楼座的听众提问——博尔赫斯说那儿是"火枪手的后院"。

听众 你认为下列三种人中间哪一种最难界定：人类、世界公民还是艺术家？

博尔赫斯 我的青少年时期过得不快乐，实际情况是我不想快乐。我想做哈姆雷特王子、拉斯柯尔尼科夫，甚至想做少年维特，我可能成为这三个人中间的一个，但是我现在明白自己像浪漫主义青年，像"愤怒青年"一样，有点做作。这些都是浪漫主义的玩意儿，无病呻吟。我还想说，不值一提。现在我不知道自己是否认命，但是相较过去来说，我感到快乐。也许因为如今我多少成了我自己。我知道自己的局限，我知道有许多事情我不应该尝试，我相信我知道自己应该写什么，或者能够写什么。我年轻时知道我要成为作家，同时又感到能力有限，不知道会成为什么样的作家。我要成为的作家自然是吉卜林、陀思妥耶夫斯基、康拉德、沃尔特·惠特曼。很难成为他们中间的一个。我多少成了我自己。至于世界公民，这时候觉得自己是世界公民是相当不快乐的天命。仅仅作为阿根廷公民，我已经感到相当悲惨了。

听众 大师，音乐和别的艺术对你的作品有什么影响？对你的个人生活呢？

博尔赫斯 不幸得很，影响非常小。我对语言，对好几种语言，都有强烈的感情。我体验到字词、字词的意义，以及我们可以称之为形而上学的困惑。但是其他艺术的存在对我的影响非常小。我应该承认，我能生活在一个没有音乐、绘画和雕塑的世界。那是我的贫乏，我不希望别人像我一样。那是应该承认的事。我时常被音乐感动，但是我听的作品风格可以完全不同。勃拉姆斯的作品让我感动，蓝调、快节奏的探戈米隆加乐曲也一样。我不知道这些兴趣是否有什么意义。正像我对咖啡的兴趣一样，我从不细细分析；或者像我对象棋的兴趣一样，尽管我是个糟糕透顶的棋手。

至于绘画，我视力还可以的时候喜欢看伦勃朗、透纳、委拉斯开兹和保罗·克利画作的复制品，别的画家没有留给我什么特别的印象。这些偏爱没有意义——我的几乎数不清的厌恶也是如此。我说自己是作家，并不是说我善于写作，而是说我是一个对诗歌、对哲学有感觉，而对别的艺术没有感觉的人。比如说，我对雕塑的知识十分贫乏。

听众 大师，我对几位西班牙作家，特别是"九八年一代"的作家非常感兴趣。我希望知道你对这一时期的看法。

博尔赫斯 对我说来，只有一个名字。我不知道是不是应该归入"九八年一代"。对我说来，只有一个人，那就是米格尔·德·乌纳穆诺。他是我感兴趣的人。我想到别的作家，我想到那一时期的诗歌。我很喜欢一个受到世人非议的诗人，曼努埃尔·马查多，并不是说我不喜欢安东尼奥·马查多，但我也喜欢曼努埃尔。当然,人们必须贬斥曼努埃尔·马查多。那似乎是责任。我还记得别的名字。早先我读过许多皮奥·巴罗哈的作品。如今我不知道自己是否还愿意读。我不喜欢别的作家。举例说,我根本不喜欢拉蒙·巴列-因克兰。

听众 大师,你有一首十四行诗给我的印象极其深刻,不知道是否有幸听你背诵那首题为《斯宾诺莎》的诗。我想讨教你对上帝的看法,上帝是否存在,特别是那首诗的最后一行"上帝的全部星辰的无限图像"是指什么?你可不可以详细谈谈?

斯宾诺莎

犹太人那双仿佛半透明的手
在昏暗中研磨着水晶的透镜,[1]
即将消逝的傍晚带来忧虑和寒意。
(傍晚和傍晚没有什么差异。)
手和晶莹的空间
黯淡无光地在犹太人区边缘,
对那淡泊的人几乎已不存在,
因为他梦想一个明净的迷宫。
他不为名望所困扰,那仿佛

---

[1] 斯宾诺莎的父母是西班牙犹太人。他不愿意接受大学教职,以研磨透镜的收入来维持学术研究。

另一面镜子的梦中之梦的映象。
也不为少女羞涩的爱情感到惶惑。
他超越了隐喻和神话,
打磨着坚硬的水晶:
上帝的全部星辰的无限图像。

博尔赫斯 最后一行指的是斯宾诺莎的泛神论的上帝。因此,上帝就是他的全部星辰。但那不是说我相信有一个掌管全部星辰和芸芸众生的上帝。可能是这样,也可能不是,我并不肯定。

萧伯纳说"上帝在形成中",这句耐人寻味的话也许能说明我们谈论的问题。上帝是我们一直在创造的对象。这么说来,我们都在帮助他生存下去,即使客观上不是,至少是不自觉的,那至关重要。有许多人在不自知、非故意的情况下齐心协力地"使上帝形成",其中包括哲学家、诗人、所有祈祷的人、所有那些认为在纷纷芸芸的事件后面存在某种秘密意志的人。我本人不信具有人性的上帝的存在,至少现在不信。可是我也没有放弃信念。举例说,我不明白乌纳穆诺说"上帝是永生的制造者"是什么意思。我不能支持这种观点,因为我没有永生的愿望,对我说来,永生会是梦魇。我不可能向往永生的制造者,因为他会是我的敌人。我不要永生,我要死得彻底,我宁愿死后没人记得我,宁愿一切终止。但那并不是说一切会终止。在那首十四行诗里,我特指哲学家斯宾诺莎。他在打磨水晶透镜，打磨浩瀚宇宙的水晶般清澈的哲学。我们不妨把这些事情看成并行不悖的。斯宾诺莎在打磨他的透镜，斯宾诺莎在打磨他的硕大的钻石——他的伦理学。我用这个题材写了一首十四行诗，我觉得效果不坏。可是这首十四行诗并不符合我的想法。它符合我所发现的、我所能感受的，也就是荷兰的巴鲁赫·斯宾诺莎可能想到和感到的。

听众 博尔赫斯先生，我希望你谈谈你对内行读者，对文学批评家的态度，当你构思作品时，是否觉得读者和批评家之间有什么差别。

博尔赫斯 我认为假如内行读者不是一个能感知事物的读者，那就不是一个好读者。批评家亦然。我们最好设置一个必不可少的条件：批评家必须感知事物，否则他又何必在一部不被感知的作品上花费笔墨呢？我觉得那几近疯狂。但是我写作时并没有考虑读者。也许我写作时努力写得清晰一点，写得多少合乎语法（正如我刚才发现的，我合乎语法的程度是少而不是多）。我没有考虑读者，也不考虑我作品的销售情况。人们问我卖掉多少册时，我让他们去问书店老板和出版商，他们了解这些事。我不了解。我只是一个作家。我完成作品后，就让它自生自灭，我不太关心它的命运——尽管情况好的话会让我高兴。它之所以让我高兴是因为它像我的儿子或女儿，是我的成果。

听众 布宜诺斯艾利斯的过去和现在有什么区别？

博尔赫斯 过去的布宜诺斯艾利斯是个值得尊敬的城市，简单地说，是一个有价值的城市。举例说，即使在最卑微的人中间也崇尚勇敢。这句话出自一个布宜诺斯艾利斯居民，巴勒莫的诗人卡列戈之口。此外，它是一个十分奇特的国家，向全世界开放的国家，在某种程度上，它认为自己全盘继承了西方文化，同时尽可能吸收了东方文化。

如今，我悲哀地说，我们是一个被误导的、处于无政府状态的国家。我知道有人要说我不应该讲这种话，但我是在对你们、对朋友们说话，谴责现在的情形并不是泄露秘密。我泄露的是你们都知道的东西。我努力不隐藏荒谬的东西。但是我要补充说，我一如既往地对我的国家满怀信心，也许正因为它是一个被误导的国家。

> 一九七六年四月，访谈于印第安纳大学进行。威利斯·巴恩斯通转写并翻译，原载于一九九八年《林荫大道》杂志。承威利斯·巴恩斯通及《林荫大道》杂志同意转载。

十三个提问：与豪尔赫·路易斯·博尔赫斯对话

威利斯·巴恩斯通/一九八〇年

威利斯·巴恩斯通（以下简称威·巴） 你或许想要一个煮老的带壳蛋吧。

豪尔赫·路易斯·博尔赫斯（以下简称豪·路·博） 好啊，当然。

威·巴 我替你敲破。

豪·路·博 嗨，我竟然连煮老的带壳蛋都敲不破！

威·巴 把煮老的带壳蛋带到电台来是件好事，不是吗？

豪·路·博 我认为是很好的组合。煮老的带壳蛋和广播电台！

威·巴 博尔赫斯，你会把它写进诗里去吗？

豪·路·博 不，我不会。可是我觉得任何事都可以入诗。任何字词都可以。事实上任何事都可以。你知道，任何事都可以做，但能说出来的事很少。

威·巴 我有几个问题想要请教。问题可能很啰嗦，但你的回答不会。

豪·路·博 要简明，是吗？

1. **威·巴** 我们知道所有人都有意识，然而我们只了解自己的心灵。有时候我们醒来，迷迷糊糊中仿佛觉得我们的心灵是单独存在的。

豪·路·博 呃，这牵涉到唯我论的性质问题，不是吗？现在我不信唯我论了，如果信的话，我会发疯的。当然啦，我们的存在是一件奇特的事。

与此同时，我觉得我不是在梦中见到你，或者换一种说法，你不是在梦中见到我。对生命感到好奇这一事实可能代表诗歌的本质。一切诗歌的本质都在于感觉事物是奇特的，而一切修辞学的本质都在于认为事物十分普通。当然，令我感到困惑的是我的存在，我存在于一个人体内，我用眼睛看，用耳朵听，等等。我写的每一篇文字都可能只是一个隐喻，只是对事物感到困惑的中心主题的一个变体。如此的话，我认为哲学和诗歌本质上就没有区别了，因为两者都代表某种困惑，区别仅在于哲学问题是用合乎逻辑的方式作出回答的，而诗歌是用隐喻。你使用语言，也需要隐喻。你了解我的作品，了解我的活动，我想你大概觉得我无时无刻不感到困惑，我试图为我的困惑找一个根据。

2. **威·巴** 在辛辛那提，一个仰慕你的人说，"愿你活一千年"，你回答说，"我愉快地期待死亡"，你那么说是什么意思？

豪·路·博 我的意思是，当我感到不愉快的时候（我们大家都常有这种时候），过几年，或者也许过几天，我会死去，这一切就无所谓了，我从这种想法中得到安慰。我期待着被抹去。但是，如果我想到我的死亡仅仅是一个幻觉，死后我仍将继续存在，我就会感到非常非常不快乐。因为我对自己感到厌倦。当然，如果我继续存在而没有记忆，不记得自己曾经是博尔赫斯，在那种情况下就无所谓了，因为我可能是我出生前的成千上万的形形色色的人之一，而那些事情不会烦我，因为我先前早已忘记了。当我想起死亡，我是以充满希望和期待的方式思考的。我渴望死亡，我不要每天早晨醒来时发现："嗯，我在这儿，我又要回去做博尔赫斯了。"

西班牙语里有一个词，我想你是知道的。我不清楚现在是否还在用，就是想说"醒来"的时候，说"记起"，意思就是记起了你自己，回忆起了你自己。我母亲常说"明天早上八点叫醒我"，我要在早上八点记起我自己。我每天早晨都有那种感觉，仿佛我是不存在的。于是，每当我醒来时，总觉得有点沮丧。因为，呃，我还在这儿。无聊的老把戏还在继续。我必须做某一个人。必须不折不扣地做某一个人。我做过某些承诺，承诺之一是整整活过一天。于是我看到面前所有的常规工作，这一切自然使我厌倦。当然，你们年轻时不会有那种感觉。你们会感觉，呃，我回到这个美妙的世界有多么高兴。可是我从没有那种感觉。即使在我年轻的时候。尤其在我年轻的时候。现在我认命了。现在我醒来时会说，我不得不面对新的一天，我听其自然。我想人们的感受各不相同，因为许多人认为永生是一种幸福，也许因为他们没有体验。

威·巴 他们没有什么体验？

豪·路·博 无休无止地活下去有多么可怕。

威·巴 如同你在一个短篇小说里说的，像是另一个地狱。

豪·路·博 是的，有可能，是的。这一辈子已经过得像地狱，干吗还要再下一层地狱，受更大的罪？

威·巴 再过二百年？

豪·路·博 是的。当然，你会说那二百年并不存在。因为真正存在的是当下。当下被过去和将来的疑惧压得透不过气。说真的，我们什么时候才会提起当下？因为当下正像过去或者将来那样抽象。当下，你始终有某种过去和某种将来。你无时无刻不从一个时间滑到另一个时间。

威·巴 但是你一生中显然也有十分愉快的时刻。

豪·路·博 是的，我想人人都有。可是我不能肯定。我想那些时刻也许比你记忆中的更美妙。因为当你快乐的时候，很难意识到周围的事物。意识本身就会导致不快。

威·巴 意识到快乐往往会惹起疑惑。

豪·路·博 我想我体验过快乐的时刻。我想人人都体验过。比如说：爱情、骑马、游泳、和朋友谈话；比如说：交谈、阅读，甚至写作——或者说，不是单纯地写，而是虚构什么。你坐下来开始写的时候，就不再快乐了，因为你为技术问题操心。可是当你构思的时候，我认为你可以是快乐的。有时候你逐渐入睡，你会感到快乐，至少我是这样的。我记得我第一次服用安眠药的情况。（那些安眠药当然有效，因为我是初次服用。）我一直暗想："现在我听到电车在街角拐弯，我不会听到那串噪声结束，因为那时我已睡着了。"于是，我觉得非常非常快乐。我想到了失去意识的情况。

3. **威·巴** 你关心文学界的认可吗？你要出名吗？

豪·路·博 不，不！认可那种东西根本不存在。当它来到我头上——可能已经来到了——我认为应该怀有感激之情。我是说如果人们把我当一回事，那么我会认为他们错了。同时我应该对他们感激。

4. **威·巴** 我想问你活着是否为了下一首诗、短篇小说、散文，或者谈话？

豪·路·博 是的，是的。

威·巴 我觉得你很幸运，因为你似乎无休止地痴迷于创作和记载。你知道你为什么有当作家的命运吗？命运或者痴迷？

豪·路·博 我只知道我需要那种痴迷。不然的话，我为什么还要活着？当然，我不会自杀。但是我会感到毫无道理。这并不是说我对我写的东西自视甚高。那只是说我必须写作。因为如果我不写些什么，继续为之痴迷，那我就不得不把那种想法写下来，然后摆脱掉。

5. **威·巴** 柏拉图在《理想国》里花费了不少篇幅寻求公平的定义，公众认可的定义。这一概念是否适用于我们？你的生命（以死亡为结束的生命）是一个公平的体验，还是一个既对心灵又对肉体的生物意义上的背叛？柏拉图谈论的是公开的公平。在死亡已是事实的条件下，你是否相信私下的公平？

豪·路·博 我认为唯一的公平是私下的公平，我怀疑公开的公平是否存在。

威·巴 你相信私下的公平确实存在吗？我们怎么看待道德和最后审判日？

豪·路·博 在我们的生命尚存时，我们知道我们的行为是对是错。我们不妨说，无时无刻不是最后审判日，我们生命的每一刻都在作出错误或正确的行为。最后审判日不是最后来到的，它无时无刻不在逼近。我们做了正确或者错误的事，本能地会知道。

威·巴 生命中有没有由于死亡而产生的生物学背叛一说？

豪·路·博 我不明白你说的生物学背叛是什么意思。我觉得生物学太"模糊"了，不知道我能不能用"模糊"这个词？

威·巴 那就用"具体"吧。

豪·路·博 好，就用"具体"。我觉得我能理解。我是个头脑非常简单的人。假如你老是用生物学和心理学这些花里胡哨的词，会把我搞糊涂的。

威·巴 我们学会了你父亲可能用的语言，是吗？

豪·路·博 是的，他可能用过，不过很少用，除了身为心理学教授之外，他还是一个怀疑论者。

6. **威·巴** 我做学生的时候，曾花了一年的工夫寻找意识的核心。我从未找到。

豪·路·博 我认为你找不到。它一直在躲避你。

威·巴 可是我发现寻找自我是件既迷人又难以忍受的事。

豪·路·博 是这样的。我由于眼睛看不见，几乎一直这么做。我失明以前，总是在观察和阅读中寻求慰藉，现在我不得不喜欢思索，或者，由于我的思维能力不是太好，我就喜欢空想，从某种意义上来说，在空想中打发我的生命。那是我唯一能做的事。当然，我不得不喜欢长时间的孤独，可是我并不在意。以前我做不到。我记得以前我住在布宜诺斯艾利斯南面一个名叫阿德鲁埃托的镇上，坐车要花费半小时，假如身边没有带书，我就觉得非常不快乐。现在我没有书，一连枯坐几个小时也无所谓，因为我不阅读了。因此我不认为孤独必然是不快乐的。再举个例子，假如我连续失眠，我也不去理会，因为时间在不知不觉地过去。像是一道缓坡，不是吗？因此我就让自己继续活着。我眼睛能看见的时候，我总是用形形色色的事情填充我的时间。现在不然。我听其自然。

威·巴 你和别人相处的时候是否始终觉得非常愉快？

豪·路·博 当然，我生活在记忆中。我觉得诗人应该生活在记忆中，因为说到头，想象是什么？我说想象是由记忆和遗忘组成的。它是两者的混合物。

威·巴 你是否设法打发时间？

豪·路·博 哦，是的。失明的人都得到了一种补偿：与别人不同的时间感。分分秒秒的时间不需要再用什么来填充了。不。你知道你只消活下去，让时间与你做伴。那是一种安慰。我认为那是莫大的安慰，或者也是莫大的补偿。失明的礼物在于你对时间的感觉不同于别人，不是吗？你必须记住一些东西，同时又忘掉一些东西。你不应该事事都记住，因为，呃，我写的那个人物富内斯，由于他的记忆是无穷无尽的，结果发了疯。当然啦，假如你把一切统统遗忘，你也就不复存在了。因为你活在你的过去，不然，你甚至不知道自己是谁，不知道你叫什么名字。你应该寻求两种因素的混合，不是吗？记忆和遗忘，我们把这称之为想象。听起来很了不起的字眼。

威·巴 我知道你不寻求听起来了不起的字眼，因为你是搞文学的人。

豪·路·博 不，因为我太怀疑字眼了。搞文学的人很少相信字眼。

威·巴 回到我先前的问题,我试图寻找自我,这个过程既迷人又难以忍受,因为我越是深刻地想进入自我,我就消失得越多,直到我对一切,甚至对我自己的存在都不能确定了。

豪·路·博 呃,我记得休谟说过,当我寻找自己时,从来没有在家里发现其他人。世界就是这样。

威·巴 人们总是从幻想到梦魇。

豪·路·博 我几乎每夜都有梦魇。今天早晨就有一个。但不是真正的梦魇。

威·巴 那又是什么呢?

豪·路·博 是这么一回事:我发现自己待在一座非常大的房屋里,砖砌的房屋,有许多空荡荡的大房间,也是砖砌的。我从一个房间到另一个房间,每个房间似乎都没有房门。我怎么也找不到通往院子的路。我走来走去,大声呼喊,一个人也没有。那座缺乏想象力的大房屋空无一人,我暗忖道:"嗨,这就是迷宫之梦。我找不到门的。我只消在一个房间坐着等待就行了。"于是我开始等待,有时我就醒了过来。我确实做过这种梦,发觉后说,这就是迷宫的梦魇,由于我有所了解,我没有受骗。我只是坐在地上。

威·巴 等它结束。

豪·路·博 我等了一会儿就醒了。

威·巴 你还有别的梦魇反复出现吗?是什么样的?

豪·路·博 有两三个。目前我想到的是在记忆中重现的迷宫。还有一个是由失明引起的,梦到我想阅读,但办不到,因为文字活了过来,每个字母变成了别的字母,我正要细看时,开头的文字又缩掉了。那些是元音重复的、很长的荷兰词汇。再不然,行间距逐渐变宽,字母长出枝丫,全部是黑红两色,印在光泽度很高的纸上,字母大得令人无法容忍。我醒来时,这些字母仍旧在我眼前,迟迟不消失。有那么一个迷惘的瞬间,我觉得我再也忘不掉它们,我将要发疯。那情况似乎不断发生,尤其在我丧失视力以后,我老是梦见自己在阅读,但因为字母活了过来而读不成。那是我的梦境之一。我还梦见镜子、蒙面人。我认为我有三种主要的梦魇:迷宫、文字和镜子。还有别的,同大家做的梦差不多,但是那三种梦魇是我经常有的,几乎每夜都有。人醒后,梦还滞留一分钟左右。有时候,我还未完全入睡,梦魇就来了。大多数人入睡前会做梦,醒来后还继续做一会儿,仿佛待在中途歇脚的客栈,不是吗?在清醒和睡眠之间。

威·巴　那也是你收集写作材料的地方,不是吗?

豪·路·博　是的。德·昆西以及别人也是这样。这是一个很好的文学传统。德·昆西一定是弄懂了他的梦魇,然后把它们写下来,不是吗?因为写得如此美妙。此外,文章靠文字帮忙,而梦魇一般是不靠文字帮忙的。写梦魇的难处在于梦魇的感觉不是来自形象,而是像柯勒律治所说的,感觉产生形象。

威·巴　那是主要的差别,因为大多数人的想法正好相反,他们没有想透彻。

豪·路·博 你用文字描述形象时，形象对你可能毫无意义。爱伦·坡和洛夫克拉夫特的作品就是这样。形象很可怕，感觉却不可怕。

威·巴 我认为一位好作家的特点是能够塑造出符合感觉的形象。

豪·路·博 符合感觉，是的。或者是那种能用普通的人或物让你产生梦魇感觉的作家。我记得我在切斯特顿的作品里找到了佐证。他说我们不妨认为世界尽头有一株形状就是邪恶的树。那是一个很好的词，我认为能代表那种感觉，不是吗？那株树很难描述。假如你设想一株由髑髅和幽灵构成的树，那会很愚蠢。可是我们说一株树的形状就是邪恶，那表明他真的在梦魇中见到了那株树。不是吗？如果不是，他怎么会知道那株树呢？

威·巴 我一直搞不明白我的舌头为什么会动，字词为什么会从我的嘴里或者头脑里冒出来。这些字词像是一座钟的秒针的运行，几乎是自发地产生、发声。

豪·路·博 我觉得人们入睡前嘴里会先嘟囔一些没有意义的句子，至少我是这样的。接着我知道马上要入睡了。当我听到自己的说话声，当我无意中听到自己说了一些没有意义的话时，这就是我很快就会入睡的好征兆。

威·巴 我想问你字词是如何在嘴里自发产生、形成的。有历史以来就有字词，还有思想。但是我未曾想过得到那些字词，甚至不愿得到。它们却缠住我。

豪·路·博 我不知道那些字词代表什么意义。至少你不知道意义。

威·巴 我指的不是人们入睡前说的字词。我指的是当前向你或者向我涌来的字词。换句话说，我不知道此刻为什么有字词从我嘴里说出来。某种力量在释放它们出来。我从来没有加以操控。我不明白。对我来说，它是某种极其重要的神秘。

豪·路·博 我想那些字词同某些思想是搭配在一起的，否则它们是没有意义，或者不相干的。

威·巴 我觉得自己像是一座上足弦的时钟，秒针滴答滴答在响，字词从我嘴里出来。我一点也不明白，我目前为什么要用不很合乎逻辑的方式同你说话，或者你为什么要回答我。我感到极大的困惑。

豪·路·博 是啊。我认为你应接受现状。

威·巴 我非接受不可，不然我会发疯的。

豪·路·博 是啊，是这么一回事。你甚至可以说，哪怕你想稍加思考，你也会发疯。

威·巴 不错。

豪·路·博 应该尽量避免思考，对吗？

威·巴 呃，我认为假如你想思考你为什么要思考，你根本思考不出来。有时候，我走在街上说，我不是这个在街上走的人，而是这个认为自己在街上走的人，于是我真的思考糊涂了。

豪·路·博 是啊，然后你接着思考，这个认为正在思考自己在思考的人又是谁呢？对吗？我认为那毫无意义，那只是语法问题，只是字词。

威·巴 听起来像是镜子。

豪·路·博 你不妨进入第二个范畴。你可能感到一阵肉体的剧痛，比如说，由于电击或者牙疼。当你知道那种疼痛的时候，你并没有感觉。之后，你会说，呃，这是牙疼，于是你知道你感到了疼痛。那之后，你可能会再次说，呃，我知道我知道了。再之后，我想你不至于继续了。这个游戏你可以成功地玩下去，因为你不断地反复思考同样的事。但是我认为同样的过程你不可能思考三遍以上。假如你说，我觉得我认为我是这么认为的，也许第二遍以后，这一切就显得很不真实了。我看过约翰·威廉·邓恩的一本名叫《时间实验》的书，书中说假如你知道了某件事，你知道自己是知道的，你知道自己知道自己是知道的，于是每个人身上都有无穷无尽的自我。不过我认为那一点是无法证实的。

威·巴 你对暂时的觉醒有什么看法？觉醒的瞬间既振奋又吓人，不明白我们的头脑怎么会思想、谈话。我醒来时总为了我的存在而诧异。

豪·路·博 我醒来时面对的情况更差。为面对我自己而感到诧异。为我是一八九九年生于布宜诺斯艾利斯，曾经到过日内瓦而感到诧异。

威·巴 你为什么不是北京猿人，或者五百万年后的世界上的某人呢？

豪·路·博 呃，有一次我产生了一种适合文学创作的幻想：每时每刻，我们都变成另一个人。你变成另一个人之后并不知晓，举例说，在某一时刻我会变成你，你会变成我。由于变化十分彻底，你没有记忆，并不知道你起了变化。你一直在变化，你可能变成月球上的人，但是不知情，当你成了月球人的时候，你拥有了月球人的过去、月球人的记忆、恐惧、希望等等。

威·巴 同时也忘却了过去的自我。

豪·路·博 是的，你可能一直变成另一个人，谁都不知道。也许那种事情确实在发生。当然，没有丝毫意义。它让我想起一个故事，仅仅是故事而已，适合文学创作的事情！并且不是太好的文学创作，只是骗人的故事。

7. **威·巴** 有一个问题我本来不打算问的。我们身上是不是始终有一种强大的力量，试图从我们身上逸出，走向外面的世界。它用各种方式表现出来：两性、写作、谈话、触摸……

豪·路·博 呃，生活。

威·巴 生活。我们只是我们自己，可是有一种强烈的冲动，要吸纳更多的东西，破坏我们的孤独。萨福在一个残篇中说，"我不能指望/伸出双臂/触摸天空"。她的思想代表了那种渴望伸到外面的世界去的生命力量。

豪·路·博 如果我没有误解的话，你的意思是说我们无时无刻不在逃避自我,我们不得不这么做。

威·巴 我们努力扩大,伸展,触摸我们圈子外面的世界。

豪·路·博 我认为是这样的。但是我觉得你不必担心。你不应该为之感到不快。尽管你知道我们做不到,或者我们不能完全做到,只能做个差不多。

威·巴 我们做不到,但是生活的艺术有一部分在于做下去,这促成了写作、爱情,以及维系人们的一切事情。

豪·路·博 人生七十古来稀,我们要为这七十年多少配备一些东西,为什么不尝试一下触摸圈外的世界呢?说到头,我们的生命是有限的,否则你会感到非常厌烦。

8. **威·巴** 你显然把未来的作品看得比过去的更有价值。

豪·路·博 呃,我非如此不可。

威·巴 差一点都不行。可是我感到惊讶的是,你似乎认为你最近的诗集不及以前的那么重要。

豪·路·博 我太了解它们了。

威·巴 我确信你最近写的诗在才智和激情两方面都是最有力的。激情往往表现为个人的绝望,这在你的短篇小说或者散文里面是绝对不会有的。

豪·路·博 不,我觉得你错了。你认为我的诗好,你是从我早期的诗的角度来看的。假如这些诗出自一个不知名的诗人,你会把它们扔到一边去,你说是吗?当你阅读一位你所了解的作家写的东西时,你把最后的那些作品当作一部长篇小说的最后几页,如果不了解前面的故事,那几页就毫无意义了。当你考虑一位诗人时,你总觉得他最后写的诗是最好的;但是就诗本身而言,可能并不是那样。

威·巴 不错,不过最后的诗也帮了早期的诗的忙,因为它们对声音积累的个性作出了贡献。没有那些最后的诗,较早的诗听起来就不那么丰满了。

豪·路·博 呃,我觉得它们互相帮助。

威·巴 因为它们创造了一个完整的声音。当布莱克说了一些有趣的东西时,有趣的部分原因在于他平时从不说什么有趣的话,于是我们说:"啊,布莱克用讽刺短诗说俏皮话了。"

豪·路·博 一般说来,他的诗冗长、笨拙!

威·巴 接着谈这个问题,我认为你最近写的诗在才智和激情方面是最有力量的。

豪·路·博 但愿如此。我可不是那样看的。它们只是练习罢了。此外,当我感到孤独,想念家乡时,那些诗只是回到布宜诺斯艾利斯,或者逃避现实的试验而已。它们只是用来填充我正在写的新书。但是我希望你是对的。

威·巴 你站在镜子前或者在诗中记录梦境时,你对伤感的精确描绘是现代诗歌少见的。你对自己最近的诗作评价不高,但你要知道你对自己的评价也许是错的。

豪·路·博 我倒希望我是错的!你说服了我,我很高兴,只不过我不能。我不希望自己是对的。我为什么要正确呢？我为什么坚持说我写的东西很差呢？

9. **威·巴** 你心里是不是常常有一首潜藏的诗，你是偶然遇到的？是不是像你突然想起你爱你的母亲或者父亲那样，意识到一件平常事？是你寻找诗还是诗找到你头上？

豪·路·博 我要说是诗找到我头上，短篇小说更是如此。那时候我像着了魔，非摆脱它不可，摆脱它的唯一办法是把它写出来。没有别的办法，否则它老是挥之不去。

威·巴 你说你的诗仅仅是练习，练习的是什么呢？

豪·路·博 我想是语言练习。练习西班牙语、诗句语音的和谐，还有押韵。我在押韵方面不太高明，总是试图避开。还有想象力方面的练习。以短篇小说为例，我知道必须想出一个清晰而连贯的故事，然后才能写下来，否则会成一堆乱七八糟的词。光有词是不够的。短篇小说不仅仅是词的堆砌，词后面还应该有些什么。我印象中——也许是斯蒂文森在一篇散文里说过："一本书中的人物是什么？说到头，人物无非是一连串词句。"我觉得不对。人物可能是一连串词句，但是不应该给我们留下一连串词句的印象。因为当我们想起麦克白、吉姆老爷或者亚哈船长的时候，我们觉得这些人物跃然纸上，栩栩如生。作者并没有把人物的全部情况告诉我们，但是他们遭遇的事情肯定发生过。比如说，作者告诉我们说，一个人物做了某件事，第二天做了另一件事。对于这些事作者只字不谈,但我们会认为人物晚上睡过觉,做过梦,遇到许多作者没有告诉我们的事情。我们觉得堂吉诃德曾经是个小孩,尽管据我所知,书中没有一处谈过堂吉诃德的儿童时代。因此,人物应该多于一连串词句。假如不多,他就成不了真正的人物,你不会对他感兴趣。即使在用不到十行文字就能描绘出一个人物的情况下,比如说:"哎呀,可怜的约里克,我和他很熟,霍拉旭。"[1] 那个人物自己能站得住。不到十行字就能使他栩栩如生。

威·巴 并且是别人嘴里说的。他从没有在舞台上作过自我介绍。

豪·路·博 是啊,是别人说的,但是你会把他当作一个有血有肉的真人。

威·巴 并且同情他。

豪·路·博 并且同情他。莎士比亚把哈姆雷特安排在墓地里。他认为安排身穿黑衣的哈姆雷特捧着一个髑髅,一个白色的髑髅,会构成一幅效果很好的画面。但他不能默默地捧着髑髅,必须说些什么。于是约里克应莎士比亚的技术要求而生,他的存在延续了下去。在那种意义上,约里克远远超出了一连串词句的范畴。我觉得斯蒂文森身为作家完全明白这个道理,他创造了许

---

[1] 约里克是莎士比亚剧本《哈姆雷特》中丹麦国王宫廷的小丑,霍拉旭是丹麦王子哈姆雷特的好友。

多人物，那些人物远远超出了一连串词句的范畴。

威·巴 寥寥数字，人物超越了时间。

豪·路·博 是啊，那很奇怪，不是吗？

威·巴 我有一个纯属个人的问题。

豪·路·博 能引起兴趣的只有个人问题。不是那种关于共和国的未来、美洲的未来、宇宙未来的问题！那些问题没有意义。

威·巴 我认为那些问题都和个人有关。

豪·路·博 本应是个人化的。

10. **威·巴** 你对朋友是否有父亲般的感情？或者说"父亲般"这个说法完全不适用？

豪·路·博 不，不是父亲般的……

威·巴 人人都同等对待？

豪·路·博 兄弟般的，亲如手足，但绝不是父亲般的。当然，我作为老年人，人们指望我是父亲般的，其实不然。因为说到头，我认为那种感情相当悲哀。马塞多尼奥·费尔南德斯认为父亲般的感情是错误的。他对我说："我和我儿子有什么共同点？我们不是同时代人。我喜欢他，但那是我的错误。他喜欢我，那是他的错误。我们真的不应该相互为对方操心。"我对他说："是啊，那种事情没有明文规定。"话虽这么说，你也可以为他操心。假如你认为你为他过于操心，或者认为你为他做的还不够，又怎么样呢？不让父亲爱他们的儿子，不让儿子爱他们的父亲，简直是胡扯。

威·巴 往下说。

豪·路·博 当然，他抛弃了他的家庭。原因再明显不过：他离弃了家人，自己过活。

11. **威·巴** 我们再把话题从父亲转到幻想。你经常谈到梦，你说的梦是什么概念？梦和任何一种清醒状态有什么区别？

豪·路·博 梦是一种创造。当然，清醒状态也可以是创造，比如唯我论的部分理论，等等。可是你不会用那种方式思考问题。以梦的情况来说，你知道梦中所见全部来自你自身，以清醒状态来说，你遇到的许多东西可能不来自你自身，除非你信奉唯我论。在那种情况下，无论你处于清醒还是睡眠状态，时时刻刻都是梦想家。我不信奉唯我论，我认为没有谁会真正信奉。清醒状态与睡眠或做梦状态之间的本质区别肯定在于，梦境是由你自己产生、创造、衍化而来的。

威·巴 但是不一定在睡眠的时候。

豪·路·博 不，不一定在睡眠的时候。当你构思一首诗的时候，睡眠和清醒状态没有什么区别，不是吗？它们代表的是同样的东西。如果你在思考、发明，或者梦想，梦中所见可能和幻象或者睡眠相符。那无关紧要。

12. **威·巴** 我还有两个问题，博尔赫斯。你像我们大家一样，是个自私的人。你老是想着自己，你探索、开拓自己的思维，把观察所得传递给别人。

豪·路·博 我还能做些什么呢？那不能怪我，不应该由我负责。

威·巴 由于你把自我观察所得传递给了别人，你当然是无私的。但你也向别人提供苏格拉底式的谈话，把你的作品给别人，是一种罕见的道德型的慷慨行为。

豪·路·博 我认为我有此需要，因为我从中得到乐趣。

威·巴 我怕那种道德型的慷慨已经绝迹了，像你这样由于失明而受到保护、忠于较早时期的作家的人，也许再也不会有了。于是我更加担心，后来又变得乐观一点，认为这样注重伦理道德的人和艺术家还是会出现的。

豪·路·博 这样的人一去不复返了。

威·巴 你是不是一个注重伦理道德的人呢？

豪·路·博 是的，基本上是的。我一贯从是非的角度考虑问题。我认为在我的国家，人们对伦理道德没有什么感觉。我设想美国人比我的国家的人更注重伦理道德。美国人一般要判断是非，比如越南战争，等等。可是在我的国家里，人们从是否有利可图的角度来考虑问题。也许那就是区别。可是在这里，清教教义和新教教义都构成伦理道德的参考因素，而天主教只注重排场和仪式，其实基本上是无神论。

威·巴 我提最后一个问题之前，还想插一句。你有许多有趣的地方，博尔赫斯，你非常孩子气，你享受生活的乐趣，你有高度的幽默感。

豪·路·博 说到底，我应该这样。我不清楚自己是否真的成熟。我认为不是人人如此。

13. **威·巴** 确实如此，我们谁都不成熟。最后一个问题是：我过去在爱情方面，在诸如此类的愚蠢的事情方面，感到不快时……

豪·路·博 不，不，不是愚蠢的。那些事情是每个人生活体验的组成部分。我指的是爱和不被爱，那是每个人生活的组成部分，不是吗？你来找我说，你爱上了某某人，而她拒绝了你，我认为每个人都可以说那种话。每个人都被拒绝过，也拒绝过别人。这两种情况都存在于每个人的生活里。拒绝别人或者被别人拒绝。这种事情随时会发生。当然，当它落到我们头上时，正如海涅所说，我们感到不快。

威·巴 有时候我感到不快，甚至想死，但是我明白，那恰恰是我要活下去的迹象。

豪·路·博 我多次想自杀，可是每次都推开了这个念头。我明白，自从我有了非常强大的武器——自杀——之后，我为什么要担心呢？同时我不打算使用它，至少我还没有用过！

威·巴 你几乎回答完了我的问题。我要说的是自杀的念头只是要活下去的迹象，即使是我时常设想的假自杀，也是希望更充实、更美好地活下去的愿望。

豪·路·博 人们想自杀时，只考虑别人得知他们自杀后对他们有什么看法。从某种意义上说，他们仍旧活在世上。一般说来，他们自杀是出于报复。许多人自杀是由于愤怒。自杀是表示愤怒和报复的一种方式。让别人为你所做的事感到内疚，那是错误透顶的做法。

威·巴 自杀大多是年轻人的浪漫事迹，是年轻人有时踏进去的一扇假门。反之又怎么样呢？为什么会有活下去的激情呢？为什么会有驱使年轻人走向死亡、驱使作家拿笔写作的激情呢？为什么会有求生的强烈激情？

豪·路·博 如果我能回答那个问题，我就能破解宇宙之谜了。我认为我办不到，不是吗？大家都办不到。我了解过许多自杀的个案。我有不少朋友结束了自己的生命。事实上，在我国的文人中间，自杀是相当普遍的事，也许比我们现在所处的这个国家多。但是我认为极大多数的自杀是希望使别人感到烦恼，使他们为了自己的死而感到内疚。这是极大多数自杀个案的动机。以莱奥波尔多·卢贡内斯的情况来说，我认为他一直试图让别人担上杀人的罪名。

威·巴 有时候，人们病得太重，自杀是出于厌倦，希望得到解脱。

豪·路·博 当然，那是另一种类型的自杀。我有一个朋友，知道自己得了癌症便自杀了，我认为是合理的。我并不为之反对任何人。我认为是对的。

威·巴 我没有要问的问题了，除非你有问题问我。

豪·路·博 我没有。这是一次十分愉快的谈话，我想谢谢你的好意，因为我原以为会是一场磨难，结果并不是。相反，这是一次非常愉快的体验。你非常慷慨地把你的想法提供给我，却让我感觉那是我自己想出来的。你一直巧妙地引导我，我十分感谢你。谢谢你，巴恩斯通。

威·巴 谢谢你，博尔赫斯。

原载《芝加哥评论》，芝加哥大学，第三十一卷，第三期，一九八〇年冬，第十一页至第二十八页。获准转载。

博尔赫斯：哲学家？诗人？革命者？

唐纳德·耶茨／一九八二年

提问 一个作家有什么义务来表现文学传统——言语和语言意味着什么？故事和故事形成又意味着什么？

博尔赫斯 我认为传统是有所帮助的。传统让事情变得简单。举例说，格律使诗歌创作更轻松。作家不需要承担义务，但有些事情你非接受不可。假如你拒绝语言，你就拒绝了创作。此外，我不认为人在左右语言方面能有什么重要作用，即使拿詹姆斯·乔伊斯这样优秀的作家、创新语言的能手来说也是这样。我们拿他最优美的诗句为例："沿岸流淌的河水……晚上此起彼伏的水声"，好则好矣，但是你必须接受"河水"是"河水"，"晚上"是"晚上"，"此"是"此"，"彼"是"彼"的事实。没有别的办法。既然传统有所帮助，为什么不接受呢？传统不全是骗人的；我们既然接受，就没有理由躲躲闪闪。当然，假如你别出心裁，想发明一种你自己的语言，我想你可能变得像孤岛上的鲁滨逊·克鲁索了，不是吗？你会过一种非常孤独的生活。

耶茨 有传统说,写书评时,你所评的那本书必须存在。你对这种传统怎么看?

博尔赫斯 (笑)我想你把我问倒了。不过我还记得一本很好的书,卡莱尔的《旧衣新裁》,他在书中评论一本并不存在的德文哲学著作《衣服及其形成和制作》,然后他写了这本名为《旧衣新裁》的书。因此,评论也是传统。

耶茨 你遵循的是文学骗人把戏的传统。

博尔赫斯 传统的传统。

提问 问题的第一部分:对你来说,写作是不是乐趣?第二部分:当你写到故事的中间时,你是摸索行进呢,还是对接下来的发展胸有成竹?

博尔赫斯 写作本应是乐趣。我认为只要处理得当,任何事都应该是愉快的,哪怕是牙疼。至于摸索行进,那也是愉快的。摸索有摸索的乐趣,迟疑有迟疑的乐趣——为什么不呢?那是游戏的组成部分,我能接受。是啊,我一贯把写作当乐趣。不把写作当乐趣来做,那就做不成。写作不是强制的。

耶茨 对问题第二部分的答复是,你在写故事的中间确实摸索过?

博尔赫斯 是的,我从中得到乐趣。

耶茨 在你的短篇小说《环形废墟》里,摸索成了故事的组成部分,因为那个魔法师或者陌生人——不管他是谁——试图寻找想象、梦见或者创造另一个人的办法,试了好几次都不成功。

这也是你写作故事的尝试,对吗?

博尔赫斯 对的,当然是的。我觉得把那些因素糅进故事里是很巧妙的做法。

提问 第一,你是否同意把你的名字同卡夫卡联系起来;第二,你喜欢同卡夫卡联系在一起吗?

博尔赫斯 我认为卡夫卡教导我写了两篇相当糟糕的故事,《通天塔图书馆》和《巴比伦彩票》。当然,我欠卡夫卡的情。自然。我从中得到乐趣。与此同时,我不能老是看卡夫卡的东西,于是我就停止了。我按照那种模式只写了两篇故事便放弃了。当然,我欠卡夫卡很多情。我佩服他,我想一切通情达理的人都会佩服他。

耶茨 你在《通天塔图书馆》[1]里用了一个加夫加,我认为那只能是来自卡夫卡。你那样做是不是表明你已经发觉你写作的风格像卡夫卡?

博尔赫斯 不错,是这样。

(听众中有人问当代拉美作家对博尔赫斯的影响。)

博尔赫斯 我不是未来派。我没有预测到后来出道的加西亚·马尔克斯和科塔萨尔。

耶茨 这个回答是说,博尔赫斯在一九五五年丧失阅读视力,根本没有看过科塔萨尔的作品,也没有看过帕斯的作品。

---

[1] 原文有误,应为《巴比伦彩票》。

博尔赫斯 他们出道的时间比我晚。我不是预言家。我没有受他们的影响。他们处于未来。我们不会受未来的影响。

耶茨 这个问题包含一层意思：人们认为你影响了他们。你认为你通过什么方式影响了他们呢？你认为拉美文学在他们的影响下将走向何方？

博尔赫斯 我希望拉美文学摆脱我的影响。

耶茨 自一九五五年起，你不再写比较长的叙事小说，到了一九六〇年，埃梅塞出版社负责你作品的编辑卡洛斯·弗里亚斯向你要一部书稿，你说："我没有书。"他说："作家只要在抽屉、文件夹、柜子里找找，都会找出书来的。"你便找了一下，拿出一部名为《诗人——梦中的老虎》的书稿，都是一些小篇幅的东西——是一九五五年你丧失视力，不能再像先前那样写作后创作的。一九六六年，与一九五五年你写篇幅较长的《结局》差不多相隔十三年——你突然写了一篇比较长的故事《第三者》。你放弃《诗人》集子里那些小篇幅写作，改写《第三者》那样较长的故事，这样改变有没有原因？

博尔赫斯 当时我在重读我喜爱的吉卜林。我重读了《山中的平凡故事》。我想吉卜林那样有天分的年轻人（他写《山中的平凡故事》时只有二十岁出头）能够做到的事情，一个有经验的老手，即使没有天分，或许也能做到。我写那篇故事的风格和卡夫卡、亨利·詹姆斯、梅尔维尔都没有关系，但是可能让吉卜林高兴。当然，故事背景有很大不同。于是，我向母亲口授了那篇故事，她写成了文字。我认为那是我最好的短篇小说之一，或许是最好的，因为它的风格很不像我的。小说相当精彩，仿佛是另一个人写的。

（听众中有人用西班牙语就他的诗作《〈路加福音〉第二十三章》的主题提问，问他会不会再写一首类似的诗。他用西班牙语回答，大意如下：）

我能写的话会再写一首的，因为我觉得那首诗相当精彩。诗的主题对我显而易见：促使好强盗成为盗贼，和促使他接受另一个被钉上十字架的人是上帝这一惊人的事实背后，是同一股推力。我认为那是主题；我愿意再写一首同样直截了当的诗，特别是那行"将他们两人死去的那一天忘记"。我觉得那一行诗充满了感情，尽管我不能那么说，因为是我自己写的。不过说到底，由于我什么也没有写，所有一切都是神秘地降临到我身上的，我就可以说我喜欢它——我喜欢那首诗；除了科蒂内斯博士以外，你也许是第一个注意到那首诗的人。科蒂内斯博士似乎注意到了，因为他（在介绍博尔赫斯谈话前时）曾经朗诵过。到现在为止，我有了两位读者，我很感激。

耶茨 阿拉斯拉奇教授说，你的小说用隐喻掩饰了故事里的自传式内容或者个人感情，他认为你在诗歌中也采用了同样的手法。接着，在诗歌的一条新脉络里——他以《愧疚》为例——你抛开了面具，向我们袒露了你自己、你最隐秘的自我。你改变了在读者面前掩饰你隐秘感情的态度，原因是什么呢？

博尔赫斯 我想我以前更喜欢创新，现在后退了，反而喜欢讲一些简单的东西。说不定这是个缺点。那可能是一个原因。我想我年纪比较轻的时候喜欢创新，现在我觉得不再需要创新了，又或许我想创新而做不到，不配创新了。于是我退了回来，只表述我的感情，至多加以暗示，那样说不定已经足够了。

耶茨 你觉得这种用简单的方式直截了当地表述事物的新本领或者新需求，是你过去取得的成就的枯竭，还是你在生命的这一阶段的新定位？

博尔赫斯 可能是枯竭，但是我没有必要那样想。那会令人沮丧的。我宁愿把它当成继续前进的新动力。

提问 这个问题涉及你和你以前能阅读、现在不能阅读的文学之间的关系。有没有人为你朗诵？如果有，你是否感觉到，你以前阅读的东西和现在别人为你朗诵的东西对你有所不同？

博尔赫斯 人们非常好意地为我朗诵，但是这和我自己阅读的效果很不相同。我不能随便翻阅一本书。我只能听别人念给我听的东西。这种体验很愉快，虽然不完全一样。与此同时，别人念给我听，意味着理解得更透彻。我有视力的时候，阅读的方式十分潦草，因为我知道有书在，随时都可以找来看看。现在我知道朗诵的人不是随时都在，我必须记住我听到的内容。那也许提高了我的记忆能力。说到头，我能做到的只是让别人念东西给我听，这当然是愉快的事。同我以前得到的愉快性质不一样，这是一种值得感激的愉快。

提问 现在别人念给你听的是些什么书?

博尔赫斯 除了为学古英语和古挪威语而阅读的东西,我现在做的是重读。我对重读的喜好大于阅读,因为你重读时必须仔细钻研,而阅读时多半敷衍了事,蜻蜓点水。因此我总是回到我有视力的时候阅读过的作家。我总是重读罗伯特·路易斯·斯蒂文森、爱伦·坡……

提问 爱伦·坡是怎么影响你的?

博尔赫斯 呃,我想爱伦·坡教我如何运用想象力。他教我——尽管我没有意识到,但我有强烈的感觉——写作不能受日常平凡境遇的束缚,一受束缚就会陷入贫乏沉闷。我可以无远弗届,甚至到达永恒。我认为爱伦·坡教我有了那种认识。他教我得到自由的宽广。我初次阅读他写的《述异集》里的故事就学到了这些东西。当然,我的风格和爱伦·坡的风格迥异,因为爱伦·坡的风格有点虚夸,而我的风格相当灰暗平凡。可是我认为我仍应感谢他,因为他指点我,写作应该超越个人的经历——或者说把个人经历以某种奇特的方式加以编织变化。我们应该感谢爱伦·坡,此外,他给了我们《阿瑟·戈登·皮姆历险记》那样的作品,创造了别人从未尝试过的体裁,开了侦探小说的先河,促进了许多侦探小说的产生,我们为什么不应该感谢他呢?这些都来自爱伦·坡,都来自爱伦·坡众所周知的那三篇故事。因此,我认为我应该感谢爱伦·坡,尽管我把他主要看成散文作家。我不太喜欢作为诗人的他。至于他的诗有什么问题,我记得爱默生说过有关他的一句玩笑话。有人向冷静睿智的诗人爱默生提起爱伦·坡，爱默生说："哦，坡先生，那个写顺口溜的人。"

提问 你钦佩斯蒂文森特别是哪些方面？

博尔赫斯 我钦佩斯蒂文森的各个方面。我钦佩他的为人、他的作品、他的勇气。我认为他从未写过一行冷漠或者可鄙的文字。斯蒂文森的每一行文字都优秀。还有一位我十分钦佩的作家切斯特顿。但如果不是由于斯蒂文森，切斯特顿达不到他现有的成就。举例说，我们看切斯特顿的布朗神父探案故事，或者《名叫星期四的人》，或者《活着的人》的时候，我们看到的伦敦正是斯蒂文森在《新天方夜谭》里创造或者幻想的童话般的伦敦。我觉得我应该感谢斯蒂文森。我觉得我们都应该感谢斯蒂文森。我不明白你为什么问我这个问题。情况再明显不过了。

提问 为什么你的作品里一再出现镜子的意象？

博尔赫斯 因为镜子是非常奇特的东西。镜子给你双重感受。镜子产生苏格兰式的幽灵。按照苏格兰迷信的说法，一个人看到他本人时，他就离死不远了。他真正的自我来领他回去。德语里有 doppelgänger 一词，指的是在我们身边与我们同行的人。当然，这些东西是镜子给我们的。于是你有了 alter ego（我只知道拉丁语说法，不知道希腊语如何说）。那些东西也是镜子引起的联想。视觉世界的每一个细节都能在一片玻璃、一块水晶里得到复制，这个事实真匪夷所思。我小时候为之惊异。我觉得世界上有镜子这种东西实在太神奇了。

耶茨 你能解释你笔下的两个博尔赫斯的观念吗？你在《博尔赫斯和我》里写的两个博尔赫斯。

博尔赫斯 我觉得那种观念源于镜子。当你照镜子的时候，你看镜子，镜子里的映象则看着你。至于两个博尔赫斯的问题，我深切地意识到确实有两个我，因为当我想到我自己时，我想到的，比如说，是一个相当隐秘、相当迟疑、摸索着前行的人。不知怎么搞的，这种想法很不符合我长年在外演讲，在全世界旅行的事实。因此我认为这两个人有很大不同：一个是私下的人物，另一个是公共人物。如果你高兴的话，为什么不谈谈那个私下的人，那个腼腆的、看到什么仍旧像儿时那么惊讶的人，以及那个有书籍出版、出版的书籍受到分析，并且有人为他召开专题讨论会的人——为什么不把这两个人当成不同的人呢？我是把他们当成不同的人的。

耶茨 你在那首名为《卫兵》的诗里，有没有给另一个博尔赫斯说话的机会？在《博尔赫斯和我》里面，可没有另一个博尔赫斯的声音。

博尔赫斯 （点头）

提问 你在决定写诗或者写散文之前考虑什么因素？

博尔赫斯 我想大概是，我在十分犯懒的时候写诗，假如我觉得十分活跃，就写散文。

提问 你开始时提醒我们，一切事物都归于书。依你看，书又归于什么呢？

博尔赫斯　应该归于快乐。如其不然，假如书不能归于快乐，或者比如说，不能归于激情，那么那本书实际上并不存在。书籍本意是代表经验。美好的经验。真正的经验。

> 选自《一位纯粹的作家：缅因大学奥罗诺分校豪尔赫·路易斯·博尔赫斯专题座谈会小组讨论记录及论文集》，缅因大学奥罗诺分校出版社，一九八二年，第十七页至第二十四页。获准转载。

采访豪尔赫·路易斯·博尔赫斯

约翰·比格奈、汤姆·惠伦/一九八二年

阿根廷杰出短篇小说家、诗人和散文家,国际出版家奖获得者豪尔赫·路易斯·博尔赫斯最近莅临新奥尔良领取几项公民性和学术性荣誉,在新奥尔良逗留期间接受了《新奥尔良评论》的采访。最近出版的博氏作品英文版包括:《博尔赫斯:一位读者》《沙之书》《老虎的金黄》。一九八二年五月二十四日,《纽约客》刊登了约翰·厄普代克撰写的《重述博尔赫斯》,对博氏作品作了精到的评价,请参阅。

这次访问是一九八二年一月二十七日用英语进行的。

你对布宜诺斯艾利斯的热爱在你的作品里显而易见。

是啊,我不知道什么原因对这座单调乏味的城市产生好感,不过它有一千万人口,正在向四面八方延伸。我出生以来,这座城市确实有了变化。现在有了高大建筑。我小时候,高楼也不超过两层。房屋一般都是平屋顶,有庭院、蓄水池;不仅是闹市区，整座城市都是如此。我们有公寓，那是一八九九年的事了。第一幢出租的公寓，我想大概是一九一〇年前后兴建的。整座城市同现在不一样。当然，那时还是小城，然而是座蓬勃发展的城市，往往令人欢欣鼓舞。今天，我们相当平静地不抱希望。

那听起来像是新奥尔良。

不。我心目中的新奥尔良洋溢着音乐和爵士乐。那里让人想起探戈。但是若你在布宜诺斯艾利斯待上几年，可能一支探戈曲都听不到。据我所知，你在巴西待很长时间，可能也听不到一支探戈曲。可是在这里，整座城市洋溢着爵士音乐。你整天在听，在欣赏，在吸纳。可是探戈，布宜诺斯艾利斯的探戈，正如许多人叙述的那样，是一八八〇年前后从妓院传出来的。人们了解它的根源，所以不接受。当人们听说巴黎在跳探戈，才开始认真对待它。他们是一个势利的民族。当然，他们把巴黎看成现实，于是说："啊，探戈。"他们都知道它起源于妓院，不应该多言多语。人们起初不接受，但是当人们知道正派人也在跳探戈，巴黎人也在唱探戈曲时，他们便接受了。我小时候只记得两支探戈曲。我一向听法国音乐、意大利音乐，偶尔也许听听西班牙音乐——不，那种情况很少。

你笔下的这座城市，往往像是你在某些小说里描述的迷宫。在你心目中，这座城市是某种迷宫吗？

呃，今天是的，因为它非常大。在我小时候不是这样。那时相当小，但在一九一〇年前后，这座城市充满了希望，非常令人自豪。那以后——呃，我们遇到了那个讨厌透顶的恶棍庇隆。即使在庇隆以前，形势已经开始恶化。我本人也每况愈下。情况糟到不能再糟了，我想谁都不会有不同意见。但是从另一方面说，我认为没有任何挽救办法。选举当然是错误的，会冒出许多庇隆之流的恶棍；军人们尽了力，也许他们尽了善意的力，但无济于事。我那时是保守党，然后我离开了保守党，如今我只是一个作家，在我的国家里还不是很出名的作家。只是知道有我这么一个人而已。

身为作家，虽然你深深地扎根于阿根廷（Argentina）和阿根廷的（Argentinean）历史……

你不应该说 Argentina。没有这个词。应该是 Argentine。因为你明白，Argentina 的意思是"似银的"。里奥德拉普拉塔（Rio de la Plata）的意思是"银河"。你没有必要再加 Argentina，加上去就没有意义了。有人杜撰了 Argentinean 一词，便于同 Bolivian（玻利维亚的）和 Peruvian（秘鲁的）押韵，但是 Argentinean——这个词不存在。假如你说 Argentiniano，西班牙人会笑话你。不，正确的词是 Argentine。比如说，阿根廷共和国是 Argentine，不是 Argentina，不管用在什么地方。

你是深深根植于自己祖国的公民，巴勃罗·聂鲁达虽然批评过你的作品，但仍说你是为数极少的世界性拉美作家之一。

是的，当然，我仿佛是世界性的盲目崇拜对象。我没有把自己当一回事。我不喜欢我写的东西，我喜欢看别的作家写的东西，而不是我自己的作品。我不喜欢自己的作品，只能够容忍。我八十二岁了，学不会新的把戏了。我只是继续写作。是的，我还能做什么呢？我已八十二岁。我丧失了视力。他们给了我两份退休金。一份是图书馆的，另一份是作为英国文学教授。时候一到，我就可以领取两份退休金和版税，可是版税——在我的国家，不能靠书生活。书商或许可以，但作家不行。出版商也不行，因为他们卖出一本书只拿到书价的百分之二十。他们要支付印刷费用、宣传费用、将书籍发往各地的发行费用。而作家，不管写书的是谁，看似没有任何支出，每六个月就能结算一次版税（理论上如此），但实际上他们可能一分钱都拿不到。还有讲课，我在布宜诺斯艾利斯讲课。假如在图书馆或者学校里讲，我当然不收任何费用。但是如果在一个机构，人们付钱来听我讲话，或者同我交谈，我当然能得到一点钱。可是有谁能靠文学糊口？谁都不能。即使你堕落到写色情作品也不行。即使到了那个地步，你也只能混个下流，穷还是穷，不是吗？

即使像你一样，作品受到广泛翻译的人也不能……

不能，因为版税要经过许多人的手才到作家那里。是啊，我的作品被翻译成多种文字。我不明白是什么原因，因为在那些国家比我好的作家有的是。他们的作品没有被翻译，我的却被翻译了。我不明白其中的原因。我一向不从名声、销量，或者争取读者方面考虑问题。我只有感到内心冲动时才写作。我父亲曾劝告我说："最要紧的是不要急于印行。出版的书越少越好。"我二十四岁时出版了第一本书，一本诗集；在那之前，我已经销毁了三四本书。那本诗集也不是非常好。

你说过翻译是从不同视角观察一件运动中的物体。

是啊，我想是那样的。每一个译本都是一个新的版本。每一本书实际上都是一部草稿。雷耶斯对我说，我们出版书的目的是不把我们的生命消耗在检查草稿上面。我们出版了一本书以后就摆脱了它，就可以去写另一本书，或者做一些更好的事情。我出版了一本书以后，就让它自生自灭，不再为它操心。我从来不看评论我的文章。我也不看译本。我从来不重读自己的作品，因为如果重读的话，我会泄气的。我继续写作。此外，我还能做什么呢？我眼睛看不见。我很想继续阅读，那要比继续写作好得多，但不幸的是我办不到。我继续买书。我不知道为什么。我喜欢书卷的氛围。那些书籍，即使是廷巴克图文也无所谓，因为我根本不看。有朋友来看我时，我们就阅读、重读以前读过的书；一般说来，我们会挑选一些历史书、哲学书、叔本华的书，或者我喜欢的许多书。我们探讨诗歌；一般说来，是勃朗宁或者爱默生的诗歌。我喜欢爱默生。他受了一点惠特曼的影响。

爱默生是唯一看到沃尔特·惠特曼会成为大诗人的人。

是的。你知道爱默生是怎么称呼爱伦·坡的吗？他说："哦，埃德加·爱伦·坡，那个写顺口溜的人。"他当时想到的可能是《钟声》，真俏皮。反正没有问题。这种事情没有必要辩个谁是谁非。写顺口溜的人。

我想问你一位作家的情况，大多数美国读者至今对他还不熟悉，那就是奥地利的古斯塔夫·梅林克。

呃，不应该对他不熟悉。我为了阅读叔本华的作品，自学了德语（只为了阅读，我不会说。我用这种方法学了德语，这里介绍给大家。我弄到一本海涅的《歌集》，又买了一本《德英字典》，因为书店里只有英语的，我随即开始阅读。我整天翻字典。我最初懂的德语只有"Der, die, das, die. Den die, das, die"。三四个月后，有一次（在日内瓦，当时我大概十七岁），我叫了起来，因为我用一种不了解的语言，德语，在朗读《在异乡》。内容是：

> 我曾有可爱的祖国，
> 橡树高大巍峨，
> 紫罗兰颔首致意，
> 像梦境一般美丽。

它用德语吻我，用德语向我招呼

（难以置信）多么悦耳的字句："我爱你！"

像梦境一般美丽。

当时我叫了起来。不仅仅是由于诗句美丽，而且是因为我在用德语朗读。我掌握了德语。那是最好的方法。如果你的母语是西班牙语，我认为最好的作家是奥斯卡·王尔德，因为奥斯卡·王尔德写作时用了许多拉丁语，而勃朗宁或者吉卜林，他们只用简单的撒克逊语。

你那篇名为《瓜亚基尔》的小说里有个人物齐默尔曼博士，他说梅林克的作品只有《假人》值得一读，你同意他的观点吗？你是不是编过一本法语版的梅林克短篇小说集？

是的，书名是《蝙蝠》。之后他写了一个有关流浪的犹太人的故事，德语里是永世流浪的犹太人，书名是《绿脸》。还有一本关于英国男巫的书，书名很美：《西窗的天使》。但他最出名的作品是《假人》。那是我全篇读完的第一本德语书。读过海涅以后，我开始读诗歌以外的作品，发现了一本迷人的书，《假人》。如此说来，引导我看德语作品的是两个犹太人，海涅和梅林克。梅林克原名梅耶，但是梅耶太普通了。于是他改了名。梅林克听起来好一点，不是吗？德语里的梅耶就像史密斯、布朗，或者洛佩斯那么普通。博尔赫斯是非常普通的葡萄牙姓名。在里斯本，每两个人中间就有一个叫博尔赫斯。

你向我们推荐了许多美国、欧洲，尤其是英国的作家，我们十分感谢。你认为我们是不是应该阅读一些南美作家的作品呢？

是的，或许应该。但我不是很了解。我认为我们有一位相当优秀的诗人，名叫西尔维娜·奥坎波。她的作品已经译成英语。我不再提其他名字了，因为人们注意的是遗漏、删除的地方。从某种意义上说来，被遗漏的人是突出的人。我对那些作家知之甚少。加西亚·马尔克斯是位优秀的作家。当然，阿方索·雷耶斯是大西洋此岸最优秀的西班牙语散文家。伟大的作家，伟大的散文家。他是我的老师——我有许多老师，卢贡内斯就是一个。不过在这里知道卢贡内斯的人很少。你知道，你到过世界各地，我们却不了解世界。我们所做的事对于我们、对于西班牙固然重要，但是对于外面的世界却不然。埃德加·爱伦·坡、爱默生、梅尔维尔、沃尔特·惠特曼、艾米莉·狄金森、梭罗、弗罗斯特、福克纳——这些名字不胜枚举，他们一直在影响我们。我们向世界提供了什么呢？无非几个字词而已，不是吗？举例说，玻利瓦尔、潘帕斯草原、高乔人、里约热内卢、蒙特祖马、科尔特斯、皮萨罗，也许还有探戈——就是这些。

许多人会说博尔赫斯也是那份名单上的作家。

哦，不。他不是。他不是。

你对那个写《布宜诺斯艾利斯激情》的年轻诗人博尔赫斯有什么看法？

他试图模仿沃尔特·惠特曼，当然没有成功。他竭力成为沃尔特·惠特曼，失败得很惨。但人们还是记住了他。不，也许有一两页还可以读一读。我不清楚，因为我不读自己写的东西。

你是怎么比较你的诗和小说的？你对你的诗的喜爱是不是超过短篇小说？

我觉得基本上是一样的。我喜欢我写的诗，我的朋友们却有不同意见，他们说我写诗是个错误。呃，我说，也许我可怜的朋友们也犯了错误。我喜欢我的诗。当然，如果我用诗写些什么，我会认真写的。短篇小说毕竟只是你发明的某种文字客体。它在你身外。诗歌应该从你体内流淌出来。不过也许没有很大区别。说到底，你得依靠灵感。我认为书籍是不能解释的，一经解释就化为乌有了。西班牙语里没有这个说法，因为语言习惯不允许。我记得吉卜林那首著名的《东方与西方的歌谣》里的一些优美的诗句，写的是一个英国军官在追踪一个阿富汗盗马贼。他们策马奔驰。吉卜林写道："他们把低矮的月亮驰骋出了天空，擂鼓似的马蹄声迎来了黎明。"在西班牙语里，不能把低矮的月亮驰骋出天空，不能用擂鼓迎来黎明，因为语言习惯不容许。不能那么说。

如此说来，西班牙译本是不限定的？

呃，你总得想些办法，否则就彻底完了。举例说，英语里可以说你在梦中消耗了生命。据我所知，西班牙语或者任何罗曼语都不可以那么说。德语或者某种斯堪的纳维亚语可以这么说，但是罗曼语不行。有许多词在西班牙语或者法语里是无法翻译的。有人用英语说 uncanny（怪异的），我想大概是苏格兰人。德语里说 unheimlich（阴森的）。西班牙语里却不能这么说，因为西班牙人从来没有那种感觉。他们没有使用那个词的需要。

那是不是意味着，西班牙人不能在梦中消耗生命，因为他无法用语言表达？

他做得到，但是说不出来。他当然做得到。正如我们即使没有想到死亡，我们仍能死去一样。英语有另一个优点，盎格鲁-撒克逊词的优点。譬如"月亮"一词，希腊语的 selini 有三个音节，太长了；西班牙语或者拉丁文里的 luna，两个音节；法语里的 lune，实际只有一个音节。但是英语里那个 moon，美妙而余音袅袅，再恰当没有了，不是吗？不过在古英语里这个词相当丑：mona。moon 和 sun，这些才是恰当的词。英语里 sky（天空）和 heaven（天堂）有区别，西班牙语里你只消说 cielo。再举个例子，英语里 weather（天气）和 time（时间）有区别，西班牙语里却没有，西班牙语里只有 tiempo 一个词。法语也是这样。英语里有个很美的词 dim（昏暗的），西班牙语里没有相对应的词。德语里有 Dämmerung，黄昏，以及 Götterdämmerung，众神的黄昏。

你谈起你的小说和诗歌时，把小说讲得像是完美的小东西，诗歌却像是歌曲？

是的，我认为两者都来自想象。我是指灵感找上了你；可能是一个故事，也可能是一首诗。我认为出发点是一样的。

经验自行找到了合适的体裁？

是的。你越少干预越好。作家不应该容许，也不应该试图干预他自己的写作。他的想法不应该进入他的写作。说到头，想法瞬息即逝，情感会消失。

今天上午我在讲解 H. G. 威尔斯的《盲人的国度》……

非常优美的故事，不是吗？我小时候是在《海滨》杂志上看到这篇小说的。我还在杂志上看了《巴斯克维尔的猎犬》。也是一篇精彩的小说。你说《盲人的国度》？

美丽的故事——它使我想起你的短篇小说《南方》。努涅斯从山上摔下来丧了命，达尔曼去南方只是手术台上的梦境。人们读你的作品时往往发现文学的回响。《沙之书》是切斯特顿的《书的爆炸》的回响。

当然是的。我即使不是一个好作者,也努力要做一个好读者。威尔斯当然是个天才。

文学产生文学——有些评论家把这看成文学枯竭的迹象。

不,我认为爱默生说过诗歌来自诗歌,惠特曼认为诗歌来自经验,不是吗?我不以为然。我认为爱默生说得对。我印象中维克多·雨果说过,"荷马有他的荷马"。我认为确实是这样,他生活在文学的传统中。事实上,传统和时间一样,是没有起点的。

你说你不能创新,也许就出于那个原因。我们可以从威尔斯、斯蒂文森和切斯特顿身上汲取灵感,何必要再创新呢?

是的,因为我们不断地在虚构同样的故事,不是吗?

许多评论家一再回到你深切关心的时间的主题。

是的,是这样。我认为时间应该是谜中之谜,不是吗?假如我们了解时间是什么,我们就了解我们自己了。

那天晚上,你谈起"时间是条河流"的隐喻。

是的。我认为那是真正的隐喻,不是吗?你想起时间,也就想起了河流的模样,不是吗?比如说,密西西比河,为什么不呢?你把时间看成一条河流,似水流年。是啊,我那时引用了丁尼生十四岁时写的诗句:"时间在夜晚中间流淌。"美丽的诗句。

他十四五岁时写的。后来他忘得干干净净,是评论家们发掘出来的。

我们生活在密西西比河畔,看到河水带走许多东西,但是你似乎能够逆流而上,回到荷马和切斯特顿那里。

呃,我毕竟是在尽力。荷马和切斯特顿确实是值得向往的目标,我希望我能达到。事实上,我不够格。我的写作不及我的阅读,不是吗?我开始考虑语言。你知道,我们在家里说英语和西班牙语。我祖母是英国人,她说两种语言。我十四岁时去了日内瓦,在那里学了法语,又学了拉丁语。非常优美的语言。我那时会说西班牙语和法语,我说"现在又学拉丁语",我觉得没有问题。后来,我自学了德语。丧失视力后,我想起吉卜林的诗句,"我不会整天长吁短叹、自怨自艾"。我开始学古英语,盎格鲁-撒克逊语。现在我学冰岛语,古挪威语(斯堪的纳维亚半岛的所有事物我都喜欢)。古英语是非常美的语言,像现代英语一样,十分丰富。我可以背诵一段古英语给你听——你喜欢什么,哀歌还是史诗?两种体裁都可以。你喜欢什么?哀歌还是史诗?

哀歌。
Mæȝ ic be mē sylfum   sōðȝied wrecan,
siþas secȝan,   hū ic ȝeswincdaȝum
earfoðhwile   oft þrōwade,

```
bitre brēostceare    ʒebiden hæbbe,
ʒecunnad in cēole    cearselda fela,
atol ȳþa ʒewealc,    þǣr mec oft biʒeat
nearo nihtwaco       æt nacan stefnan,
þonne hē be clifum cnossað.
```

那是古英语，我想其中有一行法语。别的诗句是一样的。埃兹拉·庞德把它译成了英语。他虽然神志不很清楚，仍把第一行译成"我要为我诗歌的真实负责"。由于他是音译，那句诗的意思应该是"我可以奉上一首有关我自己的真实的歌"。他把"讲述我的旅途所见"译成"旅途的行话"（《航海者》，见埃兹拉·庞德《翻译作品集》）。

你谈起切斯特顿、斯蒂文森和别的英国作家时，似乎为他们的风格倾倒。

以切斯特顿来说，还有许多别的方面，不是吗？当然，斯蒂文森是大诗人。我指的是他作品的情节、风格、隐喻等，气势磅礴。你是否记得，比如说，"大理石像凝固的月光，金子像冰冻的火焰"。那些隐喻妙极了。还有，"我不会衰老得看不到漆黑的夜晚。比世界还大的云块。由眼睛组成的怪物"。"由眼睛组成的怪物"简直不可思议，不是吗？

你可以谈谈你自己的风格吗？

呃，我年轻的时候拼命想做切斯特顿、卢贡内斯、克维多、斯蒂文森。那以后，我说不行，我就做博尔赫斯，就那样。我胸无大志。但是说到头，人们喜欢那样。

你是否认为博尔赫斯比这些作家言辞坦率？

哦，当然是的。我开始学巴罗克风格，因为年轻人都那样。我试图惊世骇俗，我一心想找牵强的比喻。如今我努力避免那种东西，我喜欢用不是从字典里找来的简明的词。

"失明是一种禁锢，"你曾经写道，"但也是解脱，是有利于创新的孤独，是代数。"

是的，但当时我是在欺骗自己。不，其实不是那样。当然，你很孤独。我意思是说你需要阅读。曾经家里所有的书我都阅读。曾经我阅读所有的书。

如此说来，你认为失明是一种孤独？

是的。你感到孤独。大部分时间都是这样。说到头，我的朋友们不能把他们的时间都贡献给我。我大部分时间是在家里度过的。和我同时代的人大多数都已经去世，他们在墓地里。

你的好朋友比奥伊·卡萨雷斯还健在吗？

还健在,他比我年轻多了,但他不嫌弃我这个老人。我们也许每个月见一次面。布宜诺斯艾利斯这个城市太大了。一千万人口。我们逐渐变得疏远。电话不解决问题,不好使。

你是否认为由于失明,工作上遭到损失?

呃,我往有利的方面去想。事实上我在欺骗自己,但是我要继续下去。

你失明以后工作有没有变化?

我可以举个例子:我眼睛看得见的时候,曾尝试写自由诗,可是现在我必须打腹稿,我当然只好写十四行诗或者其他格律诗——便于记忆。十四行诗好记。我记得许多十四行诗,英语、法语、西班牙语、意大利语的都有。但是自由诗我记不住。即使是沃尔特·惠特曼的自由诗,我反复读过也记不住。我能不能引用一页沃尔特·惠特曼的诗给你听,我没有把握。即使引用了,随时都可能中断:

> 这些是古往今来各地人们的思想——并不是我的独创;
> 假如它们不是你的,也不是我的,它们等于零,或者同零相差无几;
> 假如它们不是谜,也不是谜的破解,它们什么都不是;
> 假如它们不远在天边,也不近在眼前,它们就什么都

不是。

这就是草,凡是有泥土、有水的地方就有它们生长;
这就是拂过地球的普通空气。

他最后说:"我爱你。我离开了我的材料。"(那很不美。)"我爱你。我离开了我的材料,我像是一个脱离了躯壳、胜利的、死去的人。"它理所当然地显得响亮。惠特曼不愧是个大诗人。

阅读你的作品时,我常常觉得有许许多多的博尔赫斯,或许无穷无尽的博尔赫斯。

理应如此。让它无穷无尽吧。

我们访谈的是哪位博尔赫斯?

你们反正付了钱,是哪个你们说了算。

能不能请你谈谈你准备写的书,还有你未来的计划?

我有许多未来的计划。到了我这个年纪,除了计划,我还能有什么?我和玛丽亚·儿玉一起翻译德国安杰勒斯·西勒修斯的《天使漫游者》,他是十七世纪的德国神秘主义者。这本书即将在智利出版。然后我打算写一本有关伟大的历史学家和作家斯诺里·斯图鲁松的书。那将是第一本用西班牙文写的有关他的书。然后我要准备一本短篇小说集和另一本诗集。最近马德里出版了我的一本诗集《密码》。我还有两本选集，一本是阿根廷诗人卢贡内斯的诗，由我选辑作序，另一本是著名西班牙作家克维多的作品集，也由我选辑作序。那些是我当前做的工作，不过我继续在写。

时间表排得很满了。

是的。

假如你是一个年轻诗人学校的校长，你准备安排什么课程？

我教过英国文学，那时候我对学生说（我上了二十年课，一直在布宜诺斯艾利斯），我教不了你们英国文学，因为我不懂。但是我可以教你们爱上英国文学。不要去钻日期，地名，不要去钻文献目录。要深入作品本身。有些学生爱上了古英语，有些学生爱上了乔叟、约翰生博士，或者莎士比亚、马洛、弥尔顿、萧伯纳、切斯特顿、埃德加·爱伦·坡、爱默生等等。他们都爱上这本或那本书，那才是主旨，才是要点，对吗？

我一直纳闷，不知你是不是认为宇宙是一个神道在谵妄状态下设计的。

不。我认为萧伯纳说得对。上帝在形成中，我们当然就是形成。整个宇宙过程是形成。宇宙是历史，等等。我根本没有把上帝当成一个人或生物，但祂有可能是。说不定上帝就是我自己。

我可能是祂众多的伪装之一。我认为这多少属于佛教思想。我写过一本谈佛教的小册子,译成了日文。我去日本时看到了那本谈佛教的书。当然,他们知道得比我多得多。佛教是日本流行的两三种宗教之一。神道教和佛教。日文里有一个很奇怪的字:仏(佛)。根据上下文,可以代表菩萨,可以代表耶稣基督,也可以代表任何一个亡者。日本人认为这些其实都一样,不是吗?

你这星期说过你满怀希望,像期待大冒险似的期待死亡。

不,不是大冒险,应该说是解脱。我父亲说他要死得彻底,身心俱灭。我把死亡看成睡眠。我祖父从某种意义上说是自杀的。他故意让自己阵亡。那是一八七四年的事,内战期间的一个小战役。是的。博尔赫斯上校。他的死多少出了名,因为他骑了一匹白马,披着一条白色的大氅,十分缓慢地朝敌方战线跑去。他中了两枪。当时我的国家首次使用温彻斯特步枪。美国在内战期间当然用过,阿根廷当时是第一次用。雷明顿枪是后来才用的。

作为作家,你认为你最大的弱点是什么?

我不知道。也许我不够耐心。我十分笨拙,写作很花气力。看起来好像自然流畅,其实不然。我殚精竭虑。我的每一页底稿都打过五六页草稿。当然,打的是腹稿。我不能书写,必须口授。如果我自己写,写出来的字会叠在一起,谁都看不清。我只看过很少几部长篇小说,但是我看过许多短篇小说。一开始,我看的是《格林童话》《天方夜谭》,后来看斯蒂文森、切斯特顿、埃德加·爱伦·坡、杰克·伦敦的作品。我生平看完的第一部长篇小说是马克·吐温的《哈克贝利·费恩历险记》。后来我看《密西西比河上的生活》《艰苦岁月》和《加利福尼亚富裕的日子》,那些书如今好像没有人看了。很有意思的书。马克·吐温当然是个天才。他没有意识到自己是天才。

你为什么认为博尔赫斯是个"小"作家?

因为我看过他的作品。非但看过他的作品,我还写过有关他的文章,我对他非常了解。说不定那些东西有点儿意思,因为许多人都认真严肃对待。那里面应该有点儿意思。

你全身心倾注到短篇小说里,许多人为之十分感激。

他们非常慷慨。我应该说,非常错误。慷慨的错误。

文学可以向我们提供什么?

我应该说提供了一切,呃?至少是宇宙。文学,当然。我不善于辨音高,我没有视力,我从没有好好地欣赏过建筑。绘画,是啊,绘画或许懂一点——透纳、委拉斯开兹,就这么几个名家。文字对我意义重大,还有语言。我非常喜欢文字,词源学。

如此说来，文学像是阿莱夫，是一扇通向宇宙的小窗？

嗯，你还记得那篇小说，真要谢谢你。那篇小说相当好，尽管是我写的，我还是要这么说。

我可以告诉你一件也许让你高兴的事。我组织过一个活动，请诗人到学校教室里去教孩子们诗歌。我们和孩子们玩的一个游戏是把看不见的阿莱夫分发给他们，吩咐他们举起来对着光线，他们将看到大千世界展现在他们眼前；随后我们让他们把看到的写下来。

你的想法很妙。比我写的小说要妙得多。

我觉得这是同一个故事。孩子们望着看不见的阿莱夫，写出了了不起的诗歌。

是三棱镜，对吗？肯定是三棱镜。

我们对孩子们说那是看不见的三棱镜，可以让大家看到他们想看的东西。

那比我写的好得多。

我们是从你那里学的。

对我有好处的，对你们也有好处。但尤其是对我。

对孩子们也有好处。

西班牙有一个人问我，阿莱夫是否真有其事。当然没有。他以为整个故事都是真实的。我写出了街名和门牌号，他很容易就信以为真。

但也许正如你所说，假如文学给了我们一切，那么阿莱夫就是短篇小说和诗歌，因为我们像透过三棱镜那样看到了一切。

是的。那篇东西给我添了不少麻烦，我必须在一段文字里制造出无穷无尽的事物的感觉。不管怎么样，我总算解决了。

是啊，一篇精彩的记载。

不错。但背后也有不少麻烦。

阿莱夫是纯属虚构，还是说你见到过有关参考？

不，我讲给你听。当时我在阅读有关时间和永恒的文章。如今我们认为永恒是无始无终的，我的意思是说，上帝或者一个神秘主义者在一瞬间感知我们所有的昨天，如莎士比亚所说，所有的过去、现在和将来。我说为什么不把那种虚构应用到别的范畴，不用于时间，而用于空间呢？为什么不假想空间里有一个能观察到其他各地的点呢？那就是这篇小说的中心思想。接着，我必须虚构其余所有的东西，把它装进一个后来出现的可笑可悲的故事。我最初的目标是像神秘主义者谈论永恒那样……那是个大词，永恒，始终。还有永不，那是个可怕的词。我们既然有了永恒的概念，时间方面的天长地久，为什么不把同样的概念应用于空间，设想一个在其中可以找到全部空间的单一的点呢？我从那个抽象的观念出发，随后写出了那个相当有趣的故事。

物理学家想到宇宙大爆炸的时候也拿出了同样的概念。他们认为宇宙可能朝一个奇点移动，该点先是压缩，后来爆炸，形成一个宇宙。或许他们也是从你这里学来的。

呃，我想不会吧。我不认为他们会为南美洲一个小作家操心，不是吗？

原载《新奥尔良评论》，一九八二年秋季刊，第五页至第十四页。
获准转载。

豪尔赫·路易斯·博尔赫斯

阿拉斯泰尔·里德/一九八三年

谈话录音摘录。彼得·拜肯整理。现代语言协会百年纪念会议，纽约市，一九八三年十二月二十八日星期三，下午七点十五分至八点三十分。纽约希尔顿饭店东舞厅。

拜肯 卡夫卡生于一八八三年，为纪念他诞辰一百周年，我们举行这个名为"卡夫卡：作家中的作家"的研讨会，承蒙各位参加，我感到十分荣幸。我特别高兴地向各位介绍杰出的阿根廷作家、迄今健在的现代世界文学的传奇人物豪尔赫·路易斯·博尔赫斯……博尔赫斯是十九世纪八九十年代出生的卡夫卡的同时代人，也许是至今仍然健在的最早读过卡夫卡的当代读者之一。在第一次世界大战期间，博尔赫斯客居瑞士，通过海涅的诗歌自学了德语。他关注着当时德国文学界的情况，特别是德国表现主义文学的兴起。他密切注意表现主义诗歌的发展，尤其是约翰内斯·贝歇尔、阿尔弗雷德·蒙伯特、威廉·克莱姆、奥古斯特·施特拉姆等人。博尔赫斯看到了卡夫卡发表在文学杂志上的一些散文小品。卡夫卡一九二四年英年早逝，作品经他的好友马克斯·布罗德抢救才免于湮灭，博尔赫斯看到的虽然像是管中窥豹，但始终保持着对卡夫卡的喜爱和钦佩。一九三八年，他编辑了卡夫卡的短篇小说集，其中包括他自己翻译的《变形记》。他还写了一篇著名的序言，既介绍了卡夫卡，也让我们了解了这位不同寻常的读者和译者。博尔赫斯的传记作者埃米尔·罗德里格斯·莫内加尔指出，博尔赫斯研究讨论卡夫卡是在一九三八年，那是他本人改弦更张开始写短篇小说的时候。博尔赫斯继续同卡夫卡对话，今天我们才有极好的机会同博尔赫斯谈论卡夫卡。

里德 我想简短地说两句开场白。能邀请博尔赫斯来参加我们的会议一直是我们的荣幸，远超过荣幸的是喜悦之情。近年来，博尔赫斯莅临这个城市是我们莫大的福分。人们广泛地阅读博尔赫斯的作品，事实上，正如前不久我在一个相似的场合里说过的，没有读过博尔赫斯的人就像是文学上涉世不深的处子。我们读过博尔赫斯的作品，我们一直在读，我们每年还有幸能请博尔赫斯来和我们说说话，亲睹博尔赫斯的风采，如同阅读博尔赫斯的作品一样，也是非常动人的。举例说，我发现人们读过博尔赫斯的小说后，感觉十分平常的事都有了不平常的意义。比如说，一个不祥的预兆降临其身的人，不可能错过天谴的列车。博尔赫斯最有名的一篇散文经常被评论家引用（我认为是出于错误的目的），题目是《卡夫卡及其先驱者》。他提出了一个十分奇特的概念，即每一个作家事实上都创造了自己的先驱者，由于我们有了卡夫卡，我们便把眼光放在芝诺的悖论，韩愈的文稿，勃朗宁的诗歌，邓萨尼勋爵的一首诗，并且预见了卡夫卡的面目。因此，卡夫卡创造了他的先驱者，我们谈论早在卡夫卡以前就有的"卡夫卡式"的事物。这一点被人抓住，我们便可以说事物变成了"博尔赫斯式"。从许多方面来说，博尔赫斯创造了他自己的先驱者，其中一个就是卡夫卡。（笑）

博尔赫斯即将开始谈论卡夫卡，之后各位可以提问。

我记得加缪评论卡夫卡时写过，卡夫卡的全部艺术在于促使读者重读他的作品，并且促使读者去重读读者已经读过的作品。博尔赫斯的情况也是这样。博尔赫斯说过，隐喻只有五六种，人们翻来覆去地重写。博尔赫斯，你愿意谈谈卡夫卡吗？

博尔赫斯 我在一篇文章里谈过，内容大致是这样的：

世间万物归于人类。万物，包括太阳、月亮、星辰、大地、遗忘、记忆、友谊、书籍、我们称之为长梦的人类历史、丧亲、背叛、王国、权力与荣耀，都给了作家。作家的奇特任务就是把这些东西编织成梦想、字句、韵律，有时候编织成隐喻以及寓言。

我认为作家不可以直言不讳。他应该用不同的方式反映事物。假如他直言不讳，他仅仅成了新闻记者、发言人或者政治家，当然很悲哀；即使相当好，也无非是历史学家。对于任何一流的作家，我们随时都要考虑客观因素……在许多情况下，你必须考虑时代背景：举例说，托马斯·布朗爵士是十七世纪的作家，而我们谈起沃尔特·惠特曼的时候，我们必须想到美国的民主梦等等。

至于卡夫卡，我们发现了一个十分奇特、十分美丽的区别：我们知道卡夫卡是奥地利犹太人。他自以为是在美国出生的德国人。我们知道他遭遇了第一次世界大战的可怕经历。我们知道他写作的时期正是表现主义兴盛的时期，人们用语言进行各种各样的试验，例如我们刚提过的约翰内斯·贝歇尔。还有一些不是德国人的例子，例如威廉·巴特勒·叶芝和詹姆斯·乔伊斯。

至于你必须考虑其时代背景的作家，你应该想到他是在什么时期写作的。至于古典作家，你毫无例外可以不考虑他们写作的时期。当然，卡夫卡经历了许多磨难，他把这种痛苦化成了诗歌。

今天，许多作家写作时想到的是文学史。我的意思是说，他们作品的目的与其说是让人阅读，不如说是让人分析。读者遵循着文学史的脉络。我认为那就是詹姆斯·乔伊斯的大错。他写东西不是让人阅读或者评判，而是为了自己扬名，为了让人分析。我的意思是说，他要读者——我这里引用约翰·济慈一句非常优美的诗和比喻——"解开彩虹"。我觉得当济慈说"美好的事物是永远的愉悦"的时候，他指的并不是美好的事物应该慢慢耗尽；他认为美是亘古永存的。

拿卡夫卡的情况来说，我觉得我们可以稳妥地预言一百年后他会出名，因为那时我们不必再考虑客观因素。当我阅读——我对短篇小说的喜爱超过长篇——中国修长城的故事，奥德拉德克的故事（《家父之忧》），我的想象力很容易就接受了那些事物，就像《天方夜谭》在印度被创造，在波斯被改写，在埃及被编撰，最后被人们普遍阅读接受一样。

说起《格林童话》，我认为这部作品被接受是因为想象力，孩子们的想象力。卡夫卡的情况则是，我们接受了他的全部作品，却不很关心他的观点。我发表个人意见时，努力不涉及我写的东西。我要我的意见置于事外。梦想是一个整体……

拿卡夫卡的情况来说，我们阅读他的作品，就是和他一起做梦。他的梦当然是梦魇，不是一个句子或者一页文字里能够找到的梦魇，而是散布在全书中间。我记得我第一次看到卡夫卡的作品是刊登在《行动》杂志上的一篇短文，我记得编辑是弗朗茨·普芬弗尔特。当时所有人，例如威廉·克莱姆、约翰内斯·贝歇尔都在进行语言试验，卡夫卡却用他一贯的平静风格写作。我想怎么竟有人发表这种东西，我当然很不理解他。后来我发现他做得对，卡夫卡做得对。我们发现卡夫卡不受时间影响这一事实是一个好征兆。我们不知道未来的人怎么看我们，当人们提起二十世纪的作家时，他们只会提少数几个名字。我们不知道会是谁，但是可以相当有把握地说，一定有卡夫卡，因为我现在正处于卡夫卡的未来。

至于卡夫卡的观点，我认为他把宇宙看作一个对人冷漠而怀有敌意的秘密体系，他要在那个体系里找一个位置。以我个人来说，我从没有那种感觉，我的意思是说，不论有没有体系，人总是有渴望的。我决定做一个道德的人，我试图做卡夫卡。当然不能如愿。我继续做我的博尔赫斯。

里德 博尔赫斯，你毕竟翻译过卡夫卡。你翻译了《变形记》。翻译卡夫卡的体验是什么？

博尔赫斯 我充满妒忌。我希望我自己写出那样的东西来。我满心妒忌。是的。（笑）

里德 他的文字难译吗？

博尔赫斯 不，我不觉得难译，因为他的文笔毕竟像水晶一般明净，不夹杂隐喻。我的意思是说，他很轻松地避免了华丽的词藻。当然，西班牙语有所不同。在德语和英语里，可以创造新词。西班牙语不行，会显得过分矫揉造作……

我之所以学德语，是由于卡莱尔。卡莱尔爱上了德国，写了一系列十分优美的散文，探讨里希特（即让·保尔）、《尼贝龙根之歌》、席勒、歌德，尤其是那些美妙的有关诺瓦利斯的散文。我想读叔本华的《意志和表象的世界》（*Die Welt als Wille und Vorstellung*）——英文译为《意志和概念的世界》，不太贴切，Vorstellung 不完全是"概念"，也许"表象"更好一点——我学德语是通过阅读海涅的《歌集》……

自卡夫卡以来，世界有了很大变化。阅读的方式也变了……

我认为如今写作的人都欠卡夫卡的情。我努力做好我们共同的大师弗兰茨·卡夫卡的世俗读者。

里德 博尔赫斯，你第一次阅读卡夫卡的作品时，是否觉得自己同他近似？

博尔赫斯 不，过了一些时候才有感觉。过了相当长的时候，才有明显感觉。后来我写了两个短篇小说，游戏似的向卡夫卡靠拢，两篇小东西，《通天塔图书馆》和《巴比伦彩票》；但是我继续做我的博尔赫斯，我不由自主。偶尔我写一两页东西，认真地模仿卡夫卡。

里德 你也写寓言。

博尔赫斯 是的，我想是的，那要归功于卡夫卡和一本早已被遗忘的书，罗伯特·路易斯·斯蒂文森死后出版的寓言。

里德 卡夫卡的作品译成西班牙语怎么样？你认为是西班牙语适合卡夫卡呢，还是卡夫卡适合西班牙语？

博尔赫斯 我认为值得庆幸的是，所有的语言都适合卡夫卡。这也是我到这里来的理由。对于一部经典作品来说，一种语言的词汇并不是无关紧要的。小说《美国》里有一个工厂化的天堂……在卡夫卡笔下，你觉得天堂是个工厂，幸福是个工厂，这些是不同的概念。另外有两部小说情节相同，那类书籍应该是无休无止的，你瞧，事件的组合或者推迟事件的组合都是无休无止的。卡夫卡总得写出一个满意的结尾。我认为卡夫卡写得最好的东西是他的短篇。有一个埃德温·缪尔翻译的极好的英语译本，我看过德语原文和英语译本，相辅相成，两种文字似乎可以互换；当然，事实不是这样的。……

里德　博尔赫斯，我们回过头来再谈谈卡夫卡。

博尔赫斯　尽谈无妨。

里德　你在你著名的散文《卡夫卡及其先驱者》里……

博尔赫斯　我不知道我写了些什么，我忘了……

里德　我认为你应该记得……

博尔赫斯　谈了一些先驱者的事，还有一个招待会……

里德　我们现在阅读的作家创造了他的先驱者，这一想法是你在阅读卡夫卡时才有的，还是始终存在的？

博尔赫斯　不，我认为它像许多别的东西一样，是卡夫卡给我的。

里德　有一种观点认为，卡夫卡给了我们一个焦点、一种眼光，或者一种观察事物的方式。我们可以借此回顾以前没有那种焦点时所看的东西，这也是许多人评论你作品的切入点。

博尔赫斯　呃，我有了丰富我作品的理由了。还不止于此。我认为所有的读者都在丰富他们阅读的东西。比如说，因为柯勒律治及其之后的读者，比他写作的时候更伟大了。我们一直在丰富他。作家应该得到丰富。我们阅读他的作品，就是为他增色。

我发现评论家们总是在创新我的故事，远比我最初写的好。

（听众席的提问）

里德　这里有一个问题。你认为卡夫卡有没有对侦探小说产生影响？你有何评论？你喜爱的侦探小说作者是谁？

博尔赫斯　我认为在卡夫卡以前就有侦探小说作者了，他们才是先驱者。我想到的有埃德加·爱伦·坡、切斯特顿、威尔基·科林斯，另外还有一个有名的作家，伊登·菲尔波茨。

我受卡夫卡的启发写过一篇侦探故事，篇名是《死亡与指南针》。写完后我觉得有卡夫卡的味道，希望如此。

里德　这里有一个非常具体的问题。勃朗宁的哪一首诗使他成为卡夫卡的先驱者？

博尔赫斯　我写那句话的时候，想到的诗是《它如何打动了同时代的人》。

里德　这里有个问题。哦，我看不太明白。换一个吧。你是否认为平静的风格是本世纪伟大作家必不可少的要素？

博尔赫斯　不，因为很多优秀的作家是极不平静的，比如说威廉·巴特勒·叶芝，卡尔·桑德堡都是十分张扬且相当优秀的诗人。当然，我努力做到平静。无论怎么说，我不是一个张扬的人。卡夫卡是一贯平静的，平静、善良、令人惊叹。

里德　顺便说一句，这里还有个问题。考虑到卡夫卡在当今的重要性，你认为他为什么不希望我们看到他的作品？

博尔赫斯　是的，他要求布罗德销毁他的手稿，但是他知道布罗德不会照办。我认为卡夫卡要让人们知道，他知道他的作品不完美，他要出版，倒不是为自己考虑。他把他精彩的诗篇留给朋友们，让他们销毁。他知道他们不会销毁。人们真要销毁自己的作品是会亲自动手的，否则不会……他知道他的作品会出版。他了解马克斯·布罗德，马克斯·布罗德也心知肚明。他们是朋友。

里德 你认为他确信他的手稿会得到妥善保存吗？

博尔赫斯 昨夜我见到了卡夫卡的幽灵，他是这么说的。

里德 你对卡夫卡的《变形记》有什么看法？

博尔赫斯 我不认为那是他最好的小说。书的标题是《变化》，德语是 Die Verwandlung。意思就是"变化"。

拜肯 转变。

博尔赫斯 当然，转变。

里德 这里有一个相当唐突的问题：你有没有像卡夫卡一样想要销毁自己的手稿？

博尔赫斯 我应该那么做，可是我恐怕已经把它们出版了。我销毁了不少自己的书。我出版第一本书之前销毁了三部手稿。我的第一本书在一九二三年出版，当时我二十四岁。在那之前，我销毁了三本书，因为我父亲对我说："当你感到内心的需要时才写作。尽可能一遍一遍地重写。"还说："不要急于印行。"可是我二十四岁的时候就迫不及待地出版了第一本书。我认为其中有一两首诗还可以，其余的毫无意义。

里德 你是否依然对翻译感兴趣？

博尔赫斯 我翻译了福克纳的《野棕榈》，后来又翻译了安德烈·纪德的一篇东西。我和我母亲一起翻译。她翻译了弗吉尼亚·伍尔夫的《一间自己的房间》，还翻译了文森特·贝尼特[1]的《午夜前讲的故事》里非常精彩的一篇。我不了解作者的情况，不知他是否健在。文森特·贝尼特，《午夜前讲的故事》。书名里的"前"字有神秘感，比《午夜讲的故事》或者《午夜后讲的故事》都好。

里德 博尔赫斯，你是在瑞士学的德语。

博尔赫斯 是的，在日内瓦。我的德语是自学的。恐怕算不上瑞士德语。

里德 你在《深沉的玫瑰》里写了一首关于德语的诗。

博尔赫斯 是的。

里德 你和德语有什么渊源？

博尔赫斯 我认为它是最美的语言之一，除了德国人说的。不知怎的，我受不了德国人说的德语。和所有语言一样，外国人说的时候都很美。

里德 你和英语的渊源呢？

博尔赫斯 英语对我是必不可少的。（经过一番详细的解释后，博尔赫斯扯到冰岛语，最后用盎格鲁-撒克逊语背诵了主祷文。）

---

1 Stephen Vincent Benét（1898—1943），美国诗人、小说家。

里德 博尔赫斯，我们感谢你，向你致敬。

选自《卡夫卡：作家中的作家——和一位作家的谈话》，阿拉斯泰尔·里德序，美国卡夫卡学会，一九八三年十二月二十八日，第二十页至第二十七页。获准转载。

豪尔赫·路易斯·博尔赫斯：一次访谈

克拉克·M. 兹洛特丘/一九八四年

兹洛特丘　很久以前，在乌拉圭巴西边境圣安娜利弗拉门托小镇上，你遇到了什么事？

博尔赫斯　我看到一个人被杀害，那是我生平第一次看到杀人。当时印象不深，后来越来越鲜明。当时的场景在我记忆中扩张。想想看，眼看一个人被杀害是什么感觉。

兹洛特丘　你真的看到了吗？

博尔赫斯　呃，也许没有。（笑）我们都会说假话。

兹洛特丘　不，不。我不是那个意思……我只不过想了解出事的时候你就在附近，亲眼所见，还是在同一个房间里，或者附近什么地方？

博尔赫斯　我想是吧。总之，那天上午……在酒吧，只有几英尺远。有一个黑人，省长儿子的保镖……进来一个赶牛人，从乌拉圭来的……我认为保镖醉了，醉得厉害。他没有理由杀人，但是杀了。开了两枪。

兹洛特丘 我以前从没有听过这些细节。

博尔赫斯 呃，随着时间的推移，我作了修饰，以免让人腻烦。（笑）

兹洛特丘 其余的人呢……

博尔赫斯 幸运的是，其余的人如今都去世了，没有人能反驳我。当时有同我一个表妹结婚的恩里克·阿莫里姆、考古学家马尔克斯·米兰达……阿根廷的考古学家根本没有什么好考察的。轻松的工作，不是吗？

兹洛特丘 那次经历有没有影响你的小说创作？

博尔赫斯 我想有影响。那次的事和我阅读的东西。我记得爱默生说过"诗歌源自诗歌"或者"诗歌孕育诗歌"，我记不太清楚了……阅读是十分重要的。阿隆索·基哈诺（后来演化成堂吉诃德）也有所了解，因为阅读《堂吉诃德》时想到的第一件事就是阅读《高卢的阿玛迪斯》《白衣骑士蒂朗》《英格兰的帕尔梅林》以及别的"骑士故事书"，讲的都是身披闪闪发亮的甲胄的骑士……

兹洛特丘 那个时期的连环画册。

博尔赫斯 不错。

兹洛特丘 我还有一个问题……

博尔赫斯 只有一个？

兹洛特丘 呃，一次一个。去年我在阿根廷报纸上看到你曾提起你与塞西莉亚·因赫涅罗斯相爱。

博尔赫斯　是的，确有此事。

兹洛特丘　记者当时没有追问。你愿意谈谈那件事吗？

博尔赫斯　呃，她只是厌烦了，于是离开了我。她肯定有充分的理由。我好久没有看见她了。我是指现在……现在她已经结婚，有了孩子。为什么不可以说我们曾经相爱呢？我回忆起她的时候仍有深厚的感情。我认为这么说没有什么不对，不是吗？更好的人赢得了她。是的，现在我可以这么说，当时却不行。她以十分正直的方式断了我们的关系。她约我在迈普和科尔多瓦街拐角上的一家名为"圣詹姆斯"的茶室见面。我有一段时间没有同她交谈，心想"她来约我多么奇怪"。我感到非常快乐，她却对我说："我要告诉你一件事，反正你迟早会听到的，不过我希望你听我亲口说：我已经订婚，准备结婚了。"我便向她祝贺，就是这么一回事。一个可爱的女人。她是大学生……她原可以在玛莎·葛兰姆那里成为舞蹈家。她在纽约玛莎·葛兰姆手下学了一年。我想是在格林尼治村。我们谈这些事未免不够慎重。都是过去的事了。

兹洛特丘　你说过葛丽泰·嘉宝身上有一种说不出的吸引力。嘉宝吸引人的究竟是什么呢？

博尔赫斯　哦，全世界独一无二的葛丽泰·嘉宝。我还爱上了凯瑟琳·赫本，以及一个目前已经被淡忘的女演员，米利亚姆·霍普金斯。我这一代人都爱上了她。长得真美。还有艾弗琳·布伦特，她和乔治·班克罗夫特合演了《黑帮王子》，还有《拖网船》《一决雌雄》等。我们都爱上了米利亚姆·霍普金斯、葛丽泰·嘉宝、凯瑟琳·赫本等。

兹洛特丘 英国广播公司拍摄了一部有关你生平的影片……

博尔赫斯 非常好。非常好的影片。在这里（阿根廷）他们是不会拍的……我不太受欢迎。不可能在这里拍摄。那部影片是在巴黎的欧戴勒旅馆拍摄的，以前叫阿尔萨斯旅馆。一九〇〇年，奥斯卡·王尔德就是在那家旅馆去世的。我本想说早一年，一八九九年，但事实是一九〇〇年。影片有一部分在地下室拍摄，非常古怪。饭店的圆形地下室。一个相当大的圆柱空间，墙壁全部镶着镜面。因此从某种意义上，地下室是无限大的。后来影片的拍摄地点改在乌拉圭的一个牧场，在科洛尼亚镇附近，用了乌拉圭当地演员，有些场景在蒙得维的亚，蒙城对面的蒙得维的亚高地。影片内容是我的生平，我亲自参与演出。玛丽亚·儿玉也入镜了。有几个场景根据我的短篇小说拍摄。举例说，我在影片里和一个十二三岁的戴眼镜的孩子谈话——他代表童年时期的我，这一幕取材于我的短篇小说《另一个人》——后来我和一个年纪更小的孩子谈话，就像在我的小说里一样。嗯，那部影片非常严肃，非常好。

兹洛特丘 那部影片能看到吗？

博尔赫斯 你指的是在布宜诺斯艾利斯？

兹洛特丘 任何地方。

博尔赫斯 也许吧。也许在省城能看到……可以问问大卫先生……我不记得他的姓了。嗯，不管怎么说……

兹洛特丘 你有好几次对西班牙的中部地区,对卡斯蒂利亚表示反感。那是为什么?

博尔赫斯 哦,是的,特别是对卡斯蒂利亚,不是对笼统的西班牙。我说的不是加利西亚、加泰罗尼亚、安达卢西亚,而是卡斯蒂利亚。一般说来,西班牙人是好人,从道德的角度来说,是全世界最好的,但是西班牙文学没有给我留下什么印象,除了个别例外:塞万提斯的《堂吉诃德》,路易斯·德·莱昂修士……但是卡斯蒂利亚……卡斯蒂利亚是征服者的发源地,所有那些军人,白痴般的军人,狂热的天主教徒,他们在我们西班牙语美洲国家留下了印记。军国主义、宗教狂热、顽固……这一切都来自卡斯蒂利亚。那里是我们所有军国主义、独裁统治的根源……

兹洛特丘 提起军国主义,一九七六年,军事集团推翻庇隆的遗孀的统治、接管阿根廷时,你欢欣鼓舞……

博尔赫斯 嗯,是的。可是我事先怎么会知道他们要干的事情呢?即使事后也不清楚……我们不了解这里失踪、酷刑、暗杀的情况,因为新闻受到全面审查。但是,是啊,我弄错了。

兹洛特丘 智利独裁者皮诺切特将军授予你一枚勋章……

博尔赫斯 不,不,不。没有授勋。我去智利大学领取荣誉博士的称号,在圣地亚哥接受荣誉学位时,总统请我共进晚餐。只不过吃顿饭而已。呃,我既然到了圣地亚哥,总不能拒绝,不是吗?

兹洛特丘　无政府主义是不是一种可行的政府形式？

博尔赫斯　我认为我们要等二百来年——非常短的时期，不是吗？——才会没有政府，没有警察部队，才会成为不同于现在的人民。可是目前——这里不是苏联——政府是必要的邪恶。目前，我认为我们在这个国家里有某种希望的权利，但也仅限于希望。我相信，过了五年左右……嗯，经过长时间的恢复，经过这么多的邪恶之后……庇隆主义、恐怖主义、军事集团、那些所谓失踪、绑架、酷刑、暗杀都会消失……"减少了这个世界的意义"，不是吗？可是我希望，我期待……不管怎么说，有阿方辛（当总统）是真正值得高兴的事，即使我不是（阿方辛的）激进党党员。

兹洛特丘　你早期的诗歌作品和当时的探戈歌词之间有没有相互影响？

博尔赫斯　我们希望没有，呃？因为它们太差劲了。（笑）我想没有，至少探戈没有。米隆加有。我写过一本米隆加歌词的书。米隆加是属于人民的，探戈从来都不是。你知道，探戈用的乐器是钢琴、长笛和小提琴。假如探戈属于人民，乐器应该是吉他，正如米隆加一样。谈起吉他，我们不妨探讨一下词源。吉他一词起源于齐特尔琴。几乎一模一样。（西班牙语里）无论你说吉他还是齐特尔，元音完全一样，不是吗？弦乐器仿佛是中亚某个地方发明的，逐渐演变成竖琴、小提琴、齐特尔琴、吉他。吉他的词源是 zyther，也就是希腊语里的 kithara。对你说来，是不是词源学很有趣？你是什么地方的人？

兹洛特丘 我在新泽西州出生，但在纽约州教书，离布法罗不远。

博尔赫斯 布法罗这个地方我熟悉。我到过尼亚加拉大瀑布。至于新泽西，它在纽约市西面，对吗？

兹洛特丘 在纽约市西面，赫德逊河对岸。

博尔赫斯 哦，当然，赫德逊河……你知道，密西西比的意思是"诸河之父"，像是我们的伊瓜苏大瀑布，伊瓜苏的意思是"大水"。

兹洛特丘 嗯，回到探戈和米隆加：除了乐器之外，探戈和米隆加的音乐有什么区别？

博尔赫斯 米隆加是一种勇敢豪放的音乐。是快活的音乐，而探戈非常伤感、是"体面"的音乐（用那个词最坏的意义理解）。是的，米隆加（博尔赫斯想说的是探戈）从来就不是人民的音乐，证据之一是这里的经济型公寓区从来不用探戈乐曲来跳舞。住在经济型公寓区的是布宜诺斯艾利斯有代表性的人，他们从不跳探戈乐曲。米隆加，可以；探戈，不行。不，探戈乐曲是下流场所的音乐，妓院里的音乐，人们自然要加以抵制。我见过男人和男人跳探戈，而女人不愿意被人看到跳探戈，因为这种舞蹈和妓院有联系。可是两种舞蹈（探戈和米隆加）都是非洲的；米隆加，探戈，不是吗？正像刚果那样[1]。

---

1 米隆加（milonga），探戈（tango），刚果（Congo）词尾发音相似。

兹洛特丘 你的短篇小说《第三者》……你为什么认为那是你所写的最好的小说?

博尔赫斯 不,我没有那么想过。听我说,我要告诉你……千万不要去看根据那篇小说改编的电影。他们注入了两个我原著里没有的元素,和我毫无关系。这两个元素是乱伦和同性恋。哦,是啊,还有鸡奸。那位(导演)先生,克里斯滕森,我认为他辱没了他的北欧祖先的姓氏,竟然把同性恋、乱伦和鸡奸塞进了我的小说。还有荒谬的场景……举例说,我的小说里说兄弟二人分享同一个女人,但我本意是说"先后",不是"同时"。可是克里斯滕森搞出了这么一个场景——为了喜剧效果吧——一个女演员脱了衣服站着,一个男人从左边朝她走去,另一个男人从右边朝她走去,然后进行了一种让人看了难受的性交。我想这都是为了喜剧效果。

兹洛特丘 你真的认为是为了喜剧效果吗?

博尔赫斯 我想是这样。如果不是,又能取得什么效果呢?两个赤身裸体的男人、一个赤身裸体的女人,两个男人从两面朝女人走过去……简直是疯狂。那不是我的小说。是他们加上去的。但使我愤怒的是,影片用文字说明了"《第三者》,原著豪尔赫·路易斯·博尔赫斯"。假如你告诉我:"我要尊重原著。"我会说:"不,没有哪部电影是尊重原著的。原著只是电影的一个出发点而已。你愿意的话……随你怎么处理都可以,但如果你想出太多的新主意,那就不要提我的姓名。把影片的名称也换了。"

可是那部影片用我小说的标题，用我的姓名，内容又有乱伦、同性恋、鸡奸。够你瞧的。

兹洛特丘 你对拉斐尔·坎西诺斯-阿森斯有什么看法？

博尔赫斯 就我来说，他是我一生中给我印象最深刻的人之一。我不知道你单看他的书时是不是会有这种感觉，但和他交谈是一种非同寻常的经历。举例说，他不说"我熟悉……我懂十四种语言"，而说"我可以用十四种古典和现代语言向星辰致敬"。他翻译了高尔斯华绥的全部作品，翻译了德·昆西的部分作品。他又从法语翻译了亨利·巴比塞的长篇小说《社会轶事》和别的作品。随后，他直接从阿拉伯语翻译了《天方夜谭》。他有犹太血统，和我一样，他编纂了塔木德选集。他从希腊语翻译了罗马皇帝"叛教者"尤安的作品。他懂拉丁语。我初次和他见面时，我们谈了一整夜的托马斯·德·昆西。坎西诺斯-阿森斯在塞维利亚出生，住在马德里。他写过一首十分优美的关于海洋的诗，我为之向他祝贺。"是啊，"他说，"那是一首优美的写海洋的诗，我希望有朝一日能亲眼看看海洋。"他居然从来没有见过海洋！

兹洛特丘 你刚提到你有犹太血统，我在书上看到，你说你母亲婚前的姓阿塞韦多是葡萄牙犹太人的姓氏。你是怎么知道的？

博尔赫斯 嗯，确实奇特……有一次，坎西诺斯-阿森斯翻阅宗教裁判所的档案，发现了他家族的姓。他发现了坎西诺斯这个姓。此后，他断定自己是犹太人，是被迫改信天主教的那些人的后裔。这一切促使他学习希伯来文。他写了一本可以称作色情诗篇的《七臂烛台》,指的当然是犹太教光明节用的大烛台。不管怎么样,在我看来,有一本名为《罗萨斯及其时代》的非常好的书,那本书里有一张涉及当时布宜诺斯艾利斯家族姓氏的表格。都是葡萄牙犹太人。嗯,我记得第一个就是奥坎波。由于这个原因,布宜诺斯艾利斯上流社会有些人把维多利亚·奥坎波叫做"犹太暴发户",(笑)不是吗?这些葡萄牙犹太家族的姓氏有皮内罗(我家族的一个姓氏),阿塞韦多(我母亲娘家的姓氏),桑斯-瓦伦特,以及我想想看……还有什么别的姓氏?嗯,不少是布宜诺斯艾利斯古老家族的古老姓氏,都是葡萄牙犹太人。博尔赫斯这个姓本身不是犹太人的。博尔赫斯和英文里的博尔格斯一样,意思是"布尔乔亚",是城堡、城镇里的人,例如爱丁堡、汉堡、罗滕堡、西班牙的布尔戈斯……很奇怪,我的第一个名字意思是"乡下人",因为豪尔赫(英文里的乔治)的意思是"土地上的人",你知道维吉尔的《农事诗》,地理学是研究土地的学问,地质学是研究土地上的石子的学问。几何学,测量土地的学问……因此,我的第一个名字似乎应是"农夫"的意思,不是吗?当然。我的姓的意思正好相反:城里人,布尔乔亚……

兹洛特丘 自相矛盾。

博尔赫斯 是的。共产党人说我是布尔乔亚时,我说:"不,我不是布尔乔亚(西班牙语里的博尔格斯),我是博尔赫斯。"有一天,在比亚蒙特(街)……不知道你知不知道那条街,比亚蒙特有一个时期是红灯区。出比亚蒙特朝埃尔巴霍走去……在圣马丁街和人们一向所说的七月大道之间，如今叫做阿莱姆街。不管怎么说，那里是妓院区。后来红灯区在拉瓦列和胡宁街，据说探戈是在那里发明的。还有人说是罗萨里奥（市），也有说是蒙得维的亚。探戈的发源地成了争论的话题。其实有什么关系？谈起犯罪和卖淫的地区，我有一次问警察长："布宜诺斯艾利斯最危险的地方是哪里？"他说："我认为是佛罗里达和科连特斯街角。"（笑）你知道，那里全是奢侈品商店，极大多数犯罪案件都在那里发生。他重复说，我认为最危险的地方在佛罗里达和科连特斯街角。当你想到我们国家百姓目前的穷困，再想到那里出售的奢侈品，确实可怕。叫人不寒而栗。多年的管理不善，军事集团……人们可以说阿方辛（总统）平庸无能，但他至少是诚实的，虽然说某某是诚实的政客，这句话听来似乎矛盾。

兹洛特丘 你写过一篇有关始皇帝的散文，也就是所谓的"中国第一位皇帝"……

博尔赫斯 是的，《长城和书》。西尔维娜·奥坎波说我的那篇散文开创了一种新体裁，但是文章的创意来自翟理思的《中国历史》[1]。他是从《庄子》开始翻译的。奥斯卡·王尔德有一次评论了最早的《庄子》的译文。我想庄子是公元前五六世纪的人物，王尔德居然谈论那本书，并且说："我认为原书出版两千二百六十年后才问世的这个译本，肯定是不成熟的。"

---

1 疑为《中国概要》（*Chinese Sketches*）。

兹洛特丘 不成熟？

博尔赫斯 是的，不成熟。你瞧，奥斯卡·王尔德是个十分深沉的人。我认为他因为自己的深沉感到为难。他的幽默感也相当有独创性。他是同性恋者，你知道。许多人自称同性恋者，他给一个熟人出主意说，"没有必要说自己是同性恋者，但有必要说自己不是同性恋者，这样才能引起注意"。（笑）你不妨把它当作想当然的事。（笑）

兹洛特丘 再回到你的散文《长城和书》……

博尔赫斯 但愿我记得起来。我一般不会重读自己的作品。我写的书在这个屋子里一本也找不到。这里也没有评论我的书，因为我把这类书籍统统排除在我的藏书之外。有关于爱默生、萧伯纳、柯勒律治或者华兹华斯的书……

兹洛特丘 在你的那篇散文里，中国皇帝焚毁了他做皇帝以前的所有书籍，销毁了历史……

博尔赫斯 嗯，因为他要毁灭过去。这样一来，历史就从他开始了。

兹洛特丘 ……与此同时，他又下令修筑长城。

博尔赫斯 为了创造一种魔法的空间，对吗？

兹洛特丘 我觉得那一切和你所做的事有相似之处，因为你也销毁了你早先写的东西，例如《探讨集》……

博尔赫斯 那是有充分理由的。我相信……威廉·巴特勒·叶芝说过："我改造的是我自己。"当他纠正过去时，他同时也在纠正自己，因为过去……呃，过去的可塑性太大了。

兹洛特丘　你写那篇散文时，没有想到你和始皇帝之间有相似之处吧？

博尔赫斯　当然没有，天哪，我可没有焚书，除非是我自己的书，那无足轻重。我也没有修筑城墙。没有，没有。

兹洛特丘　你修筑了你的文学作品，相当于长城，不是吗？你后来的作品像长城一样，给你带来了荣誉，而你销毁的，正如你指出的那样，可能是暴露你短处的作品……

博尔赫斯　根本不是那么一回事。我写的东西不如长城那么重要，算不上什么，只是一些草稿……

兹洛特丘　别人不赞同你的看法。

博尔赫斯　我是那样看的。此外，有许多瑞典人，那些可敬的瑞典文学院的人，也是赞同我的。他们是非常明智的人。不错，非常明智。告诉我，你是什么地方的人？

兹洛特丘　我是新泽西人，不过我住在弗雷多尼亚，布法罗南面。

博尔赫斯　我在美国教过好几个阿根廷文学班。第一次是在哈佛，"英语大师"。我在哈佛接受了荣誉博士的称号。后来我在密歇根一个名叫东兰辛的小城教授另一门课，然后在印第安纳州布隆明顿教另一门课。之后，还有另一个地方……

兹洛特丘　得克萨斯州的奥斯汀。

博尔赫斯　当然，那是我第一次教课，也是印象最深的一次！那次和我母亲一起。我在一九六一年发现了美国。我母亲做了一件可怕的有失检点的事。那里有两座雕像，他们告诉我母亲说："这是华盛顿的雕像……""是啊，"我母亲说，"另一座雕像是林肯。"大家愕然，因为在得克萨斯州提起林肯……嗯，南北战争，南部邦联……当时我母亲也觉察到了……你知道，美国南北战争是十九世纪规模最大的一次战争，那次战争中死亡的人数超过拿破仑和俾斯麦发动的战争……嗯，甚至超过这里独立战争中的死亡人数。葛底斯堡战役持续了三天，（相比之下）这里的战役只不过是小冲突。我祖父参加的胡宁战役持续了三刻钟，使用的武器是马刀和长矛，一枪都没有放过。只是小规模的冲突。但是葛底斯堡战役持续了三天。而滑铁卢战役只有一天。滑铁卢阵亡的人数比葛底斯堡少。

兹洛特丘　是不是因为西班牙人不太热衷于维护南美洲领土的完整，不像南部邦联那样急于独立于联邦之外，也不像北方人那样急于把南方保持在联邦之内？

博尔赫斯　是的。西班牙人在这里不是善战的士兵，因为在以前的战争中，瓜拉尼印第安人在耶稣会士的率领下轻而易举地打败了西班牙人。那些印第安人比西班牙人或者葡萄牙人骁勇善战。

兹洛特丘　你的短篇小说《秘密的奇迹》里，亚罗斯拉夫·赫拉迪克[1]……

---

[1]　原文有误，应为亚罗米尔·赫拉迪克。

博尔赫斯 哦，不错，我记得……嗯，那个想法……相当古老的想法……就是时间可以缩短，对吗？或者可以延长。这篇小说里的时间被延长了，是吗？

兹洛特丘 是啊。你在玩时间游戏，是吗？

博尔赫斯 是的，一点不错。

兹洛特丘 我要问你的是……赫拉迪克做了一个梦。不知你是否记得？

博尔赫斯 不记得了。

兹洛特丘 在梦里……

博尔赫斯 哦，对啦。梦中他在地图上寻找上帝。是吗？

兹洛特丘 是的。那是故事里第二个梦。

博尔赫斯 我一篇故事只写一遍，而你看了许多遍，是吗？如此一来，那篇故事更像是你的而不是我的了。你在它上面花费的时间比我花费的多。说来也怪，我写了下来，自己却不再看一遍。那使我想起我同墨西哥著名作家阿方索·雷耶斯的谈话。他对我十分友好。我每星期日去墨西哥大使馆和他一起用餐（他当时是墨西哥驻阿根廷大使），阿方索、他的妻子、他的儿子和我，我们谈英国文学。有一次，他问我说："我们为什么出版书籍？""是啊，"我说，"我也常常问自己同样的问题。究竟为什么？"他说："我认为我找到了答案。""说说看。"我说。"我们出版书籍的目的，"他说，"是为了避免把我们毕生的时间花费在修订错误上。"我表示同意。书出版以后，作者就可以去做别的事情了。

兹洛特丘 那使我想起……

博尔赫斯 我出版的所有东西都是草稿,因为每一个文本都可以改动。没有限制。

兹洛特丘 直到出版为止。

博尔赫斯 出版以后,文本印成什么样就是什么样,作者也就无可奈何了。当然,如果再版的话,还可以修订。

兹洛特丘 那使我想起……出版的目的是为了忘掉那本书,以便脱身去做别的事情。你在什么地方说过,男人向女人求爱的目的是为了把她忘怀。你看出两者的相似之处没有?

博尔赫斯 看出了。但是如果女人没有回应男人的求爱,如果男人的爱没有得到回报,他会继续想她的。可是如果她给予了他一定的注意……是啊,这两种想法有相似之处。

兹洛特丘 再回到《秘密的奇迹》,在第一个梦里……

博尔赫斯 只有一个梦呀……

兹洛特丘 不,第一个梦和印度地图无关,是赫拉迪克"冒雨在沙漠上奔跑",试图及时赶到,以便走下一步棋。

博尔赫斯 哦,不错,我现在想起来了。是的,是的。

兹洛特丘 你描写的那盘棋不是两个人,而是两个大家族下的,赫拉迪克在梦中忘了下棋的规则。

博尔赫斯 哦,是的,是的。我不敢肯定"下棋的梦"是否在《秘密的奇迹》那篇故事里。

兹洛特丘 是的。《秘密的奇迹》就是以这个梦开头的。故事的第一句话就是描写梦境的第一句话。

博尔赫斯 是的,你说的不错。牵涉到好几代人,特定一代的一个人下一步棋。依此类推……是啊……我把这个梦插进故事里,是因为它是主要情节的对立面。首先,我们有一盘棋和好几代人,然后是一部只有一分钟时间跨度的剧本。我插进故事的目的就是要形成一种对照……持续好几代人的一盘棋和整个情节的对照。是的。正是这样。你完全肯定那些是同一篇故事里的情节吗?

兹洛特丘 哦,是的。《秘密的奇迹》以那个梦开始。

博尔赫斯 不错。应该是同一个故事的情节。应该是同一个故事,否则……

兹洛特丘 做梦的人是赫拉迪克。

博尔赫斯 是的,是的。故事发生在布拉格。我提到那个德国人(虚构的朱利乌斯·罗特),以便让他阅读叔本华、里希特、诺瓦利斯、席勒……是啊。

兹洛特丘 除了梦中时间处理和它在故事中所起作用的对照之外,是不是可以把梦中的棋局看成国家与国家之间的战争的象征,而不是个人与个人之间的斗智?

博尔赫斯 你愿意的话,当然可以。是的。也许战争引起的兴趣不比棋局大。

兹洛特丘 你为什么说他们下棋是为了争一笔奖金,但是谁都不记得奖金有多少，据说"数额很大，甚至无限"？

博尔赫斯 嗯，假如没有人记得奖金数额多少，故事会更好。你知道，人们一般下棋不赌钱。我的意思是说人们不为钱下棋。正如摸三张（纸牌游戏）。可扑克是赌现钱的，是吗？

兹洛特丘 是的。

博尔赫斯 赌现钱。摸三张不赌钱，足以证明的是谁都不会说："我摸三张赢了多少。"人们只说："我打败了某某。"那只是个人的事。不管赌注是几块糖果还是现钱，关系不大。

兹洛特丘 我知道摸三张是一种纸牌游戏，但不知道怎么玩。

博尔赫斯 嗯，有好几种玩法。蒙得维的亚有一种名叫"两人摸三张"的非常复杂的玩法。布宜诺斯艾利斯有一种名叫"瞎摸三张"的玩法，也就是我所知道的那种，用三张纸牌玩。打扑克的时候不能停顿，但是摸三张的时候，好手常常停顿，讲一个故事，讲些笑话，试图激怒对手。当你拿到一朵花……也就是说三张同样花式的纸牌时，你就宣布你有了一朵花的诗，诗句可能是"在雅典娜的花园里，我发现凉亭里有一朵玫瑰花蕾。/如果你想被称作一朵花，就得保持纯洁高雅"；也有可能是猥亵的语言，比如说，"因为他搞上一个臀部瘦削的女人，/他那话儿就像是浇花用的喷水壶嘴"。你也可以把牌搁在一边，讲一个故事；你可以做任何延误牌戏的事情……你可以看看自己的牌说："天哪！一手烂牌！"这也可以表示你手里有好牌，隐而不露，也可以表示你手里的牌真的很糟糕。总之，游戏非常缓慢，是没事可做的人的游戏，是为了消磨时间的游戏。至于扑克，如果我没有搞错的话，不是用来消磨时间的。玩得很快，磨蹭是不行的。因为我认为扑克是美国西部冒险家，一些想迅速致富的淘金人发明的。摸三张更像是消遣。一种不太普遍的摸三张玩法是十五对十五，或者二十几对什么。好手玩这种牌戏可以持续五到十二小时之久。

兹洛特丘　人们现在还玩摸三张的游戏吗？

博尔赫斯　肯定还玩。圣菲和胡安·B. 胡斯托街角上的帕洛马茶室经常举行摸三张锦标赛。

兹洛特丘　目前还有锦标赛吗？

博尔赫斯　不，我想没有了。我以前常和乌拉圭省的三个伙计参加。我们还参加托尔托尼咖啡馆举行的象棋锦标赛。

兹洛特丘　侦探小说里有时间与空间的迷宫，还有神话……这一切的目的是什么？有目的吗？

博尔赫斯　没有。我很爱看侦探小说，仅此而已。我遇到一位推理小说作者，笔名是……埃勒里·奎因的一位。另一位已经去世了。

兹洛特丘　达希尔·哈米特？

博尔赫斯　不，不。达希尔·哈米特……他更是一位写暴力场面的小说家，不是你称之为那种智力侦探小说的作者。埃勒里·奎因神秘小说的作者有两个人，我记不起他们的名字了。其中一个去世了，我遇见了另一个。在一次神秘小说作家的聚餐会上。

兹洛特丘 侦探故事的吸引力有一部分在于读者觉得自己成了小说的共同作者，也参与了解谜活动，因而产生一种成就感，一种优越感，有没有这种可能？

博尔赫斯 优越感……和华生医生相比，是的，和夏洛克·福尔摩斯相比，也许不是，呢？对布朗神父有优越感是不太可能的，对吗？是的，我记得我妹妹在重读威尔基·柯林斯的小说《月亮宝石》，柯林斯是狄更斯的朋友……我祖母亲自听过狄更斯讲话，当时狄更斯遍游英国，朗诵他小说的两章。那两章是《匹克威克外传》里的审判场景和比尔·塞克斯杀害小姑娘的事。据我祖母说，狄更斯经常变换发音、口音，朗诵对话时甚至面容都会改变。他朗诵《匹克威克外传》里的审判场景时，里面出现了十至十五个人物，他一会儿是匹克威克，一会儿是托普曼，一会儿又是……总之什么人都是。他表演得十分出色。他朗诵两章，首先是"比尔·塞克斯残忍杀害南希"，然后是《匹克威克外传》里的审判场景。

兹洛特丘 你是否熟悉（法国小说家）阿兰·罗伯-格里耶的作品？

博尔赫斯 罗伯-格里耶？不，我没有看过他的作品。

兹洛特丘 我之所以问你，是因为我觉得他受你的影响。

博尔赫斯 你瞧，我丧失了阅读的视力，那是一九五五年的事。但是我大量重读了看过的作品。有人来看我时，我就请他或她念书给我听。目前我依靠这种方式在重读布鲁克斯的《爱默生传》。

兹洛特丘 别人念给你听吗？

博尔赫斯 我还能怎么做？我不能阅读，也就不能写字。写下的字母会互相重叠。没有别的办法，只能顺从。顺从还是容易的。我出生以后逐渐丧失视力，仿佛黄昏缓缓来临。漫长的夏日黄昏。我失明的过程没有戏剧性的时刻，事物在我眼前一点一点地消失，就像是我小说中被我忘怀的人物。我真不幸！

兹洛特丘 你作品里的内在重复，故事嵌套，是出于什么目的？

博尔赫斯 我想……嗯，由于故事是异想天开的，另一个诗人的在场可以加强荒诞的效果。诗人创造出一个诗人，而第二个诗人再创造出另一部作品……这是一个古老的传统，比如《天方夜谭》。《堂吉诃德》也是一个例子。这些作品都有故事嵌套的情况……中国小说……中国小说里有许多梦，梦中还有梦。一种巧妙的办法，一种手段。很自然，不是吗？梦中梦。

兹洛特丘 你用什么方式运用了你的散文《叙述艺术与魔法》里的思想？

博尔赫斯 我没有试图运用。那篇文章我记不清楚了。我可以告诉你一些你也许感兴趣的事情。我写作的方式……我得到一些非常微小的启示，你知道吗？微小的启示，是的。那个微小的启示告诉我短篇小说的开头和结尾,出发点和目的地。但我不知道中途出什么事,我必须虚构那一部分。当然,我有时会出错。不过我始终知道开头和结尾。后来我逐渐发现这该不该写,那该不该写。该用第一人称还是第三人称,该安排在哪一个国家,什么时代……那就是我的工作。我可能出错。因此,我尽量减少对启示的干预,对吗?我认为作者实际是接受启示的人。接受缪斯的想法……当然,我说的并不是新东西。

兹洛特丘 正像柯勒律治在梦中得到《忽必烈汗》那首诗的启发,对吗?

博尔赫斯 当然,对的。(说到这里,博尔赫斯突然戏剧性地背诵起《忽必烈汗》开头的诗句:)

> 忽必烈汗下令在新大都
> 修建一座壮观的大厦:
> 神圣的阿尔夫河
> 流经数不清的洞穴,
> 注入阴沉沉的大海。

(他随即跳到诗的末尾:)

> 他炯炯的眼神,飘拂的头发!
> 在他周围编成三重光环,

> 你怀着神圣的敬畏闭上眼睛,
> 因为他饮用了甘露,
> 喝了天堂的琼浆。

多美啊。我希望我能写出这样的诗句。我的作品只不过是木匠的刨花。我徒有国际虚名,虚名有了,我却不存在。我只是借口。只是道具。

兹洛特丘 谁都不会同意你的想法。

博尔赫斯 博尔赫斯同意,主这么说。(笑)

兹洛特丘 哪一个博尔赫斯:写东西的那个,还是现在讲话的这个?

博尔赫斯 是啊,这个博尔赫斯,还是那个博尔赫斯?当然。我家族的姓是葡萄牙语:博尔赫斯和阿塞韦多。在巴西的时候——我到过圣保罗的圣安娜利弗拉门托——我讲西班牙语,他们讲葡萄牙语,我们互相听得懂。西班牙语,葡萄牙语……都是不正规的拉丁语,仅此而已。厨房里说的拉丁语……

兹洛特丘 你说《英雄梦》是比奥伊·卡萨雷斯最好的作品,为什么?

博尔赫斯 当然。

兹洛特丘 你能说明一下原因吗?

博尔赫斯 嗯,因为我看过。

兹洛特丘 可是你也看过他别的作品,是吗?

博尔赫斯 我看比奥伊·卡萨雷斯的作品……他的描写爱情或者求爱的小说并不怎么高明,但是他的奇幻故事相当不错。他对我说,一个人每天都应该写一点。我妹妹前不久过了八十二岁生日,她每天花两个小时画油画或者素描。她时常说一个人要经常写诗才能博得缪斯的青睐,缪斯才会屈尊前来,不是吗?写作应该成为习惯。可是由于我不能写字……嗯,我只是骗骗秘书,其实由于视力的原因,我一个人时不能写字。因此有人来看我时,我断断续续写一点,口授的话也可以写写。

兹洛特丘 这几天你在写什么?

博尔赫斯 我和玛丽亚·儿玉在合作写一本书,旅行札记的性质,有她拍摄的大量照片作为插图。我去过许多地方,去过得克萨斯州的奥斯汀,纽约州的希尔顿,去过东兰幸,后来又去过冰岛、日本、英格兰、苏格兰、以色列、瑞士……我在日内瓦受过教育。我在日内瓦住了好几年,你知道。我每次去欧洲肯定要去瑞士。我到过法国,后来到伦敦,后来在剑桥接受荣誉博士学位。

兹洛特丘 目前你打算再写小说吗?

博尔赫斯 是的,是的。一本名为《莎士比亚的记忆》的短篇小说集。内容不是他的记忆,而是他的名声,他留给我们的记忆。是的,《莎士比亚的记忆》。

我目前做的是那本书,另外还有一本诗集。除了这些,我要写——天哪!——我要替九十四本书写序言。至少要花费一百年时间，不是吗？我写东西的速度非常慢。比如说，有一篇是关于我十分喜爱的萧伯纳的。

兹洛特丘　在《玫瑰角的汉子》……

博尔赫斯　糟糕的小说。咱们不谈这个。

兹洛特丘　不，不……

博尔赫斯　太虚假……

兹洛特丘　我想知道一些有关情况。

博尔赫斯　不，不。我一点不感兴趣。我觉得丢人，太丢人了。（诺曼·托马斯·迪·乔瓦尼）对我说那像一出歌剧，他的话有道理。

兹洛特丘　有个人物叫"那卢汉娘儿们"，当然，起那个诨名的最明显的原因是她来自布宜诺斯艾利斯省卢汉镇。你是出于这个原因，还是另有原因？

博尔赫斯　没有，没有，因为她是卢汉镇的人，离这里不远。我想不出还有什么别的原因。

兹洛特丘　有人说"那卢汉娘儿们"是一张倒霉的纸牌的名称。

博尔赫斯　哦，有可能。我认为我在阿斯卡苏比的作品里看到过。但是我用这个名字的时候并没有想到。人人都有名字，这个名字连同诨名就出现了。不叫某某，也不叫简或者玛丽，她就成了"那卢汉娘儿们"。看来很正常，不是吗？我只是想到卢汉，一个镇的名称。

兹洛特丘 你有一次说过："……我记得康拉德和吉卜林指出短篇小说——不是太短的，而是我们用英语术语说的'较长的短篇小说'——可以包含长篇小说的全部成分，但给读者的负担会少一些。"

博尔赫斯 完全正确！

兹洛特丘 你仍旧有那种想法？

博尔赫斯 是的。即使那句原话也许不是我说的，我也表示同意。（笑）是的，我认为是的。我认为我找了合适的例子，不是吗？

兹洛特丘 （恩里克·）卡迪卡莫说过，一支探戈的歌词演唱的时间只有三分钟左右，却能很好地表达一部九十分钟的电影的内容。这是不是和你想表达的短篇小说和长篇小说的观点一致？

博尔赫斯 是的。卡迪卡莫说的东西通常都错，这是他唯一正确的话。卡迪卡莫太坏了，他写的东西都虚假……现在谁都不用隆发尔多（布宜诺斯艾利斯俚语）了，再说，那是一种人造的方言。谁都对他说："不要写，朋友。"他却接着写。他所有的朋友劝他，他都不听。

兹洛特丘 为什么两次世界大战之间阿根廷探戈在巴黎如此流行？为什么是在巴黎？

博尔赫斯 我不知道。我回答不了。要我解释我自己国家的事情，我解释不了。我不明白。如果要我解释我自己的作品，我更解释不了。我甚至不知道我是谁。

兹洛特丘 是你塑造了试图进入物质世界的原始意象，对吗？

博尔赫斯 呃，对的。那是一个很好的解释。沃尔特·惠特曼说过："我不知道我是谁。"维克多·雨果说得更漂亮："我是一个独自隐藏的人，只有上帝知道我的真实姓名。"

> 访问以西班牙语进行，由克拉克·M. 兹洛特丘译成英语，原载《美国诗歌评论》，一九八八年九至十月，标题为《豪尔赫·路易斯·博尔赫斯：与克拉克·M. 兹洛特丘的访谈》。后收入克拉克·M. 兹洛特丘《普拉塔河之声》，一九九五年，第二十三页至第三十九页。获准转载。

博尔赫斯谈生死

阿米莉亚·巴里利/一九八五年

我在一九八一年见到了豪尔赫·路易斯·博尔赫斯，当时我辞去了英国广播公司的工作，从伦敦回到布宜诺斯艾利斯，开始为《新闻报》工作。他非常客气地接待了我，告诉我说二十年代他还不出名时，《新闻报》是第一家发表他作品的报纸。后来我时常去看他，有时候，他口授一首长夜失眠时构思的诗歌，我打好字后，放在他书桌上冰岛萨迦选集旁边，那是他父亲送给他的珍贵礼物。

有时候，我们步行到附近的一家餐馆，他吃一些非常简单的食物。我们也可能去一家书店，找一本吉卜林或者康拉德作品的英文版，以便他的朋友们读给他听。人们会停下脚步招呼他，他会开玩笑地对我说，他们一定认错了人。作家的名声对他似乎是负担，他时常表示遗憾，他不得不继续活下去，好让身为作家的博尔赫斯营造他的文学幻想。

十一月，他离开阿根廷前不久的一天早晨，我们谈到了他最近的工作、他的信念、他的疑惑。我并不知道那会成为他上个月在日内瓦去世前我们最后的谈话。我们讨论了他最新出版的《密谋》，他在书中称日内瓦是"我的故国之一"。

你对日内瓦的爱根源何在？

从某种意义上说，我是瑞士人；我在日内瓦度过了青少年时期。我们是一九一四年去欧洲的，当时对外面的情况一点都不了解，甚至不知道那一年爆发了第一次世界大战。我们陷在日内瓦，欧洲别的地方都在打仗。我至今还和日内瓦青少年时期的好朋友西蒙·伊什文斯基博士保持联系。瑞士人沉默寡言。我当时有三个朋友：西蒙·伊什文斯基、斯拉特金和如今已经去世的诗人莫里斯·阿布拉莫维兹。

你在《密谋》里提到他。

是的，那晚夜色很美。玛丽亚·儿玉（博尔赫斯的秘书、旅伴，在他生命最后几个星期中成为他的妻子）、莫里斯·阿布拉莫维兹的遗孀和我在巴黎的一家希腊酒店听豪放的希腊音乐，我记得歌词里有这样的话："只要音乐还在，我们就值得特洛伊的海伦的爱情。只要音乐还在，我们知道尤利西斯会回到伊萨卡。"我觉得莫里斯没有死，而是仍和我们一起。谁都不会真正死掉，因为他们都会投下身影。

在《密谋》里,你谈到你的梦魇。那些梦魇彼此重复吗?

是的。我梦见一面镜子。我看到自己戴着面具,或者看到镜子里有一个我,而我却认不出自己。我到达一个地方,有迷路的感觉,太可怕了。那地方和任何地方一样,是一个有家具的房间,样子并不可怕。可怕的是感觉,不是形象。另一个时常做的梦魇是遭到小孩般的生物的攻击,他们人数很多,身材极小,但孔武有力。我试图自卫,但我的回击是软绵绵的。

在《密谋》里,正如在你所有的作品里一样,有一种对意义的永恒寻求。生命的意义是什么呢?

即使有人向我们解释生命的意义,我们也不一定理解。认为人能找到生命意义的想法是荒谬的。我们即使不理解世界是什么或者我们是什么,照样能够生活。重要的是道德本能和智力本能,不是吗?智力本能促使我们在明知找不到答案的情况下锲而不舍地寻找下去。我记得莱辛说过,假如上帝宣布他的右手握着真理,左手握着对真理的探索,莱辛会请求上帝张开左手——他会请求上帝让他探索真理,而不要求真理本身。他当然会这么要求,因为探索包含无穷的假设,而真理只有一个,对智力并不合适,因为智力需要好奇。过去我试图信仰一个人性化的上帝,如今我认为不会继续这样了。我记得萧伯纳在这方面说过一句名言:"上帝在形成中。"

即使你声称自己没有信仰,你的作品里有时提到一些神秘主义的体验,始终让我困惑。你在《神的文字》那篇小说里说:"我每次从无休无止的梦的迷宫中醒来,就像回家似的回到严峻的石牢。我祝福牢里的潮湿、老虎、光洞,祝福我疼痛的老骨头。接着发生了我既忘不掉也不能言宣的事。发生了我同神、同宇宙的结合。"似乎当你接受了环境,祝福环境的时候,你便回到了你的中心,顿时大彻大悟。《阿莱夫》那篇小说也是这样,只有当你接受了环境,你才能看到宇宙全部历史中的每一个动作的汇聚点。

确实如此。概念是一样的。由于我很少去想我已经写过的东西,我并没有发觉。不过最好出于本能而非智力,你说呢?在故事中起作用的是本能的东西。作家要说的东西最不重要,最重要的是经他的嘴或者不由他自主而说出来的东西。

生物的结合是你许多小说中出现的另一个概念。在《神的文字》中,巫师体会到他是巨大织物中的一缕,而折磨他的佩德罗·德·阿尔瓦拉多是另一缕;在《神学家》中,奥雷利亚诺和他的对手胡安·德·帕诺尼亚是合二而一的人物;在《结局》中,马丁·菲耶罗和黑人的命运相同。

确实如此。可是我不去想我已经写过的东西,我想的是我打算写的东西——通常是我已经写过的稍稍改头换面的东西。这些天我在写一个有关西吉斯蒙德的短篇小说,西吉斯蒙德是《浮生若梦》里的人物。我们不妨看看结果。写短篇小说之前,我打算重读《浮生若梦》。前几天夜里我想起这件事,便醒了;大约四点钟,再也不能入睡。我想,我们干脆利用失眠。我突然想起我至少五十年前看过的卡尔德隆的那部悲剧,心下想道:"这里有个故事。"短篇小说应该像《浮生若梦》(但不应该太像)。为了澄清事实,小说的标题用《西吉斯蒙德的独白》。当然,那同剧本里的独白有很大不同。我认为能写成一个好的短篇小说。我和玛丽亚·儿玉谈过,她很赞成。我有很长时间没有写短篇了。那是我要写的短篇的起源。

《神的文字》的起源是什么?巫师说石牢根本阻挡不了他找到隐秘语言的线索,我认为这与你的处境和失明有相似之处。

我丧失视力是那以后几年的事。但是从某种意义上说,失明起了净化作用。它净化了人们的视觉环境。环境消失以后,一贯企图控制我们的外在世界也逐渐淡化了。从另一个意义上说,《神的文字》有自传性质。我把两种体验糅合在一起。我在动物园看美洲豹时,觉得美洲豹毛皮的斑点仿佛是一种文字,而金钱豹毛皮的斑点和虎皮的条纹却产生不了这种感觉。另一个体验是我接受手术以后,不得不仰躺着。我只能左右转动头部。于是我把美洲豹毛皮上的斑点似乎是一种秘密文字的想法同我遭到禁锢的现实糅合在一起。如果主人公不是蛮教的巫师,而是印度教或者犹太教的教士,故事内容可能更恰当。然而美洲豹必须出现在拉美，那迫使我转向金字塔和阿兹特克人。美洲豹不可能出现在别的场景。虽然维克多·雨果描写过罗马斗兽场，说动物中间有撕咬在一起的美洲豹，但这在罗马是不可能的。也许他把金钱豹说错成美洲豹，也许他像莎士比亚，不介意那种错误。

你和犹太教神秘哲学家一样，试图在那个故事里寻找神的文字的意义。你认为整个宇宙可以包含在一个词里。你个人对宇宙的起源是怎么看的？

我自然是唯心主义者。几乎所有的人考虑到现实时会想起空间，他们认为宇宙起源于空间。我考虑的是时间。我认为一切在时间中发生。我认为没有空间照样可以过日子，没有时间却不行。我写过一首名为《宇宙起源》的诗，我在诗中说，认为宇宙以天文学上的空间开始的想法是荒谬的。那种想法以视觉为先决条件，而视觉是在很久以后才有的。比较自然的想法是混沌初开时就有一种情感，等于说："太初有道。"那是同一主题的变体。

希腊人、毕达哥拉斯学派和犹太人对宇宙起源的观念各个不同，我们能不能在这些观念中找出联系？

奇怪的是，这些观念都以天文学上的空间为出发点。还有圣灵的观念，那当然早于空间。但一般说来，他们也考虑空间。希伯来人认为世界是神的一个词创造的。那么说来，词应该先于世界。圣奥古斯丁为那个问题找到了答案。我的拉丁语水平不高，但我记得那句话:"non in tempore sed cum tempore Deus creavit……后面是什么来着……ordinem mundi。"意思是:"神不是在时间中,而是在时间的进程中创造了世界。"创造世界就是创造时间。如其不然,神在创造世界之前又干什么来着?从这种解释里,他们得知第一个瞬息是没有以前的。这当然难以想象,因为如果我想起瞬息,我肯定想起瞬息以前的时间,但是他们告诉我们说没有以前,我们只能满足于难以想象的东西了。无限的时间?有起始的时间?两种概念都不可能。认为时间有起始是不可能的。认为它没有起始,就意味着,用莎士比亚的话来说,我们"走向黑暗的深渊和已逝的时光",那也是不可能的。

我希望我们回过头来再谈谈字是宇宙起源这个概念。比如说,希伯来传统里有通过密码学和阐释学的方法寻找那个确切的字。

是的,那就是犹太教神秘哲学。

前不久,以色列的一份报纸《哈勒茨》报道说,用计算机对《圣经》进行实验,发现《创世记》里有一条迄今还没被发现的、复杂程度不是人类所能想象的秘密线索。通篇《创世记》里,"妥拉"一词的字母每隔四十九个字母出现一次,排列次序极其严格,并且十分符合组成文本中相应文字的意义。

计算机用于研究犹太教神秘哲学真是奇闻!我以前不知道他

们做这种实验。太好啦!

是不是必须证明《圣经》是神揭示的文字,才能相信神的存在?还是说无需证明,神的存在都能被感受到?

不管世界上有多少统计,我都不相信神的存在。

可是刚才你还说你相信来着。

不,我不相信一个人性化的神。我主张寻求真理,但不认为有一个我们称之为神的人或物。他最好不存在;如果确实存在,他就要为一切负责。我们这个世界除了美好之外,往往也骇人听闻。我现在感觉比年轻时幸福多了。我向前看,即使我不知道前面还剩下多少,因为我已经八十六岁了,过去的年月无疑要比将来多。

你说你向前看,是不是指期待继续以作家的身份进行创作?

是的。我还剩下什么呢?嗯,没有什么了。友谊尚存,爱情多少还有,还有最可贵的天赋——怀疑。

假如我们不把神看成人性化的神,而是真理和道德的概念,你会接受他吗?

作为道德概念,会的。斯蒂文森在一本书里说,即使我们不信神,道德法则依然存在。我觉得我们无论做好事坏事,自己心里都清楚。我认为道德是没有讨论余地的。举例说，我有许多事情做得不地道，做的时候我便知道做错了。不是由于产生了不好的结果。从长远来说，结果是会扯平的，你说对吗？重要的是做好事或者做坏事的事实本身。斯蒂文森说，恶棍也知道有些事不应该做，正如一头虎或者一只蚂蚁知道有些事不应该做一样。道德法则普遍存在。这里又出现了"上帝在形成中"的概念。

真理呢？

我不知道。我们如果能知道，反倒很奇怪。我在一个短篇里谈过那个问题。当时我在重读《神曲》，你知道，但丁在第一章里写了两三种动物，其中一种是豹子。编者指出，在但丁的时代，佛罗伦萨运来一头豹子，但丁像所有佛罗伦萨的公民一样肯定见过，于是他把豹子写进了《地狱篇》的第一章。我在我的散文《〈地狱篇〉第一章第三十二行》里设想豹子在梦中得知，自己之所以被创造出来，是为了让但丁看到，并写进他的诗篇。豹子在梦中听明白了，但醒来后，怎么会明白它的存在只为了让一个人写一首诗，并且在诗中提到它呢？我接着说，如果把但丁写《神曲》的原因揭示给但丁，他在梦中可能明白，但是醒来后就不明白了。在但丁听来，那个理由的复杂性不亚于豹子听到的。

在《谜的镜子》里，你引用托马斯·德·昆西的话说，世界上任何东西都可能是其他东西的秘密的镜子。那种寻求隐藏意义的想法充斥在你的全部作品里。

是的,我想是这样的。认为任何事物都应得到解释,并且认为我们能够理解,这是十分普遍的人类的愿望,不是吗?我们刚才谈到有关宇宙起源的各种观点,不妨就以它为例。我无法想象无限的时间,也无法想象时间的开始,既然无法想象,有关那方面的一切推理都是徒劳无益的。我没有什么成就。我只是一介文人。我不敢肯定我生平有什么规划,我只编织梦。

我们既然谈到了犹太教神秘哲学,也就是破译神的文字之谜的研究,何不谈谈《圣经》呢?你认为《圣经》有什么启迪?

我觉得十分奇怪的是,希伯来人并不考虑经书的不同作者和写作的不同时代。但奇怪的是,他们把《圣经》里的一切都看成圣灵的创造,圣灵启示不同时代的不同作者写了下来。人们从来不会想到爱默生、惠特曼和萧伯纳的作品出自同一个人笔下,但是希伯来人把空间相距很远、时间相距几百年的作者凑在一起,把他们的作品都归诸圣灵。这种想法很奇怪,不是吗?如今我们把作家甚至整个文学看成有连贯性的,他们却不是这样。他们认为一切都是一个作者写的,那个作者就是圣灵。也许他们认为写作环境并不重要,环境无足轻重,历史无足轻重。"圣经"——这个名词本身就是复数——来自希腊文的"书籍",事实上是图书馆,包罗万象的图书馆。显然,《约伯记》的作者不可能是《创世记》的作者,《雅歌》和《传道书》或者《列王纪》的作者不可能是同一个人。在希伯来人的眼中，仿佛个人、时代、时间先后都不重要，一切都归诸一个作者——圣灵。

喀巴拉基本经书之一，《瑟菲尔-耶兹拉》（《创世之书》），探讨了十个瑟菲罗（那个词的意思是"数"），被看作神——埃因·索夫——的发射物。我们是不是应该认为第一生命是数字零，是抽象的呢？

我认为我们不能给第一生命埃因·索夫下定义。甚至不能说他存在。那么说也未免太具体了。此外，你不能说他聪明，或者他知道。因为他一旦知道，便产生了两个事物——被知道的东西和知道的人。对神来说，那就太详细了。他应该是一个不确定的神。从那里产生"十个发射物"，或者瑟菲罗，其中之一创造了这个世界。这和诺斯替教徒的概念相同，也就是说世界是一个低级的神创造的。威尔斯也有这种想法。在那种条件下才能对邪恶、疾病、肉体痛苦等许多不完美的事物作出解释。因为如果世界是由一个绝对的神创造的，他就应该创造得更好一些，不是吗？目前他把我们的躯体创造得差误频繁，经常败坏、生病，我们的心灵也容易败坏，随着年龄的增长而衰亡，呃，还有许多别的缺陷。

格舒姆·索罗姆视作犹太教神秘主义最重要文学作品的《佐哈尔》（《光明之书》），对死后的生命作了许多推测。斯维登堡详细地描写了地狱和天堂。但丁的《神曲》也涉及地狱、炼狱和天堂。人类试图揣摩并且描绘不可知事物的倾向原因何在？

  人们总是不由自主地遐想。我几乎可以完全肯定，我死后一切都一笔勾销，但有时候也会想，肉体死亡后有没有可能以另一种方式继续存活？我认为每一个自杀的人都有那种疑虑：我将要做的事情是否有价值？我会被一笔勾销，还是在另一个世界继续生活？或者正如哈姆雷特所揣摩的，我们离开了这具皮囊后会做什么梦？有可能是噩梦，那我们就下了地狱。信奉基督的人认为，人死后还是原来那样的人，只不过根据他在短暂的一生中所做的一切，得到永恒的惩罚或奖赏。只要我能忘掉我经历过的生命，我宁愿死后继续生活。

原载《纽约时报书评》，一九八六年七月十三日，第一页及第二十七至二十九页。获准转载。

年　表

一八九九年　豪尔赫·弗朗西斯科·伊西多罗·路易斯·博尔赫斯于八月二十四日生于布宜诺斯艾利斯，父为豪尔赫·吉列尔莫·博尔赫斯，母为莱昂诺尔·阿塞韦多·苏亚雷斯。父亲是律师、心理学教师，从事过文学创作，有目疾，遗传给了博尔赫斯。他从父亲方面得到了英国和葡萄牙混合血统，母亲方面则有一些乌拉圭的近亲。博尔赫斯的妹妹诺拉于一九〇二年出生，兄妹感情甚笃，她后来成为备受推崇的画家。（博尔赫斯有一弟夭殇。）根据幼时回忆，博尔赫斯惧怕镜子和狂欢节的面具，喜爱老虎和他父亲的藏书。

一九〇六年　当作家的愿望得到父亲鼓励，博尔赫斯用英语写了一篇有关希腊神话的作文，用西班牙语写了一篇取材于《堂吉诃德》的故事《致命的护眼罩》。

一九〇八年　博尔赫斯把奥斯卡·王尔德的《快乐王子》译成西班牙语。

一九一二年　博尔赫斯发表他的第一个短篇小说《丛林

之王》。

一九一四年 第一次世界大战爆发前，博尔赫斯的父亲由于视力衰退而退休，携全家移居欧洲。他们访问了伦敦、巴黎、意大利北部，然后到达日内瓦。战争的爆发迫使他们在瑞士滞留四年。博尔赫斯本已掌握西英两种语言，在瑞士的学校又学了法语和拉丁语。此外，他还自学了德语，最初阅读海涅的诗，后来阅读尼采和叔本华的作品。他用法语阅读雨果和许多法国象征主义作家的作品。他继续阅读卡莱尔和切斯特顿等英语作家的作品，并且开始注意惠特曼。

一九一九年 博尔赫斯全家移居西班牙。在马德里，博尔赫斯受到作家拉斐尔·坎西诺斯-阿森斯以及极端主义诗人的影响。他潜心研究西班牙文学，写诗歌、文章，翻译表现主义的作品，向极端主义杂志投稿。（他的第一首诗《海洋颂》发表在《希腊》杂志上。）他结识了吉列尔莫·德托雷，此人促进了博尔赫斯文学理论的形成，并于一九二八年与诺拉·博尔赫斯结婚。

一九二一年 博尔赫斯全家返回布宜诺斯艾利斯，博尔赫斯结识了一位新的文学和哲学导师、父亲的老友马塞多尼奥·费尔南德斯。博尔赫斯创办了一本宣扬极端主义美学的名为《三棱镜》的小型杂志——海报似的单页，配有诺拉的木刻插图。

一九二二年 博尔赫斯和马塞多尼奥·费尔南德斯以及另外几位朋友创办了名为《船头》的小型杂志。

一九二三年 博尔赫斯出版了他的第一部诗集《布宜诺斯艾

利斯激情》（配有诺拉的木刻版画）。全家第二次去欧洲旅行。

一九二四年 博尔赫斯回到布宜诺斯艾利斯，与里卡多·吉拉尔德斯及其他作家合作，重办《船头》杂志（原杂志已经停刊）。（吉拉尔德斯于一九二六年出版高乔小说《堂塞贡多·松勃拉》，该书后来成为阿根廷文学的经典。）博尔赫斯为有影响的先锋派杂志《马丁·菲耶罗》撰稿。

一九二五年 博尔赫斯出版他的第二部诗集《面前的月亮》和第一部散文集《探讨集》。博尔赫斯后来尽可能收回了市面上的《探讨集》，加以销毁，不准再版。博尔赫斯结识散文作家及文学赞助人维多利亚·奥坎波，开始了长久的文学交往。

一九二六年 博尔赫斯出版他的第二部散文集《我希望的范围》，该书从未再版。

一九二八年 博尔赫斯出版他的第三部散文集《阿根廷人的语言》。结识墨西哥作家阿方索·雷耶斯，博尔赫斯认为雷耶斯帮助他扬弃了先锋派和巴罗克风格，达成最终的古典风格。

一九二九年 博尔赫斯出版他的第三部诗集《圣马丁札记》，在市级文学评选中获得二等奖。

一九三〇年 博尔赫斯出版阿根廷诗人（及他家的朋友）埃瓦里斯托·卡列戈的文学传记。通过维多利亚·奥坎波结识阿道夫·比奥伊·卡萨雷斯。两人成为毕生的朋友及合作者。

一九三一年 维多利亚·奥坎波创办《南方》杂志，后成为阿根廷最重要的文学刊物。博尔赫斯经常投稿。

一九三二年　博尔赫斯出版他的第四部散文集《讨论集》。

一九三三年　《传声筒》杂志八月号用部分篇幅讨论博尔赫斯的作品。博尔赫斯被任命为《评论报》周六副刊文学编辑。

一九三五年　博尔赫斯出版他的第一部短篇小说集《恶棍列传》，其中多篇已在《评论报》上发表。

一九三六年　博尔赫斯出版他的第五部散文集《永恒史》。被任命为《家庭》杂志外国书籍及作家双周副刊主编，直至一九三九年。为《南方》杂志翻译了弗吉尼亚·伍尔夫的《一间自己的房间》。

一九三七年　卡佩鲁兹出版社出版了博尔赫斯与佩德罗·恩里克斯·乌雷尼亚合编的《阿根廷文学经典作品选》。博尔赫斯声称编辑工作都是乌雷尼亚做的。博尔赫斯为《南方》杂志翻译了弗吉尼亚·伍尔夫的《奥兰多》。由于父亲健康状况不佳，博尔赫斯在布宜诺斯艾利斯郊区米格尔·卡内图书馆谋得助理职位，直至一九四六年（其间晋升过一次）。

一九三八年　由博尔赫斯编辑和作序的弗兰茨·卡夫卡的《变形记》出版。父亲于二月去世。博尔赫斯因视力不好，在圣诞节前夜遭遇事故，引起败血症，几乎送命。

一九三九年　休养期间（为了证实自己精神健全），博尔赫斯写了短篇小说《〈吉诃德〉的作者皮埃尔·梅纳尔》。

一九四〇年　博尔赫斯与比奥伊·卡萨雷斯及其新婚妻子西尔维娜·奥坎波（维多利亚之妹）合作，编辑出版了《奇幻文学作品选》。博尔赫斯为卡萨雷斯的科幻小说《莫雷尔的发明》作序，事实上成为奇幻文学的宣言。

一九四一年　博尔赫斯第二部短篇小说集《小径分岔的花园》由南方出版社出版。与西尔维娜和比奥伊·卡萨雷斯合作编辑《阿根廷诗歌选》。该年博尔赫斯为南美出版社翻译了福克纳的《野棕榈》。

一九四二年　博尔赫斯和比奥伊·卡萨雷斯合作，用布斯托斯·多梅克的笔名写了一系列戏仿的侦探小说《伊西德罗·帕罗蒂的六个谜题》，由南方出版社出版。西班牙语世界重要作家经常投稿的《南方》杂志用部分篇幅刊登了一篇抚慰博尔赫斯的文章（由于《小径分岔的花园》没有评上文学奖）。

一九四三年　博尔赫斯出版他的第一部诗歌选集《诗集》，剔除了许多早期诗作，又重写了一些新的。与比奥伊·卡萨雷斯合作编辑出版《最佳侦探短篇小说》。

一九四四年　博尔赫斯在南方出版社出版他最著名的短篇小说集《虚构集》，内收《小径分岔的花园》和《杜撰集》。

一九四五年　埃梅塞出版社出版博尔赫斯和西尔维娜·布尔里奇共同编辑的有关布宜诺斯艾利斯痞子的诗歌散文集《狂妄自大者》。阿根廷作家协会授予《虚构集》荣誉大奖。

一九四六年　由于在一些反对庇隆法西斯政府的政治声明上签名，博尔赫斯从图书管理员的职位被"擢升"为禽兔稽查员。博尔赫斯辞去该职，开始靠讲课和演说维持生计。政府派一名警员记录他的讲课内容。新创办的杂志《布宜诺斯艾利斯编年史》委任博尔赫斯为主编。博尔赫斯担任此职直到一九四八年杂志停刊。他发现的新作家中有胡里奥·科塔萨尔。博尔赫斯和比奥伊·卡萨雷斯用 B. 苏亚雷斯·林奇的笔名出版了侦探小说《死亡的样板》。两人还用 H. 布斯托斯·多梅克的笔名出版两篇奇幻短篇小说《两篇难忘的奇幻小说》。两书自费出版,印数有限,一九七〇年后不再出版。

一九四七年 博尔赫斯自费出版他著名的准哲学论文《时间的新反驳》。

一九四八年 博尔赫斯的母亲和妹妹由于参加反庇隆的示威游行遭到监禁。母亲被判本宅软禁一个月,诺拉则被关在当地监狱的妓女牢房。

一九四九年 洛萨达出版社出版博尔赫斯的第四部短篇小说集《阿莱夫》。

一九五〇年 博尔赫斯被任命为阿根廷英国文化协会英美文学教授及阿根廷作家协会主席。担任作家协会主席一职直至一九五三年。

一九五一年 博尔赫斯出版他自己的小说集《死亡与指南针》。在墨西哥出版学术性著作《日耳曼中世纪文学》(与玛丽亚·埃斯特·巴斯克斯合著,一九六五年重版),与比奥伊·卡萨雷斯合作编辑了第二部《最佳侦探短篇小说》。

一九五二年 博尔赫斯出版他的第六部,也是最畅销的散文集《探讨别集》。《阿根廷人的语言》新版发行。

一九五三年 博尔赫斯出版了研究阿根廷诗人马丁·菲耶罗的著作《马丁·菲耶罗》[1]（与玛加丽塔·格雷罗合作）。埃梅塞出版社开始出版《博尔赫斯全集》。博尔赫斯与莱奥波尔多·托雷·尼尔森合作，根据博尔赫斯短篇小说《埃玛·宗兹》改编成电影脚本《愤怒的日子》。

一九五四年 《愤怒的日子》问世。《诗歌 1923—1953》及《恶棍列传》作为《博尔赫斯全集》的一部分重版。

一九五五年 推翻庇隆统治的军事政府任命博尔赫斯为国家图书馆馆长，博尔赫斯担任该职直至一九七三年。博尔赫斯出版与比奥伊·卡萨雷斯合作的、曾被退稿的两部电影脚本《市郊人》和《信徒天堂》，以及两个选集《不寻常的故事》和《高乔诗歌》（在墨西哥出版）。博尔赫斯与路易莎·梅塞德斯·莱文森合作出版短篇小说集《埃洛伊萨的姐妹》，只有标题小说系两人合写。与贝蒂娜·埃德尔伯格合作，博尔赫斯出版有关著名阿根廷诗人莱奥波尔多·卢贡内斯的研究。

一九五六年 阿根廷库约国立大学授予博尔赫斯荣誉博士学位，这是博尔赫斯得到的众多荣誉博士学位中的第一个。博尔赫斯被任命为布宜诺斯艾利斯大学哲学和文学系英国文学教授。由于视力衰退，医师要求博尔赫斯停止阅读写作，母亲成为他事实

---

[1] 原文有误，应为《关于〈马丁·菲耶罗〉》。

上的私人秘书。

一九五七年　博尔赫斯出版《幻想动物学手册》（与玛加丽塔·格雷罗合作）。博尔赫斯被授予国家文学奖。

一九六〇年　博尔赫斯出版散文诗歌集《诗人》（英文版译名《梦中的老虎》）。与比奥伊·卡萨雷斯合作编辑《天堂与地狱之书》。

一九六一年　博尔赫斯被授予福门托国际出版奖（与塞缪尔·贝克特同时获得），这在建立博尔赫斯的国际声誉方面有重要意义。在得克萨斯大学授课一年。根据他的短篇小说改编的阿根廷电影《贫民区来的人》发行。

一九六二年　《虚构集》与《迷宫》是首次被译成英语且以书籍形式出版的博尔赫斯的作品。博尔赫斯被授予法国文学艺术骑士勋章，当选为阿根廷文学院院士。

一九六三年　博尔赫斯遍游欧洲。获阿根廷国家艺术基金奖。

一九六四年　博尔赫斯出版他的第四部诗集《另一个，同一个》。巴黎埃尔尼出版社出版第一本有关博尔赫斯的大型评论与随笔集。

一九六五年　安娜·玛丽亚·巴雷内切亚出版《迷宫构筑者博尔赫斯》，这是第一部用英语写作的评论研究博尔赫斯的著作。博尔赫斯与玛丽亚·埃斯特·巴斯克斯合作出版《英国文学入门》。博尔赫斯获大英帝国勋章。

一九六六年　博尔赫斯获一九六五年纽约英格拉姆·梅里尔基金文学奖,被任命为阿根廷斯特拉·玛丽斯天主教大学英国文学教授。

一九六七年　博尔赫斯与埃尔萨·阿斯泰特·米连结婚。埃尔萨是博尔赫斯儿时的朋友,两人重逢时埃尔萨正值寡居。两人去马萨诸塞州坎布里奇旅行,博尔赫斯应哈佛大学查尔斯·艾略特·诺顿基金会之邀前去讲课。与比奥伊·卡萨雷斯合作出版《布斯托斯·多梅克纪事》,与艾斯特尔·森博莱茵·德托雷斯合作出版《美国文学入门》。

一九六八年　博尔赫斯与玛加丽塔·格雷罗合作,出版《想象动物志》。

一九六九年　博尔赫斯出版他的第五部诗集《影子的颂歌》。霍尔特·莱因哈特出版理查德·伯金撰写的《与豪尔赫·路易斯·博尔赫斯的谈话》(第一本用英文出版的书籍篇幅的和博尔赫斯的谈话)。E. P. 达顿开始出版《博尔赫斯全集》的英文版。法国、意大利和阿根廷摄制了几部根据博尔赫斯小说改编的电影。

一九七〇年　博尔赫斯出版新的短篇小说集《布罗迪报告》。《纽约客》出版博尔赫斯的《自传随笔》。贝纳尔多·贝托鲁奇把博尔赫斯的小说《叛徒和英雄的主题》改编成电视剧。博尔赫斯和埃尔萨·阿斯泰特·米连离婚。

一九七一年　哥伦比亚大学授予博尔赫斯荣誉博士学位。博尔赫斯前去英国接受牛津大学授予的荣誉博士学位，前去以色列接受耶路撒冷奖。

一九七二年　博尔赫斯出版他的第六部诗集《老虎的金黄》，接受密歇根大学授予的荣誉博士学位。

一九七三年　庇隆政府重新当权，博尔赫斯"获准"从国家图书馆馆长职位上退休。博尔赫斯在墨西哥城获得阿方索·雷耶斯国际奖。

一九七四年　埃梅塞出版社出版一卷本《豪尔赫·路易斯·博尔赫斯全集》，全书共一千一百六十四页。根据博尔赫斯和卡萨雷斯的脚本摄制的电影《另一些人》在法国发行。

一九七五年　博尔赫斯的母亲去世，享年九十九岁。出版第七部诗集《深沉的玫瑰》，第五部短篇小说集《沙之书》，以及他为不同书籍写的三十八篇序言选辑《序言集以及序言之序言》。阿根廷摄制了根据他的小说改编的两部电影。

一九七六年　博尔赫斯出版他的第八部诗集《铁币》。博尔赫斯和阿莉西亚·胡拉多合写的散文《何为佛教》以及博尔赫斯和别人梦境故事的结集《梦之书》先后出版。拉戈斯出版《歌曲中的博尔赫斯》，收集了不同作曲家为博尔赫斯创作的诗歌谱写的十二支曲子。

一九七七年　埃梅塞出版社出版博尔赫斯的第九部诗集《夜晚的故事》。博尔赫斯与卡萨雷斯合作出版《布斯托斯·多梅克故事新编》。索邦大学授予博尔赫斯荣誉博士学位。

一九七八年　与秘书及友人玛丽亚·儿玉合作编辑《盎格鲁-撒克逊作品简编》。莱奥纳德·卡茨导演的第二部根据《埃玛·宗兹》改编的电影在美国发行。

一九七九年　博尔赫斯出版近期演讲集《博尔赫斯，口述》及《合著全集》，该集有九百八十九页之多，但只收了部分合著作品。博尔赫斯被授予法兰西学院金奖，冰岛鹰十字勋章，德意志联邦共和国功绩勋章。博尔赫斯偕同玛丽亚·儿玉赴日本旅游。

一九八〇年　博尔赫斯获得塞万提斯文学奖，受到西班牙国王和王后接见。卡洛斯·乌戈·克里斯滕森根据博尔赫斯同名小说改编的电影《第三者》发行。

一九八一年　联盟出版社出版博尔赫斯的第十部诗集《天数》。埃斯帕萨-卡尔贝出版社出版博尔赫斯的《但丁九篇》。哈佛大学授予他荣誉博士学位。

一九八二年　塞尔提亚出版社出版《豪尔赫·路易斯·博尔赫斯选集》，附有阿莉西亚·胡拉多简要的评论文章。

一九八三年　法国总统弗朗索瓦·密特朗授予博尔赫斯荣誉勋章。

一九八四年　博尔赫斯出版《地图册》，配有玛丽亚·儿玉拍摄的照片。

一九八五年　蒙达多里出版社出版意大利语版《博尔赫斯全集》。卡罗·拉帕蒂根据博尔赫斯作品编写的剧本《博尔赫斯，世界的自画像》上演。

  一九八六年 博尔赫斯与玛丽亚·儿玉结婚。豪尔赫·路易斯·博尔赫斯于六月十四日在日内瓦去世。

JORGE LUIS BORGES
Jorge Luis Borges: Conversations
Edited by Richard Burgin

© 1998 by University Press of Mississippi
Published by agreement with University Press of Mississippi, 3825 Ridgewood Road, Jackson, MS 39211. Website: www. upress. state. ms. us
All rights reserved

图字：09-2004-193 号

图书在版编目（CIP）数据

博尔赫斯谈话录/（阿根廷）豪尔赫·路易斯·博尔赫斯著；（美）理查德·伯金编；王永年译. --上海：上海译文出版社，2024.8. --（博尔赫斯全集）.
ISBN 978-7-5327-9529-1

Ⅰ. K837.835.6
中国国家版本馆 CIP 数据核字第 2024T40X67 号

博尔赫斯谈话录	［阿根廷］豪尔赫·路易斯·博尔赫斯 著	责任编辑 李月敏
Jorge Luis Borges:	［美］理查德·伯金 编	
Conversations	王永年 译	装帧设计 陆智昌

上海译文出版社有限公司出版、发行
网址：www.yiwen.com.cn
201101 上海市闵行区号景路 159 弄 B 座
杭州宏雅印刷有限公司印刷

开本 850×1168 1/32 印张 12.75 插页 6 字数 195,000
2024 年 8 月第 1 版 2024 年 8 月第 1 次印刷

ISBN 978-7-5327-9529-1/I·5965
定价：82.00 元

本书中文简体字专有出版权归本社独家所有，非经本社同意不得转载、摘编或复制
如有质量问题，请与承印厂质量科联系。T：0571-88855633